图书在版编目（CIP）数据

价值驱动型学校改进：理论与实践 / 郑航，王晓莉等著. —广州：广东人民出版社，2021.5
ISBN 978-7-218-14990-5

Ⅰ. ①价… Ⅱ. ①郑… ②王… Ⅲ. ①高等学校—学校管理 Ⅳ. ① G647

中国版本图书馆 CIP 数据核字（2021）第 072557 号

JIAZHI QUDONGXING XUEXIAO GAIJIN LILUN YU SHIJIAN
价值驱动型学校改进：理论与实践
郑　航　王晓莉等著

出 版 人：肖风华

责任编辑：钱飞遥
责任技编：吴彦斌　周星奎
出版发行：广东人民出版社
地　　址：广州市新港西路 204 号 2 号楼（邮政编码：510300）
电　　话：（020）85716809（总编室）
传　　真：（020）85716872
网　　址：http：//www.gdpph.com
印　　刷：小明数码快印有限公司
开　　本：787 毫米 ×1092 毫米　1/16
印　　张：21.375　　　　字　　数：456 千
版　　次：2021 年 5 月第 1 版
版　　次：2021 年 5 月第 1 次
定　　价：68.00 元

如发现印装质量问题，影响阅读，请与出版社（020-85716849）联系调换。
售书热线：（020）85716826

前言

在发展素质教育、推进教育现代化的新时代，建立现代学校制度、落实中小学办学主体地位、激发中小学办学活力，是全面落实立德树人这一根本任务的不二门径。中共中央、国务院2020年10月13日印发的《深化新时代教育评价改革总体方案》，更是从充分发挥教育评价的指挥棒作用的立场，指明了中小学评价重在促进学生全面发展及其培养情况这一根本方向。在教育需要发生根本变革的背景下，中小学作为组织变革主体，如何顺应新形势、把握新趋势，确立科学的育人目标，确保学校的正确发展方向，全面推进和落实立德树人校本化，从根本上扭转唯分数、唯升学的局面，是摆在自身面前的重大现实课题。

学校改进就是中小学作为组织变革主体，通过系统而持续的努力，调整或改变学校内部诸要素及其相互关系，以求改善学习条件、优化育人环境，从而更有效地达成育人目标的组织变革活动。正因为如此，从20世纪七八十年代开始，发达国家中小学便一直致力于作为学校变革与发展重要路径的学校改进，相应的理论研究与实践探索不断走向深入。在我国，香港特别行政区在教育改革政策的推动下，于20世纪90年代也以学校改进项目形式，开始了中小学改进活动的专门探索。在内地，20世纪80年代初，中小学同样开始以学校变革之名，走上学校改进之路。进入21世纪，在推进和发展素质教育的背景下，立足于促进学生全面发展，中小学的学校改进更为广泛且深入。实践中的中小学学校改进，大体有着三种类型，即经验驱动型、任务驱动型和价值驱动型。其中，价值驱动型学校改进以育人为本、以校本共识价值观为内驱力，注重和激发内在活力和协同多方力量，是学校变革与发展不断走向深入的当然取向，正在成为中小学学校改进的主流。

本书立足于中小学变革与发展，从理论和实践两个层面，着重阐述价值驱动型学校改进的一般原理和运行策略。本书的内容结构是：第一、二章阐述学校改进的演进历程和价值驱动型学校改进的一般原理；第三章介绍学校诊断原理和学校自我诊断的方法；第四至七章围绕学校改进的几大侧面，包括德育特色品牌建设、学科教学改革、生涯教育课程开发、学校文化建设等予以展开；第八、九章则分别探讨教师作为改进主体的专业发展和社会支持作为学校改进的保障力量两大问题。

本书是华南师范大学道德教育研究中心基于多个专项课题展开研究所取得的成果，这些项目包括：广东省2015年省级学校德育能力提升项目"中小学德育特色品牌培育"、田家炳基金会重大项目"广东田家炳中学发展改进计划（2015—2018）""新时代两广田中德育特色品牌建设（2018—2021）"等。书中的部分内容，直接源于研究团队在理论研究和实践探索中所公开发行的学术论文。同时，本书也十分注重吸收和借鉴国内外专家、学者的相关研究成果，并尽可能以脚注形式予以注明。在此，谨向各位专家和原作者表示衷心感谢！

本书是集体智慧的结晶。在郑航教授、王晓莉副教授的主持下，项目团队共同拟订并最终确定写作框架，并由团队成员分头完成初稿。各章初稿的撰写者依次为：第一章（徐敏、郑航）、第二章（郑航、徐敏）、第三章（丁莹、郑航、王晓莉）、第四章（郑航、王晓莉、李梦倩、赵李杰）、第五章（黄徐丰、刘芷璇）、第六章（周芳）、第七章（钱思雨、徐艺昕）、第八章（王晓莉、赵李杰）、第九章（刘艺、林梓聪、王晓莉）。初稿完成后，由郑航、王晓莉负责统稿。

由于得到田家炳基金会的资助，本中心研究团队的相关研究在近五、六年得以充分展开并加以推广，取得了一系列研究成果。在此，谨向田家炳基金会表示最诚挚谢意！同时，也非常感谢本研究团队所在的教育科学学院领导和同仁的大力支持！还要特别感谢多年来先后以不同方式参与项目研究工作的诸位博士、硕士研究生！

本书的出版，得益于广东人民出版社肖风华社长和相关专家对选题及内容的认可，以及责任编辑钱飞遥老师的精细打磨和辛勤付出，令本书大为增色。特向出版社的几位老师表示衷心感谢！

目 录

第一章

学校改进的理论认识与实践经验

　　学校改进是学校寻求可持续发展、提高教育质量的必由路径，也是应对时代挑战的必然举措。在变革时代，每一所学校都处于不断变化与革新之中，在面临内部发展压力与外部环境压力的同时，还可能遭遇来自不同方面的变革阻力。因此，学校要学会如何通过自主改进来发展和完善自己，以缓解发展的压力，减少前行的阻力。从这个意义上讲，每所学校都需要对学校改进有着清晰的理论认识，并了解学校改进的演进历程，从中汲取改进经验，同时掌握学校改进的专业技能，并将改进经验予以本土化、校本化，从而推动自身发展，全面落实立德树人这一根本任务，达成育人目标。

一、学校改进的理论认识

　　理论是行动的先导，充分把握学校改进的知识基础，是推动学校改进取得成效的基本前提。对学校改进的理论认识，一是理解学校改进的内涵，认清学校改进的边界；二是明确学校改进的目标，把握学校改进的方向；三是掌握学校改进的要求，科学地展开学校改进行为。

（一）学校改进的概念厘定

　　目前，学界对于学校改进的定义尚未达成共识，不同学者的概念界定不尽相同。对学校改进的理解，学者们引用比较多的是国际经济合作与发展组织于1985年发起的"国际学校改进计划"项目中，由范·费尔岑（Van Velzen）等人所进行的表述。他们认为，学校改进是"一种系统的、持续的努力，旨在改变一个或多个学校的学习条件和其他相关的内部条件，其最终目标是为了更有效地实现教育目的"。①这是最早且较为全面地对学校改进予以界定。英国学者霍普金斯（Hopkins）等人提出，学校改进主要有两类含义，一种是常识性的、最常见的用法，即：学校改进是人们通过普遍努力，使学校成为学生更好的学习场所；另一种则是把学校改进当做一个提高学业水平和办学能力的教育改革方法或举措，其焦点在于教与学的改革。②我国学者对学校改进的理解，主要基于费尔岑和霍普金斯的阐释，并反映国内的学校改进实践。如：楚旋认为，学校改进是"为提高学生学习成绩，并提升学校变革能力和改善学校学习条件，所进行的系统的、持续的、有计划的变革努力"；③梁歆等提出，"学校改进是一种系统且持久的变革，在这个过程中，学校是变革的主体，校外及校内人员协同工作，通过变革学校的内部条件，如教与学、课程、教学资源、学校文化等方面的内容，最终增强学校应对变革的能量，增进学生的学习成效"。④胡定荣则把学校改进理解为，由中小学校、教育行政部门和高等院校研究团队等多方协同进行，通过系统改善学校内外部育人条件与过程，来更好地满足学生个性全面发展的要求。⑤

另外，在日常使用甚至学术研究中，"学校改进"与"学校变革""学校效能"往往被混为一谈，尤其是常常把"学校变革"等同于"学校改进"。然而，三者之间既是相互联系，又是相互区别的。

---

① David Hopkins. The International School Improvement Project（ISIP）and Effective Schooling: Towards a Synthesis［J］. School Leadership & Management，1990，10（2-3）：179—194.

② ［英］霍普金斯，［英］爱恩思科，［英］威斯特. 变化时代的学校改进［M］. 孙伯君译. 北京：北京师范大学出版社，2016：4.

③ 楚旋. 学校改进基本问题探讨［J］. 教育发展研究，2009，29（24）：37—40+53.

④ 梁歆，黄显华. 学校改进：理论和实证研究［M］. 上海：华东师范大学出版社，2010：16.

⑤ 胡定荣. 学校改进：认识边界、历史逻辑与前进方向［J］. 中国教育科学，2016（03）：91—119+90+200.

1. 学校变革与学校改进

"变"是指"和原来不同"，有所变化，或指改变性质、状态等；"革"也有"改变"之意。所谓变革，是指改变事物的本质。学校变革则有着学校自身通过采取新措施、建立新制度等改变现有状态的涵义。英文常用的变革词汇有"change""reformation""transformation"。国内学者将学校变革分为适应性变革和转型性变革两类，前者包括学校组织结构变革、流程变革、制度变革、技术变革，或称学校局部变革或部分变革，属渐进式变革类别；后者既指学校文化变革，即从核心价值观到办学实践行为、环境等发生根本变化，又指因办学规模的增长引发的学校边界变革，此变革联动办学模式变革。[①]学校变革是人们有意识地改变学校的行为，目的在于通过改进教育教学，满足受教育者的需要和社会发展的需要。变革意味着改变，但却不一定带来改进，也就是说，变革并不总是朝着好的方向变化、发展。学校变革的性质是中性的，虽然大多数情况下，人们希望变革的结果是积极的，但事实并非如此，因为学校变革极其复杂，充满不确定性。但学校改进是对这种不确定性的弥补，其自身就含有提高学校教育质量，使学校教育朝着更好方向发展的意蕴。因此，学校变革不等于学校改进。可以说，学校改进是明确方向的、理想状态下的学校变革。另外，与学校改进相比，学校变革更趋于宏观，关注变革的社会背景和教育与社会发展的关系，而学校改进则更加关注提高学校效能的策略。[②]

2. 学校效能与学校改进

效能是指事物所蕴藏的有利作用，学校效能则是学校所具有的有利于师生发展的效用、能力。从词性上看，学校效能是名词，是一种结果；学校改进是动词，是一个过程。学校效能研究始于对学校作用的讨论，由学校教育的有效性而引起，是在探索影响学校有效性诸因素的过程中开展起来的。[③]关于学校效能的含义，英国当代教育学家莫蒂默（Mortimore）于

①　张东娇. 学校变革压力、机制与能力建设策略［J］. 教育研究，2015，36（10）：47—56.

②　程红艳. 为了公平与质量：基础教育学校变革探究［M］. 济南：山东人民出版社，2015：6.

③　温恒福. 学校效能的基本理论问题探究［J］. 教育研究，2007（02）：56—60.

1991年所界定的"有效学校"为理论界所普遍接受，即"一所有效能的学校，是指学生在入学时取得的进步比预期的要大"。①在这种界定下，学校效能研究的一个重要特征就是，将学生学业成效的测量作为标准，相应地，学校效能研究也致力于探寻一种可靠的方法去评估教育质量。

从时间上来看，学校效能研究源于20世纪60年代，主要是探究有效学校的特征；学校改进作为一个独立的研究领域，发端于20世纪70年代末至80年代初，主要着眼于学校不断改进的方式方法。从发展脉络来看，学校改进研究是由学校效能研究中分化而来的，并且随着学校改进研究的发展，逐渐演变为一个独立的研究领域。荷兰教育研究学者科锐摩斯与芮兹吉（Creemers & Reezigt）认为，学校效能以研究为取向，关注的是理论和解释；学校改进则以实践改革为取向，关注的是教育实践过程中的变革以及问题解决。②从20世纪80年代末，学者们开始不断地对两个领域进行批判与反思，注重以一种融合的视角看待两个研究领域，③认为二者之间存在连接点，需要相互结合以共同促进学校发展。譬如，学校效能研究可以为学校改进提供有关有效学校的知识与视角，以充实学校改进研究的理论基础，提高专业性；学校改进研究则一方面是检验学校效能研究的有力工具，另一方面能够将学校效能的研究结果落实到行动层面，使其得到进一步发展。总之，学校效能的研究成果解释了何种因素使得学校更具有高效能，是一种静态描述；学校改进则着眼于有效学校的实现过程，乃一种动态建构。

综合学者们对学校改进所作的专门阐释，以及对"学校改进""学校变革"和"学校效能"三者关系的辨析，结合我们多年来从事学校改进的经验，在这里，我们把学校改进界定为：所谓学校改进，就是教育主体通过系统而持续的努力，调整或改变学校内部诸要素及其相互关系，以求改善

---

① 卢乃桂，张佳伟. 学校效能与学校改进走向结合的理论基础的探讨［J］. 教育学报，2007（05）：3—7.

② Bert P. M. Creemers, Gerry J. Reezigt. School Effectiveness and School Improvement: Sustaining Links［J］. School Effectiveness & School Improvement, 1997, 8（04）：396-429.

③ Bert P. M. Creemers, Gerry J. Reezigt. School Effectiveness and School Improvement: Sustaining Links［J］. School Effectiveness & School Improvement, 1997, 8（04）：396-429.

学习条件，优化育人环境，从而更有效地达成育人目标的组织变革活动。

（二）学校改进的目标

学校改进关涉所有受着改进结果影响的主体的利益：学生健康且全面的成长，教师个体与专业的充分发展，良好的学校办学质量和社会声誉，等等。随着教育改革的深入推进，学校利益相关者的需求正变得日益丰富起来：对于学生而言，学习进步，群体归属，多元发展；对于教师而言，专业成长，人际和谐，职业幸福；对于学校而言，优质办学，良善文化，健全体制；等等。学校改进的目标，便是学校通过系统、持续的改进，满足不同利益相关者的多层次需要，努力达成多方利益的协调一致。

教书育人是学校的本体功能，学校的服务对象是全体学生，促进学生的充分成长和全面发展是学校改进的主要目标；教师是学校发展的主力军，促进教师的专业发展和个体发展不仅关乎学生的学业成就和学校的办学水平，也是教师实现个人价值与社会价值的重要途径，是学校改进的重要目标；学校组织的整体改进与办学质量的提高，同样是学校改进不可忽视的目标，如此才能促进教师更好地教、学生更好地学，增进学生的学习成效，增强学校应对变革的能量。具体来说，学校改进的目标主要体现在以下三方面。

1. 促进学生成长

学校改进的根本目的在于促进学生的健康成长、幸福生活，使每一名学生都尽可能得到全面发展。学校的使命是为所有学生服务，致力于促进和提高学生的身心健康、学业成就和道德发展水平，是其天职。

学生的健康成长包含多方面的内容，比如：知识的增长，技能的提高，价值观的形成，创新能力的发展，终身学习能力的养成，等等。身心健康是学生"成人"的基本前提，是学生发展的重要标志和根本保障；知识、技能水平的高低，反映学生的学业程度，是衡量教育质量的基本指标，是他们能否成长为专业人才、成为何种专业人才的根基；价值观引领学生成长的方向，良好的品德形成与社会性发展，促进儿童道德生命的自由生长，是学校作为专门育人机构的根本职责；创新意识和能力是推动个人发展和社会进步的关键性因素，是学生成长为专门人才的必备素质；终身学习能力是学生适应不断变化着的世界、不断变革中的社会的法宝，可以成就他们的终身幸福；等等。所有这些，都是学生的综合素质结构中的重要组成部分。学校改进的目的，就是要致力于学生的素质提升，满足学生多方面的发展需要。现实地看，人的发展的全面性、差异性和潜质、潜能发挥的无限多样性，决定了学校改进在专注于学生的学业成绩提升的同时，必须专注于发现和发掘他们在学业成绩之外的各种需要，朝着促进每一个人的全面发展的方向去努力。

2. 推动教师发展

学校的主要活动是教与学，学校改进的根本任务是提高办学水平、提升教育质量，而教学水平的提高，教育质量的提升，其关键在于教师素质。与此同时，教师既是扮演一定角色的社会成员，又是具有独立人格的社会个体。学校改进必须做到既关注教师履行社会职责的能力和水平，也关注教师个体的职业幸福。可见，推动教师发展既是学校改进的条件，也是学校改进的目标。

教师发展既包括教师职业发展，也包括教师个体发展，二者相辅相成。教师职业发展主要是指教师教育观念的更新、教学能力的提高、专业伦理的发展以及专业自主性的增强等。其中，教育观念的更新旨在使教师以先进的教育思想武装自己，规范自身的教育教学行为；教学能力的提高直接关系到教学质量和学生学业水平，是教师职业生涯中需要持续关注的课题；专业伦理的发展关系到教师的职业道德建设，是教师发展的根本保障；专业自主性致力于提高教师的专业意识和增强教师的积极性，是教师对自身作为能动的学习者及专业主体的认可。

人是社会价值和个人价值的辩证统一。教师是独立的社会个体，教师的自我发展和职业幸福感极为重要。教师只有在职业生涯中将外在的职业使命与内在的育人乐趣与自我价值有机结合起来，并在不断反思之中超越自我、完善自我，才能真正拥有职业幸福感。所以，学校改进必须致力于使教师的个体生命在与学生生命的互动中，使课堂和校园成为他们展现生命价值的舞台，从而让教师个体在职业生涯中感受自我发展、获得内在价值。

　　此外，学校改进还需兼顾教师个体的发展和教师专业共同体的发展，因为只有教师之间形成并保持良好的合作关系，才有利于调动每一位教师参与学校改进的积极性，才能增强全体教师对改进活动的认同感，并通过基于群体反思而凝聚集体智慧和力量，进而优化育人环境、改善育人氛围。如果学校改进仅关注少数甚至个别教师的成长而忽略教师群体的发展，忽视教师专业共同体建设，学校改进必然举步维艰，即使得以顺利展开，也难以持续。在教育实践中，树立教师发展的共同愿景，创设善于合作、民主平等的文化氛围，促进教师之间的沟通与对话；同时给予教师专业共同体建设以充分支持，都是学校改进的具体目标和任务。

　　3．提高办学水平

　　学生的成长、教师的发展与学校办学水平的提高，三者互为关联、相互成就。学生的成长和教师的专业发展离不开学校组织的支持，学生学业成就的获得和教师专业发展水平的提高，也意味着学校办学水平的提高。三者相整合，便可确保教育质量提升这一根本点。为此，学校改进必须着眼于学校整体的进步与发展，使学校成为既具有自身办学特色、又能充分实现育人功能、履行社会职能的专业组织。

　　学校改进致力于提高办学水平，至少包括两方面：一是致力于使学校成员形成共享的价值观、信念和规范，从而创造出一种开放、合作、和谐的学校文化。这种学校文化凝聚着学校作为专门育人机构的专业精神和价值追求，能够在教育活动中发挥导向、同化、激励、协调、融合作用。学校文化体现学校作为专业组织的方方面面，其核心是价值观念。不同学校往往需要根据自身的发展状况，将共享愿景和价值观念贯穿于改进全过程。同时，学校氛围是学校文化的重要表征，是学生、教师、家长对学校生活的特点和质量的总体认识或感受。学校氛围基于组织成员对学校的办学目标、教学活动、规章制度、人际关系、领导风格等的体验，在人际互动中形成。积极、健康的学校氛围，是学校改进取得成效的重要条件。二是致力于学校管理体制的完善和运行机制的畅通。良好的学校管理体制机制，既有利于学校组织结构的优化，从而促进学校组织功能的发挥，又有利于学校改进举措的落实，从而促使学校改进实效的提高。

（三）学校改进的基本要求

1. 以专业领导做好改进的顶层设计

学校领导是改进中的重要角色，学校改进活动的发起和维持，极大地依赖于作为学校领导人的改进意愿。学校效能研究者认为，学校领导对学生学业成就有重要影响，专业的学校领导特别是校长领导已经被确认为高效能学校的一个重要特征。没有良好的领导，改进工作不太可能成功。[①]学校改进的现实经验也告诉我们，领导的专业素质和领导质量直接影响学校改进的效果。

校长是学校的领导核心，校长负责制使得校长有了更多的自主权，也对学校的办学质量负有更直接、重要的责任，因此校长成为学校改进的重要引领者，其专业品质和能力影响学校改进的效果。校长的专业领导品质包括先进的办学理念、强烈的责任心、批判与反思精神和不断学习的意识，以及不断完善教育事业的使命感和责任感与面对改进困难坚强的意志力。专业领导能力既包括对学校日常运作的管理能力，又包括对校本学校改进的规划与掌控能力。同时，学校改进要求校长具备专业领导知识的转化能力，将知识实际运用到学校变革之中，做好顶层设计，促进学校办学质量的提升。另外，校长对学校的现状及改进方向准备的把握，是做好学校改进顶层设计的前提条件，校长必须对学校有正确的整体认识，剖析学校的主要问题，准确定位改进的突破点，最大限度地发掘本校改进的资源与潜力，办出具有特色的学校。

另外，为了保证学校改进顶层设计的科学性和高效能，学校领导要关注学校发展愿景和目标的建构，确立一个有价值且被学校成员广泛认同的学校改进方向；在学校改进的过程中与教师保持积极良好的关系，了解教师的需要、愿景和诉求，了解他们的职业态度和教育价值观，了解他们的优点、长处和缺点、问题，了解他们的局限和困境，等等，由此把握他们的"可塑之处"和学校改进的着眼点，并且支持教师的专业发展，鼓励

---

① Gerry J. Reezigt, Bert P. M. Creemers. A Comprehensive Framework for Effective School Improvement [J]. School Effectiveness and School Improvement, 2005, 16（04）: 407-424.

教师明晰自身的专业成长目标与路径；了解并理解学生，既包括了解本校的生源状况，也包括了解学生的成长状况，由此在整体上理解和把握"立校之本"，只有这样，管理者才能在充分认识学校性质、社会期望、办学条件、办学传统的基础上，凝练校本核心价值，找准办学定位，确立特色发展之路，抓住变革关键点；同时将领导权分散至其他人身上，从集权到赋权，建立一个专业的领导团队，让学校中的其他成员充分参与到决策中去，营造出和谐、民主、合作、开放的团队氛围；同时，学校改进的校外合作伙伴，尤其是大学院校的专业团队，是学校改进过程中的重要角色，学校领导要与其保持良好的协作关系，共同做好学校改进的顶层设计工作，保证改进在良好的框架内进行。

同时，学校改进中的教师领导者的作用也不能忽视。教师领导者在学校改进中主要承担着与教学相关的工作和责任，如加强与其他教师的沟通，为其他同事提供榜样示范作用，以及参与提升教与学相关的管理工作，是顶层设计之下具体的学校改进工作得以推进的重要力量。如何使顶层设计变成可行方案，把可行方案化作实际行动，使实际行动产生预期效果，都有赖于全体教师的积极支持和主动参与。如何让教师感受到、体验到"学校改进事关重大"，并与自己的利益（绩效待遇、专业成长、职业幸福感等）息息相关，从而齐心协力、精诚协作，把"我们自己的大事"办好，既考验校长的专业领导力和管理智慧，也考验学校管理团队的敬业精神和专业能力。通过赋权于教师，保证教师在决策制定过程中的广泛参与，建立教师对学校改进的认同感与参与感。

2. 以学校文化建设打通改进的路径

所谓学校文化，是由学校成员在长期实践中积淀和创造出来的，并为大多数成员所认可和遵循的价值观念、活动准则、规章制度、行为方式、校园环境、心理气氛等的统一体。学校文化包括：一是办学理念、育人目标、学校愿景、学校发展规划、学校传统等学校价值体系；二是育人管理体制机制、各项规章制度等学校制度体系；三是由校名、校徽、校歌、校服、建筑风格等构成的学校符号体系。学校改进受着多因素、多变量的影响和制约。这些因素和变量，表现为家长、学生、教师、学科带头人、学校管理者等行为主体要素，包含行为变量（管理者、教师、学生的现实表现等）、认知变量（特别是不同个体的职业观、教育观等）、态度变量（师生对学校的情绪、情感）、关系变量（个人友情、职业关系、专业联系）和背景变量（教育政策、区域教育发展状态和水平、学校定位、生源、师资等）。①它们共同构成了学校改进的教育场域。这些因素和变量交织在一起，相互影响，相互作用，持续、动态地生成着学校组织文化。只有当学校文化坚守教育理想、立足于立德树人这一根本任务时，学校文化自身或其中的育人要素或活动才具有教育性。有鉴于此，有效的学校改进，就必须对教育场域下生成的这种组织文化进行分析，并透过学校文化的形塑或重塑来达成改进目标。

文化是学校的灵魂，学校文化建设是学校改进最核心的部分，是学校改进强有力的支撑点。学校文化具有多重功能，一方面能促进包括校长、教师、学生及其他教职工在内的学校成员的发展。如激发教师教育教学的积极性、通过显性及隐性作用教化师生与规范师生行为，以及让学校成员感受到学校的良善氛围与人文关怀等。另一方面可以促进学校甚至学校所属区域的整体发展。通过学校文化建设，学校得以明确办学理念与发展愿景，使学校师生为了共同的目标付出努力，增强对学校改进的信心，从而改善学校及所属区域的物质与精神风貌。总之，学校文化通过核心价值体系等要素影响学校成员的认知与行为，学校文化建设的要旨在于最终影响学校成员的行为举止，革新学校的精神风貌，为学校改进扫清障碍。

学校文化建设，目的是为学生提供良好的成长环境，并且为教师提供个人发展及发挥专业价值的平台，同时塑造学校自身独特的风格与精神特质，这正是学校改进的要旨所在。进行学校文化建设，需要对学校的办学状况进行教育意义上的价值审视，从立德树人视角来澄清和厘定校本核心价值以统帅全局，对学校诸育人要素及活动进行深入剖析，加强学校成员和学校组织的凝聚力、一致性和认同感，从而打通学校改进的路径。自觉的学校文化建设，是学校作为教育主体，出于育人目标，基于办学实际，

---

① David Hopkins, David Reynolds. The Past, Present and Future of School Improvement: Towards the Third Age [J]. British Educational Research Journal, 2001, 27（04）: 459-475.

在校本核心价值引领下所进行的自我改造与革新。一方面基于自身已经拥有的核心价值理念，根据学校发展方向与要求，并结合时代需要，重新解读、丰富其内涵，挖掘其价值；另一方面则针对学校文化中所匮乏的核心理念与精神，从学校自身发展所积淀的历史传统与所处地域的文化资源中汲取养分，找准学校文化建设的方向。

3. 以教师专业发展提高改进实效

教师专业发展对学生学习成果和学校改进效能有重要的影响。学校改进的主要目标是促进全体学生的成长，达成这一目标的关键性因素是高质量教师队伍的创建。教师是学校改进中强有力的支持者和促进者，是学校改进中最直接的推动者，也是持续改进的动力，更是根本的依靠力量。教师通过专业发展，开发自身潜能，改进自身的教学行为，提高教育教学水平，作用于学生的学习与成长，从而提高学生的学业水平和学校的办学质量。学校在改进过程中，必须重视教师和教师成长在变革过程中的关键性作用，尊重教师的主体地位，确认教师的专业角色，给予教师充分的专业尊严，提供教师足够的专业生活空间，不要只关注教师"能做什么"，要尊重教师"愿意做什么"，为教师的教学实践和反思提供自由的空间，充分提高教师的积极主动性，鼓励教师自我完善、自我成长，增强教师专业发展的主动意识，从而提高改进实效。

教师专业发展基本要素包括教师个体的态度与信念、知识与技能以及教师的组织认同感等等；在学校层面上，则包括教师专业学习共同体的建立与发展。教师个体的专业发展，可以从教师的专业信念和价值观入手，使教师树立正确的教育理念，与学生保持良好的师生关系，以提升学生的学业成就与学校组织的教育效果。一所学校里，如果校长重视专业学习和培育，学生才可能遇到好教师，[①]而教师有成长，学校才能有进步。而且，教学理念的更新引发教学行为的改变，教学行为的改善对学生的发展产生直接影响，由此更为坚定教师的态度信念。教学知识和技能对教师专业发展和提升教学效果的直接性影响更是不言而喻。此外，教师的组织认同是

---

① ［加］迈克尔·富兰. 变革的挑战：学校改进的路径与策略［M］. 叶颖，高耀明，周小晓译. 北京：北京大学出版社，2013：57.

影响学校改进成效的重要因素。所谓组织认同，是指组织成员对所加入组织的构成要素及其活动过程的认可、接纳，表现为心理上的契约意识和归属感、依赖感、责任感，以及基于此种心理而产生的行为倾向。教师的组织认同关系到教师对学校改进工作的认可度与支持度，关系到教师的职业成就感和幸福感，因此，学校改进要提高教师个体的组织认同感，包括对学校作为专门育人组织的认同、对学校作为生活环境的认同、对自己作为组织成员的角色认同。

同时，教师的专业发展离不开学校组织的支持，因此学校要注意创造支持教师发展的条件，营造教师共同合作的学校环境，建立教师专业学习共同体。在专业学习共同体中，教师集体共同讨论教学，互相观摩学习，从而促进对自身教育理念和行为的反思。其次，教师之间互相信任，为了实现共同的目标而合作互助，由此通过集体交流与对话，创造集体知识，改善团队的教育教学行为，促进学校改进活动的顺利开展。

4. 以体制机制建设保障改进的持续性

改进意味着变化，变化则会带有不确定性和风险，因此，为了保障学校改进项目的持续性，必须做好体制机制的建设与完善，加强学校组织机构和制度安排对学校改进的支持，同时充分考虑由校长、教育行政部门人员更换或大学项目团队的变动等带来的不稳定性，以制度形式保障学校改进项目的持续性。

完善的学校改进制度，包括外部制度和内部制度两大部分。外部制度主要是指学校与教育行政部门、高校专业研究团队、社会团体及其他外部力量的关系及各自在学校改进中的定位。明确政府、高校专业研究团队、社会团体及其他外部力量是资源的提供者和改进的支持者，学校则是学校改进的实施主体和实践场所。内部制度主要是指规定学校内部如何进行学校改进的一系列规章体系。比如为了保障教师和学生在学校治理过程中的主体性和参与性，在制度层面建立的相应的组织机构和制度体系，如教师代表大会、学生代表大会以及师生均可充分参与的其他组织。

可以说，学校改进过程中的每项措施，都需要清晰的体制机制作为依托和"抓手"，以明确学校改进相关人员的职责，否则就会出现杂乱无章的局面，或工作效率低，或工作重复，造成人力、物力、财力的浪费，从而降低学校改进的成效。健全并不断完善体制机制，可以使人、财、物、时、空、信息诸种管理系统要素得到更合理、更高效的配置和使用。因此，为了保障学校改进的持续性和高效性，一方面要通过进一步明晰岗位职责，平衡岗位工作量，健全和完善管理体制机制，增强规章制度的公信力，努力打破管理运行中公私不分、群己不分的格局；另一方面，基于改进共识和校本核心价值观，营造以人为本的工作环境和组织氛围，并通过提升管理者的道德领导力，增进组织内部诸种人与人之间深层次的认同和信任。

另外，学校改进中要注意学校内部管理体制机制的有效运转问题。管理权力直接源自管理体制。校长负责制决定了校长在中小学管理中的核心地位和关键角色。但是，要让目标、结构、制度、人员、活动、观念、氛围等组织系统要素变得清晰、明了，令诸种社会技术系统要素，如目标子系统、结构子系统、技能子系统、社会心理子系统、资源子系统、社会关联子系统等得以良性运转，需要充分关注学校管理权力的多元向度，做到既职责分明、责权对等，又灵活把握、随机应变，从而实现动态平衡。此外，为了发挥体制机制应有的作用，必须保证其专业性和针对性。组建专业的学校改进团队和特定机构，集中政府工作人员、大学教育专家、中小学领导及教师、学生和家长等的智慧和意见，充分考虑改进面临的各类问题，确保决策和行动的专业性；学校改进制度要根据学校面临的实际问题和具体情境建立，符合学校的发展现状和未来走向，这样才具有指导意义，才能保障学校改进成效的持续性。

5. 以学生的积极参与增强改进的动力

学校是学生和教师共同成长、互相支持的场所，学校改进的根本目的是促进学生的成长。了解学生的成长需求和期望，重视学生的声音，既是"以学生为中心"这一教育理念的体现，也是教学取得良好成效必不可少的环节。在教育评价与管理的意义上，学生参与管理更是评价一所学校现代化程度的重要指标，也是学校创新的原动力。[①]

① 王福强. 为师生赋能：魅力校园的构建智慧［M］. 上海：华东师范大学出版社，2020：114.

学生是学校改进最大的利益相关者和改进成效的主要体现者，因此学校必须赋权于学生，让学生积极参与到改进中来。在参与过程中，学生一方面可以发现自我价值，从而获得自信心，另一方面也可以让他们拥有更多的选择，学会承担责任。学校革新是一个群体参与的过程，不论是学校领导者、教师或是学生，都是学校改进合力中的一分子，都有可能成为学校改进的设计师和推进者，因此，学校要认真考虑学生的意见，使学生的合理想法体现在改进举措上，落实到改进过程中。对于学生参与学校改进，国内学者进行了专门探讨。根据该研究，学生参与学校改进主要体现：（1）给学生赋权：让学生成为学习的主体、给予学生参与决策与管理的权力、创造支持性的条件；（2）在改进的不同阶段配合不同层次的学生参与：根据学校改进的发展阶段，让学生扮演不同的参与角色；（3）采用灵活多样的形式加强学生和成人之间的对话：减少学生因不理解学校改进的术语或其他研究成果带来的沟通不畅；等等。[①]

学校致力于促进学生积极参与学校改进，首先，要提高学生的参与意识，学校领导及教师要尊重学生的主体地位，认识到学生参与的重要性，给予学生参与学校改进的权力，并且让学生主动使用自己的权力，积极寻求帮助和改变，提高学生的参与度。其次，要创设各种机会，扩大学生参与的途径，搭建形式多样的沟通平台，不断提升学生的参与能力。最后，要建立并不断完善学生参与的体制机制建设，避免学生参与的口号化、标语化，将学生参与落实到学校改进的具体工作中，保证学生有效地发出自己的声音，使学生处于学校改进的中心。

二、学校改进的演进历程

了解学校改进的演进历程，可以帮助我们更深入地理解学校改进的发生与发展过程，把握学校改进得以深入的基本方向。学校改进较早受到西方尤其是英美国家的重视，并产生较为广泛的影响。学校改进也是我国基

---

① 卢乃桂，张佳伟. 学校改进中的学生参与问题研究［J］. 教育发展研究，2007（08）：6—9.

础教育改革的重要组成部分，在近30年来中小学改革的理论与实践探索中得到了展示。

（一）国外学校改进的演进历程

1. 学校改进的发端（20世纪70年代末至80年代初）

从广泛意义上讲，可以说自从有了学校，就有了对学校的不断改进。不过，把"学校改进"作为专门术语加以使用，其历史并不长久。学校改进作为独立的研究领域，发端于20世纪70年代末至80年代初国际经济合作与发展组织资助的"国际学校改进项目"（The International School Improvement Project）。在这一阶段，学校改进的重点在于组织变革、学校自我评估以及学校和教师对变革的所有权上。但是，无论在理论还是实践上，发端时期的学校改进主要基于实践者的经验进行，多是松散的、游离的，缺乏系统性、连贯性，没有形成一套明确、清晰的方法，同时也缺乏对教师在课堂上的教学实践及学生学习成果的关注。这些举措与学生学习成果的联系较为松散。因此，在大多数学校改革者看来，这些做法很难对课堂实践产生实质影响。[1]欧斯顿（Ouston）也认为，早期的学校改进计划是技术性的组织变革，它的过程是线性的，没有反馈机制。[2]

2. 学校改进的发展（20世纪80年代后期至90年代中期）

20世纪80年代后期至90年代中期，不论是在学校改进的理论研究还是实践上，都表现出与学校效能研究相融合的趋势。这一时期，国际学校效能与学校改进学会（International Congress for School Effectiveness and Improvement，简称ICSEI）的成立，极大地促进了学校改进理论与实践的发展。[3]该组织的成立与发展，使得学校改进与学校效能逐渐结合在一起，由此产生了大型的、较为典型的学校改进项目，如加拿大的"哈尔顿有效学校计划"（HESP）、英国的"全面提升教育质量计划"（IQEA）等。在这

---

① David Hopkins, David Reynolds. The Past, Present and Future of School Improvement：Towards the Third Age［J］. British Educational Research Journal，2001，27（04）：459-475.

② 梁歆，黄显华. 从实施策略的视角简述美国学校改进的发展历程［J］. 全球教育展望，2007（08）：36—40+12.

③ 孙河川. 教育效能与学校改进研究的引领者和推动者——国际学校效能与学校改进学会［J］. 比较教育研究，2009，31（03）：81—85.

一时期，学校效能研究为学校改进提供了知识基础，如产生了如何在学校层面提高学生成绩的许多有效方法等；同时，学校改进也为学校效能研究成果在学校及班级层面的应用提供了指引和策略支持。

3. 学校改进的转型（20世纪90年代中后期—至今）

从20世纪末期至今，学校改进更为重视去总结已尝试或实验过的项目经验，包括：对成功的学校改进经验的总结，对学校改进效果的反思，对薄弱学校改进的集中研究，以及在此基础上所产生的一系列改进策略。这一时期，学校改进开始转向全面、系统的发展方向。一方面，把领导者、学校组织、教师专业发展、教学等都作为改进的切入口，由此关注改进项目的可靠性、严密性；另一方面，注重通过改革整个教育系统来改进每所单独的学校，强调校际之间的网络协作和学校与教育系统的合作，并通过多方力量介入以实现教育系统层面的整体改进。与此同时，这一时期的学校改进，更加关注学校之间的个体差异，以及学校文化对改进持续性的影响，注意到学校文化与学校组织结构之间的平衡性。此外，与前两个阶段相比，这一阶段更为注重学校组织中"人"的发展，这种注重表现为：一方面是对学生学习结果的关注，更多探讨不同因素（如教学、教师专业发展与学校领导等）的变化对学生学业成就的影响，以及学校组织变革在多大程度上能引起学生学习成果的变化；另一方面是对教师学习水平和教学行为的关注，以及对促进教师之间合作的深刻认识。

以上是西方国家中小学学校改进的大致演进历程。不过，由于不同国家的社会背景和发展形势不同，教育发展状况存在差异，中小学学校改进的演进历程也并不完全一致。美国的中小学学校改进，经历着由单一因素改进向全面系统改进的转变，这一转变大致可划分为四个阶段。第一阶段可追溯到20世纪60年代至70年代。这一时期，学校改进与国家课程改革紧密联系在一起，主要致力于通过课程改革提高学业成绩。但是，由于课程改革既缺少教师的充分参与，也未能与教师的教学策略相结合，导致效果不佳。由此，人们开始意识到，高效能的教育变革应是全方位的、以学校为变革的中心，需要着力于提高学生的学业成绩和增强学校应对变革的能量。[①]20世纪70年代末到20世纪80年代中期为第二阶段。这一时期，学校改进与学校效能研究开始结合起来。根据学校效能的研究成果，人们提出了学校改进的多种路径。20世纪80年代后期到20世纪90年代末期，美国中小学学校改进处在第三阶段，学校改进主要围绕如何以校为本而展开，强调给学校和教师赋权、管理者与教师共同参与决策等，学校作为改进主体的自主权得以增强，教师参与学校改进的积极性得以调动。但是，这一时期的学校改进对课程和教学的影响较小，因而未能有效提高学生的学业成就。此时，研究人员逐渐开始关注到，教师作为专业学习共同体之于学校改进的意义，以及学校文化对提高学校改进效能的重要性。20世纪90年代末期，美国学校改进进入新阶段。在这一时期，无论是在理论研究上，还是实践探索上，人们都更加清楚影响学校改进成效的关键性因素，于是注重采取全面的改进策略，令学校改进更加系统化。[②]在注重以校为本的基础上，学校改进更加关注不同层面的学校变革，关注教师的专业发展，关注学生的学习效果，还特别强调校内力量与校外力量之间的专业协作。

与美国略有不同。英国的学校改进起步相对较晚，其历程大致可区分为三个阶段。第一阶段是在20世纪80年代，学校改进主要采用"自下而上"的方式进行，参与者和实践者大多是中小学管理者和教师，改进方式主要基于中小学的实践经验，尚缺乏充分的理论指导。在国际学校改进项目的推动下，一些学者开始着手于总结学校改进的实践经验。20世纪90年代为第二阶段。这一时期，与美国相近，英国的学校改进也开始与学校效能领域相结合，政府、高等院校和学校也开始进行密切合作，共同探索学校改进的诸种方式和策略。与第一阶段相比，大多数学校改进项目都有了自己明确的实施原则、策略和方法。20世纪90年代末期以来，英国学校改进进入新阶段，尤其关注：一是比较关注教与学层面的变革，如学校领导、教师的专业发展和专业学习共同体等；二是强调多方力量支持下的学

---

① 梁歆，黄显华. 学校改进：理论和实证研究［M］. 上海：华东师范大学出版社，2010：22.

② 梁歆，黄显华. 学校改进：理论和实证研究［M］. 上海：华东师范大学出版社，2010：25.

校组织能量建构；三是针对不同学校发展情况及其差异，倡导采取不同的改进路径和策略。其中，最典型、最具影响力的学校改进项目是由霍普金斯教授团队发起的"改进面向全体学生的教育质量"（简称IQEA）项目。该项目产生于20世纪90年代初期，一直延续并不断得以深入，项目学校多达百余所。

（二）我国学校改进的历程

1. 香港特区学校改进的历程

在教育改革政策的推动下，香港特区大规模的学校改进始于20世纪90年代。主要由香港特区政府推动，通过颁布相关教育措施、报告书等文件，以及成立视学组、设立基金、通过院校合作等举措，推行学校改进项目。其中，由香港中文大学项目团队推进的学校改进计划持续时间长，影响较大。

最初，香港中文大学主要借鉴美国教育经济学者亨利·勒温（Henry Levin）领导的"跃进学校计划"，在香港政府设立的优质教育基金时期开展了"香港跃进学校计划"项目。此后，这个团队继续得到香港教育行政部门的拨款支持，开展了一系列整全式的学校改进计划，如"优质学校计划""优质学校改进计划"等。这些项目均由香港中文大学同一个专业支援团队主持并落实，为中小学提供整全、互动、有机的全面支援，由此而形成大学与中小学的合作伙伴关系。这种合作关系以中小学为本，把大学的理论知识与中小学的实践知识相结合，在大学、中小学与政府的"三信"（信任、信心、信念）基础上，致力于课堂改革、教师专业发展和学校全面改进。自2004年起，项目团队正式隶属于香港中文大学香港教育研究所，以"优质学校改进计划"命名，建立影响更为广泛的、更具专业性的、旨在促进中小学变革与发展的大学支援团队形象。[①]这一系列学校改进计划的实施，有效地促进了大学与中小学之间的良性合作，不仅促进了项目学校在学校文化建设、教师专业发展、学生学习能力提升诸方面取得

---

① 赵志成，何碧愉，张佳伟等. 学校改进：理论与实践［M］. 香港：香港教育研究所，2013：67—69.

明显进步，令学校逐渐成长为改进主体，由此提升教育质量。而且，还基于促进学校变革与发展这一共同出发点，把不同学校联系起来，促进了彼此之间的沟通、分享与合作，改变了传统意义上理论先导、自上而下的大学—中小学合作模式。

2. 内地学校改进的历程

20世纪80年代初，中国内地的中小学在经历了"学校革命"运动和"学校改革"思潮之后，开始走上学校改进之路。[①]相较于"学校改进"这一术语，中国内地较多用"学校变革"一词，指称学校的变化与发展。1985年5月发布的《中共中央关于教育体制改革的决定》就明确指出，教育改革要着眼于教育体制改革，学校要从改革学校管理体制入手。这一时期，实践中的学校变革主要侧重教学过程、方法的改革与整体优化。[②]20世纪90年代，在《中国教育改革和发展纲要》（1993.2）的推动下，地方政府或高等院校的研究者开始走进中小学，开始了从内部着眼于学校变革的尝试，这些尝试对推动实践中的学校改进产生了影响。21世纪初，国家提出要重视创新型人才的培养，促进全体学生的全面发展。在此背景下，学校改进更为关注学校和师生的实际需求，一些专家开始致力于基于学校诊断来推进学校改进。譬如在北京市教育委员会的推动下，从2006年开始，北京师范大学和首都师范大学的研究团队对北京市的30余所初中进行学校改进干预研究，还成立了"学校改进与伙伴协作组织"，以便定期开展相关学术研讨活动。2010年至今，国家又出台了一系列教育改革文件。在这些政策的推动下，许多地区和中小学都加大了学校改进的力度，中小学与高校协作开展学校改进的活动也更为普遍。

近年来，"学校改进"一词的使用频率越来越高，不少实践者和研究者都致力于在该领域进行专门探索。实践中，中小学学校改进主要分两类，一类是由中小学自发进行的改进活动，如"成功教育""愉快教育"

---

① 李保强，刘永福. 学校改进的历史回溯及其多维发展走向［J］. 教育科学研究，2010（02）：28—32.

② 胡定荣. 学校改进：认识边界、历史逻辑与前进方向［J］. 中国教育科学，2016（03）：91—119+90+200.

等；一类是由大学与中小学开展的合作项目，如"新基础教育""主体教育""生本教育"等。由田家炳教育基金会资助、笔者主持的"新时代两广田中德育特色品牌建设计划"，也属此之列。此外，还有政府发起的院校合作项目，如由北京市教委借助高校专业团队支援而发起的"北京市初中建设工程"等。

随着基础教育改革的深入推进，中小学学校改进正在发生根本性转变，这种转变主要表现在：在价值取向上，学校改进由单一地关注学生的学业成绩，转变为关注学生的全面发展；在改进主体上，政府、高校研究人员、社会组织、家长、学校等，都开始成为参与者、推动者，多元化趋势明显，可资利用的教育资源也日渐丰富起来；在专业支撑上，不同改进项目都开始注重梳理并构建学校改进的理论基础、基本概念和操作程序，由此令改进实践的理论基础更坚实，许多项目的影响也正在不断扩大之中。

三、学校改进的实践经验

无论是西方各国，还是我国，学校改进大都以项目方式予以推进，经历着由单项活动、局部改进逐渐走向成熟和完善的过程，在实践探索中积累了许多宝贵经验，在理论研究上也取得了丰硕成果。这些实践经验和理论成果，对于进一步深化中小学学校改进，推进学校变革与发展，具有重要的借鉴价值和启示意义。

（一）国外著名的学校改进项目

1. 国际学校改进计划（The International School Improvement Project）

国际学校改进计划（ISIP）是由经济合作与发展组织（以下简称"经合组织"）下的教育研究与创新中心于1982年发起的改进项目。该项目持续了四年，有14个经合组织成员国参与，并在项目结束时成立了改进学校国际合作基金会（The Foundation for International Collaboration on School Improvement），该组织致力于建立一个专门网络，以求进一步实现国际学校改进计划的目标，并传播其成果。

在教育系统面临变革压力的背景下，这一项目的重点是从中观层面落实学校改进，加强学校解决问题的能力，使学校更好地顺应时代变革，确保教育质量。国际学校改进计划分为五大领域，分别代表学校改进的主要方面：校本检讨，学校领导的角色，外部支持，研究和评价，以及政策的制定和执行。每一领域均由一个国际成员组成的工作小组负责审查现行规定，每个小组定期召开会议，相互协商和讨论改进事宜，制订改进政策和实践策略。[①]参与这一计划的成员代表了各自国家在教育方面的利益和立场。工作组通常包含国家和地方的政策制定者、当地学校领导、教师代表、相关支持系统和其他外部机构。从一开始，这一项目就致力于发展和分享对学校改进工作的理解，期望通过国际交流，力图超越各成员所在国家所能达到的层次。

国际学校改进计划产生了一些切实的成果，譬如，促进了学校改进政策和实践的国际合作，出版了一系列有关学校改进的著作，并且在项目中产生了至今被广泛使用的"学校改进"的定义。此项目的推进，使参与国对学校改进有了更深入的了解，逐渐认识到学校改进的共通性，以及如何基于本国实际去深入推动学校改进计划。

2. 有效学校改进计划（The Effective School Improvement Project）

有效学校改进计划（ESI）是一项大型的国际学校改进项目，由欧盟委员会（The European Commission）资助，于1998—2001年间运行。该项目的参与团队来自英格兰、比利时、芬兰、意大利、希腊、荷兰、葡萄牙、西班牙8个国家。

有效学校改进计划强调学校改进的计划性，目的是提高学生的学业成就和学校的变革能力。[②]"有效"和"改进"是其中的关键词，表明学校改进既需要一个改进标准，即能对学生成绩产生积极影响的、与学校和教师相关的因素，也需要一个有效性标准，有效性标准主要指学生在认知领域和其他方面的任何表现。有效学校改进项目的主要原则是，发展一个综合

① David Hopkins. The International School Improvement Project（ISIP）and Effective Schooling: Towards a Synthesis［J］. School Leadership & Management, 1990, 10（2-3）: 179-194.

② Gerry J. Reezigt, Bert P. M. Creemers. A Comprehensive Framework for Effective School Improvement［J］. School Effectiveness and School Improvement, 2005, 16（04）: 407-424.

的理论框架，整合学校效能和学校改进领域的理论概念，加强学校效能和学校改进两个领域之间的联系。有效学校改进计划的一个目标就是，了解有效学校改进是否在不同国家是一种相似的现象，并得出可能适用于其他国家的发现；另一个目标则是，在学校效能和学校改进这两种范式之间建立牢固联系，以帮助双方从彼此的优点中获益。

有效学校改进项目为参与国家的学校改进提供了整体框架，并明确指出，学校改进的动力来自校内外的压力，学校改进是在多重资源的支持下，指向教育目标的实现的。同时还指出，在学校改进中，改进文化的概念、实际的改进过程和改进结果是至关重要的。改进文化与改进过程、改进过程与改进结果互相影响，改进结果与改进文化之间亦相互作用。改进文化是改进过程发生的背景，改进结果是改进学校想要达到的目标。文化、过程和结果都是相互关联的，并会不断地相互影响。文化不仅会影响过程，而且还会影响改进的结果；过程显然会影响改进的结果，但是过程也会改变改进的文化；结果将影响过程，也能改变学校的文化。这些主要概念之间的相互关系表明，有效的学校改进是一个不断循环的过程，没有明确的开始或结束。

虽然此项目为参与国的学校改进提供了一个整体框架，但在这一框架内，参与国学校如何有效开展学校改进，则需要根据各自的实际情况加以落实。该项目的最终目标，是力图为学校改进凝练出一种行之有效的参照模式。①

3. 美国跃进学校计划（The Accelerated School Project）

美国跃进学校计划（ASP）是美国全面改进策略的一种模式，是一项致力于改进薄弱学校而发起的计划。所谓薄弱学校，在美国主要是指在校学生主要由黑人或贫困家庭出身的儿童组成，并且多数学生的学业水平较低的中小学校。这一计划最早由哥伦比亚大学教授亨利·M. 莱文（Henry

---

① Bert P. M. Creemers, Louise Stoll, Gerry Reezigt, et al. Effective School Improvement-Ingredients for Success: The Results of an International Comparative Study of Best Practice Case Studies [M]. 2007: 1-17.

M．Levin）在1986年发起。①迄至2016 年，全美国已有超过2000 多所中小学参加了"跃进学校PLUS"。该项目已成为全美范围最广、历时最久的一项学校全面改革计划。②参与该项目的学校，经过评估，在学生的学业成绩、课堂出席率、家长参与等方面都取得了显著成效。

该计划认为，薄弱学校的改进包含理念范畴和实践范畴两大方面。理念范畴的改进包括这样几方面。首先，学校全体教职员工要朝向统一的教育目标，即可使学校由薄弱学校转变为跃进学校，为此，需要学校改进的所有利益相关者同心协力，共同为实现这一目标而努力；其次，要赋予学校成员更大的权力，使其积极参与到决策过程中来，相应地，参与者要为自己的行为承担责任；再次，为了创造良好的学习环境，要充分调动校内外的各种力量，充分利用各类资源，形成合力，共同致力于学生学业成就的提升；最后，所有成员要秉持一套基本的价值观念，指引和规范学校改进的所有活动，其中的核心价值观念包括公正、参与、沟通、合作、反思、信任、团队精神、看重实验、敢冒风险。③实践范畴着眼于改进的操作程序，围绕六个主要步骤展开，分别是：了解现状，以准确定位改进起始点；明确愿景，以激发改进热情；将愿景与现状进行比较，以确定优先改进的领域；调查研究，以明晰学校改进的问题所在；评估进展，以及时调整改进力度；培养专业人才，以保障学校改进的持续性。

针对薄弱学校的改进项目，本身就体现出对教育公平的追求，有利于剖析此类学校低效能的原因，由此对症下药，以提高此类学校学生的学业成就和教育质量。若将薄弱学校置于改进体系之外，势必使学校处于好的更好、差的更差的闭环之中。美国跃进学校计划（ASP）的经验告诉我们，为了推动薄弱学校的改进，必须要给予其丰富的资源支持，必须调动校外人士及学校成员改变现状的积极性；参与改进的所有成员，必须要在一套

---

①　励骅，白华．国外薄弱学校改进的有效举措探析［J］．比较教育研究，2009，31（06）：52—56.

②　李辉．美国跃进学校项目变革薄弱学校的模式分析［J］．教师教育研究，2017，29（05）：109—114.

③　方彤．美国跃进学校模式：薄弱学校的变革之道［J］．教育研究与实验，2004（02）：42—45.

价值理念的指引下，共同朝着一个目标努力，这样才有利于增强凝聚力和认同感。另外，促进全员参与决策、提高决策的科学性，不能仅停留在口头上，而是需要建立相关的可操作化的保障制度，诸如激励制度、信息收集制度、评价制度等。

基于对国外著名的学校改进项目的认识，我们可以发现，高效能的学校改进，必须在这样几方面得到充分反映：一是目标要聚焦且明确，提高学生的学业成就是其主要任务；二是关注学校的实际情况，赋予学校以自主权；三是保证利益相关者的充分参与，建立专业团队，保障改进的持续性；四是关注教与学以及教师的专业发展，建立学习共同体，使教师积极投入到专业成长之中；五是关注校内不同层面的改革，如学校领导、教师发展等，促进改进的系统性；等等。

（二）我国学校改进的经验

1. 香港特区学校改进的经验

（1）重视学校改进中的领导

学校的领导，包括校长的领导和教师的领导，直接影响学校的改进成效。高效能的校长领导，体现在转化型领导上，即能赋权于学校的其他成员，组建一支高效能的管理团队，并营造鼓励、协调、合作的学校氛围。与此同时，教师的领导尤其是领袖型教师，在学校改进中扮演着重要角色。领袖型教师可以通过把学校改进计划中提出的改进策略运用到课堂上，从而推动改进理论的实际应用；领袖型教师，还可以通过与其他教师保持良好的人际关系，从而形成一种合作无间的氛围，促进教师学习共同体建设。

（2）重视多方合作

20世纪90年代以来，在香港特区开展的一系列学校改进计划，都十分重视学校、大学、政府的三方协作。大学专业研究人员的参与，可以为中小学教师提供专业上的帮助，他们的理论知识和中小学教师的实践经验相结合，可以促进理论知识和外来经验的本地化、校本化。例如："香港跃进学校计划"在计划实施之初就成立了核心小组，负责为改进项目组织会议和准备相关活动。不过，院校协作模式并非是一蹴而就，需要在改进理论与实践中不断加以调适。政府是学校改进重要的支撑力量，可以为学校改进提供财力、物力支持和政策保障，还可以指导学校改进更好地明确工作目标和重点。需要注意的是，政府是学校改进的协作者，而非自上而下的指挥者。另外，其他非政府组织也可作为参与者，为学校改进提供财力、物力支持，并在专业平台搭建上予以协助。

（3）重视校本情势，改进课堂教学

学校改进并无固定模式，更多的是关注本土特点、校际差异，因为国家或地区的文化背景不同，学校所处的发展阶段不同，也需要采取与之相适应的学校改进策略；在借鉴其他学校的改进经验中，也同样需要校本化的应用。从取得改进成效而言，学校改进要做到以校为本，必须做到整全式改进与重点突破相结合，其关键则在于设法激发学校改进的内在动力，特别是关注教师专业能力的提升。在改进举措上，始终要把课堂改进作为重点，从学情出发，设法优化课堂，提高教学效率和效果。此外，也需要关注学校改进的宏观层面，把学校文化建设和体制机制改革建设置于突出位置。

（4）重视研究方法的规范使用

香港特区的学校改进计划，往往以问卷调查、访谈等收集到的数据为基础，以便可以对学校发展现状及其存在问题做出专业诊断。并且，从改进计划的初始阶段，改进行动便十分重视教师在专家指导下的行动研究，尽量将研究成果落实到改进举措之中。此外，还特别注意学校改进的理论研究和实践经验的理论提升，用以更好地指导改进实践。

2. 内地学校改进的经验

（1）关于学校改进的价值引导

学校改进的价值取向，直接影响学校改进的整体思路，在一定程度上决定着改进能否处于正确轨道上。在学校改进中，凝聚价值共识是增强组织凝聚力、增进组织效能的基础和前提。所谓价值共识，就是出于个体的需要融合或者基于共同的价值立场而凝聚起来的共通性立场、观点、观念。个体利益的差异性和个人视野的局限性，决定着仅从个体的现实利益或固有认识出发来凝聚共识，往往困难重重。在很多情况下，即使某种改进主张或举措被认为合理，组织成员也会表现出"心不甘，情不愿"的意向。正是在这个意义上，促进学校改进便需要通过凝聚价值共识来加强价值引导，通过校本核心价值观的厘定和反思来带动学校文化建设，促进学校改进由经验驱动或技术-效能驱动向价值驱动的转变。

实行价值引导，首要的是基于学校的准确定位，勾勒出学校改进的愿景，并提出学校未来发展的战略。内地的学校改进，过分关注学生考试成绩的提高，过于追求效益，功利化倾向明显。采取的改进路径，则偏向机械化、技术化，管理上控制过度，无法充分调动教师和学生参与学校改进的积极性。因此，要明确改进是以促进学生的成长和教师的发展为导向，以带动整个学校的进步。其次，立足于学校文化建设，在办学理念指引下，基于办学目标、改进愿景、学校传统等，凝练出校本核心价值观，用以统帅组织管理活动和全面育人活动，并使之贯穿于改进全程，力图避免学校文化建设的"空心化"、形式化、碎片化。再次，通过多途径、多方式，与全体组织成员沟通改进愿景，使之明晓、认同校本核心价值观，并在建构、反思和实现之中，令校本核心价值观及其指引下的办学特色，逐渐凝固成为一种超越既有办学状态的"新传统"。

（2）关于学校改进的主体及关系

学校改进的根本在于打造育人共同体。所谓育人共同体，就是作为育人主体的社会个体或群体，基于教育信念和育人共识在教育实践中凝聚而成的联合体。学校改进致力于打造育人共同体，便是通过系统化设计、制度化安排、针对性举措，化解利益相关者在利益上、心理上的各种矛盾乃至冲突，设法把学校内部力量拧成"一股绳"，把学校内外力量集聚成"一束光"，令各方育人力量尽可能做到"心往一处想，劲往一处使"。

学校教育是"由人出发""通过人""为了人"的社会活动。立德树人是学校全体教职员工的根本任务，是学校、家庭、社会的共同责任。学校利益相关者，包括教师、学生、家长、管理者等，是教育活动的行为主体，其活动状态直接影响着育人目标的达成。同时，他们之间的相互关系，又是教育活动效能的直接影响因素。在中国文化背景下，"官本位"和人际关系的差序特性，深刻影响着组织管理运行，在管理运作中，私人关系往往发挥着较大作用，关系密切者之间的业务合作、交流较深入，关系疏远者之间者显得较为程式化。如果管理层内部、行政与学术之间、管理层与教师之间、同事之间，普遍缺乏深层次的认同和信任，将在较大程度上损减学校改进的成效。

与西方英美国家相比，我国的学校改进在方式上更为依赖学校外部的力量，但政府政策和其他外部力量，只是学校改进的有力支撑，增强学校的主体自觉性和责任意识，则是学校改进未来的发展趋势。学校成为改进的主体，关注学校的文化传统、现实情况及具体存在的问题，系统设计改进方案，构建协作网络，借助多方力量，增强改进成效。内地学校改进常常面临着学校自身改进动力不足的问题，学校往往被动地接受来自政府或者大学院校的指导，而非积极主动地参与到改进中来。然而，政府和其他外部力量不是学校改进的实施主体，它们既不能包办一切，当然也不能袖手旁观。学校改进必须基于学校的文化传统和发展现实进行思考，将学校发展过程中最迫切的问题作为切入点，充分调动学校内部强烈而迫切的改革愿望。

（3）关于改进的持续性

内地学校改进的着力点是多元的，如课程及教学的改革、学校文化的建设、学校环境的优化等，但是学校改进的持续性不佳。一方面表现在学校改进随改进项目或课题的结束而终止，或者由于领导者的更换、项目团队的人员变动而结束；另一方面表现为学校改进的成效保持时间短，学校自身无力推动学校长远的发展。为了保障改进的持续性，实现学校变革的常态化，一方面要激发学校内部成员的变革动力、积极性和创造性，增强学校成员改进的主人翁意识，引发学校对自身改进的思考；另一方面要提高改进主体各方力量的专业能力和自主改进能力，这是学校改进取得成效并保持下去的关键因素。学校改进团队要重视有效的校本培训和校本教科研，培养专业型学科带头人和教科研业务骨干，打造微型的教育教学团队和专业领导团队，提供教师专业发展的支持平台，等等。另外，要明晰岗位职责，成立改进的专业团队和专门机构，建立健全体制机制建设，防止因外界环境和人员的变化导致的改进计划的中断。

　　有关学校改进的理论研究与实践经验已经较为丰富，但国家或地域之间的差异、学校之间的不同，决定了学校改进不能简单移植乃至照搬照抄已有的改进经验。只有以学校的实际需求为驱动，立足于学校发展的现状，推动国外和其他学校改进经验的本土化、校本化应用，才能真正推动学校的变革与发展。

第二章

价值驱动：学校改进自主内生的突破口

学校改进是学校自己的事情。高效能的学校改进，离不开中小学作为改进主体的主动作为、倾力而行。改革开放以来，随着我国中小学改革的不断推进，学校改进大致形成了经验型、任务型、价值驱动型三种模式，体现了中小学学校改进由自在到自为、由外力驱使到自主内生的演进历程。价值驱动型学校改进以育人为本，以校本共识价值观为内驱力，以学校自我诊断为切入口，注重和激发内在活力和协同多方力量，是中小学学校改进不断走向深入的当然取向。

一、学校改进的实践模式
（一）学校改进的自主内生

在我国，广泛而深入的学校改进活动，与全面推进素质教育的基础教育改革浪潮相伴而生。时至今日，对基础教育领域学校改进的探索，早已突破教法改进、教师培训等微观领域。关注学校内部运行体系的有效性，注重改进主体的专业化，力求多方协同下的自主内生，寻求改进样式的本土化、多元化、个性化，正在成为中小学学校改进的普遍性要求。基于大学与中小学合作关系的学校改进，存在多种模式。[①]鉴于学校是改进项目的基本单位和实践场所，如何藉由学校自主、专家引领，大学与中小学之间的精诚合作，促进学校改进内生模式的生成，便成为深化基础教育改革的急切需要。与专家理论应用模式不同，学校改进的自主内生模式注重在实践中建构，强调专家的合作者、促进者、服务者和咨询者角色，尊重学校的文化风格，激发学校内在变革的动力，其终极指向是让学校"成就我自己"。

1. 中小学作为学校改进的主体

学校改进内生模式的核心在于学校的主体自觉。学校改进的内生模式，始终以学校需求为驱动力。但是，对于学校的真正需求是什么，这些需求表现在哪里及如何体现，满足这些需求的路径何在，以及在这种路径中需要运用何种方法、策略，等等，中小学未必能够清醒地认识到。在很多情况下，真正的学校需求往往被重复的节奏（开学、放假、上课、下课，入学、毕业）或繁荣的表象（升学率、社会荣誉等）所掩盖。在某些情形下，这些需求甚至因个人私欲或人性弱点、群体或组织利益而被扭曲，诸如：囿于管理者对个人偏好的满足，受制于组织成员对舒适生活的追求，屈从于对组织名声、地位的维护或保持，等等。同时，即使学校能够意识到这种"真正需求"，也时常把难以满足这些需求归因于诸种外部的、客观的、不可控因素，由此放弃自主改造与革新。所以，促进学校改进内生模式的生成，就是要努力激发中小学的内在活力，唤醒中小学作为改进者的主体自觉。

2. 学校改进的构成要素

中小学学校改进的主体自觉，主要由以下几方面要素构成：

（1）改进意向

改进意向是改进意愿、倾向以及相伴而生的态度、情感反应，进而演进为行为意志。行为主体持有否定、负面的改进意向，采取无视、回避、拒绝、排斥乃至抵制、破坏的态度或行为倾向，就会阻滞学校改进。相反

---

① 吴煌，冉华，姚秋兰. 以多样的协作推动优质的改进——第八届两岸四地"伙伴协作与学校改进"学术研讨会综述［J］. 教育发展研究，2014，33（20）：18—21.

地，肯定、正向的改进意向，诸如接纳、拥护、配合、主动等，便有利于学校改进的深入推进。大学与中小学的合作，就是要努力生成和强化这种肯定、正向的改进意向。以此为前提，学校的主体自觉便更多地趋向于思考、谋划改进的价值取向和基本方向、改进的侧重点、改进的路径与策略诸方面。

（2）自我认知

俗话说，当局者迷，旁观者清。大学与中小学合作，首先就是要借助"第三只眼"，通过专家的理论启示和专业判断，促进学校作为改进主体的自我认知。这种自我认知涉及：全面了解组织运行中的各因素、各环节、各侧面，发现组织发展中存在的问题，对已取得的成绩作出恰当归因，对存在问题进行深入剖析，引导行为主体作出自我检视，等等。正如社会个体的自我认知一样，学校的自我认知也可透过多种自我认知策略进行，诸如参照相关标准、与同类学校进行比较、关注社会组织及相关人士的评价、自我检视与评价、自我反思等。

（3）改进能力

在明确的改进意向下，决定改进能否取得成效的关键在于学校的自主改进能力。这种改进能力，既包括学校作为改进主体在整体意义上的组织动员能力、组织协作能力、组织整合能力、组织行动能力等，也包括行为主体尤其是校长、中层管理者（含年级组长）、学科带头人（备课组长或科组负责人）、班主任等的专业能力，表现在决策能力、组织能力、执行能力、控制能力、沟通能力、协调能力、应变能力诸方面。如何指导和帮助学校不断提升自身作为改进主体的改进能力，做到"助人自助"，是唤醒和促进主体自觉的关键点，同时也是难点。

（4）改进行动

主体自觉的最终落脚点在于主体的自觉行动。将肯定、正向的改进意向化作具体的行动计划，根据行动计划制定具体的行动方案，把既定的行动方案化作具体的工作计划和实施策略，以及依照这些工作计划和实施策略去推进、去落实，都是主体自觉行动的体现。学校改进行动的具体落实及其效果，既取决于学校作为改进主体的改进能力和行动意志，也受制于外部诸种环境因素，如教育管理体制机制、改进保障条件、组织之间的关系等。

以上几者的融合，构成了学校的主体自觉。通过它们之间的相互作用，令学校的自主改进得以建构。当然，学校作为专门化育人组织，由于教育对象始终处在变动状态，每个教育对象也始终处在发展变化之中，学校改进也因而必须始终处在"变动状态"之中，具有动态性。①正因为如此，在当今的教育改革实践中，便特别强调学校改进的动态模式（the dynamic approach）。与单维模式（a special multi-dimensional approach）不同，动态模式的基本假定是，教与学是一个随着需要和机会变化而不断加以调适的动态过程，因此，有效的学校改进应被视为一种动态的、持续不断的过程。②

（二）学校改进的几种模式

从组织管理的演进看，古今中外企业（组织）管理的整个历史，大致经历了经验管理、科学管理、文化管理三个阶段，总的趋势是管理的"软化"。如果从经验管理到科学管理是企业（组织）管理的第一次飞跃，那么，从科学管理到文化管理，则可被视为企业（组织）管理的第二次飞跃。③著名经济学家成思危也指出，如果说20世纪是由经验管理进化为科学管理的世纪，则可以说，21世纪是由科学管理进化为文化管理的世纪。④文化管理是一种以人为中心、以文化竞争力为核心竞争力、把组织文化建设作为管理中心工作的管理思想、理论和模式。其特征是，注重组织文化，使组织成员树立共同的价值观，以价值观促进管理。价值驱动性组织管理就是当代管理发展到文化管理阶段的产物。管理学家福列特（Follett）甚至

① David Hopkins, David Reynolds. The Past, Present and Future of School Improvement: Towards the Third Age [J]. British Educational Research Journal, 2001, 27（04）: 459–475.

② Bert P. M. Creemers, Leonidas Kyriakides, Panayiotis Antoniou. A Dynamic Approach to School Improvement: Main Features and Impact [J]. School Leadership & Management, 2013, 33（02）: 114–132.

③ 张德. 从科学管理到文化管理——企业管理的软化趋势 [J]. 清华大学学报（哲学社会科学版），1993（01）: 28—36.

④ 成思危. 价值观与企业文化管理 [A]. 湖北省企业文化促进会. 2008湖北企业文化高峰论坛论文集 [C]. 湖北省企业文化促进会：湖北企业文化网编辑部，2008: 3.

将构建价值观驱动型组织视为管理的理想状态和终极状态，认为它既是出发点，又是过程，更是结果，是个体与共同体走向融合之必然。[①]文化管理的结果便是价值驱动型组织的构建。

同样地，从学校作为专门组织的特性出发，基于学校组织变革的演进历程，我们也可以把学校管理区分为经验管理、科学管理和文化管理，由此推演出学校改进的三种实践模式，即：经验驱动型学校改进、任务驱动型学校改进和价值驱动型学校改进。经验型学校改进是早期的学校改进模式，改进活动依照已有经验而展开；任务型学校改进是基于科学管理而生发，主要是在科层管理下展开改进活动，注重学校改进中的任务分工和岗位责任。学校作为一种独特的社会组织，教书育人是其主要职能，因此在学校管理中，除了发挥严密的组织机构和规章制度的作用之外，要特别重视人的情感、意志等非理性因素的影响，确立以人为中心的价值取向，采用文化管理模式推进学校改进活动，价值驱动型学校改进由此应运而生。在实践中，三者并非相互排斥，价值驱动型学校改进也同样重视经验的作用和管理的科学性，讲求改进过程的"刚柔并济"和"软硬结合"。

1. 经验型学校改进

经验驱动型学校改进是基于学校领导的管理经验和教师的教学经验，或者借鉴其他学校已有经验而展开的一种学校变革活动。这种变革活动主要基于改进主体的实践总结经验，缺少系统的改进方法。虽然此种改进模式具有较大的灵活性和针对性，但因改进的科学性、规范性不足，改进成效不高，示范性欠缺。这是因为：首先，每所学校都有各自的发展情况和办学传统，如果只是出于自身的工作经验或简单地移植其他学校的经验，往往出现"头疼医头脚疼医脚"的现象，或者因水土不服而无法"对症下药"的局面，因而较难取得预期的改进成效。其次，学校改进是一项复杂的系统工程，需要充分的专业支持和科学的理论指导，经验型学校改进仅仅以经验为依据，缺少一套系统、清晰的方法，主观性过强，随意性大，且囿于经验而缺少创新。此外，经验驱动型学校改进还存在改进过程的碎

---

① 周文彰，张薇. 福列特构建价值观驱动型组织的四重逻辑［J］. 国家行政学院学报，2018（02）：70—75+136.

片化、整合性低等问题。

2. 任务驱动型学校改进

任务驱动型学校改进以完成具体的改进任务为导向，致力于解决学校发展中面临的突出问题，重在实用，讲求实效。相较于经验驱动型学校改进而言，任务驱动型学校改进注重改进活动的科学性，但由于缺乏系统性、全面性，整体谋划不足，往往功利化倾向较为明显。在改进过程中，改进过于偏重纯理性、标准化的管理模式，把任务分工和任务驱动视为管理重心，局限性甚大。高效能的学校改进，应该超越科层管理思维，从学校层面上基于实效、优效原则，对团队组建、人员配置进行综合考虑，并给予人力、财力、物力、时间、空间、信息等方面的保障，由此促进教师队伍建设、提振组织成员精神、营造良善育人氛围。这些往往都是任务驱动型学校改进容易忽视的。与此同时，任务驱动型学校改进主要出于利益考量，过分强调改进效率，物化思维严重，突出的表现便是以升学率定义改进效能，把考分高低完全等同于办学质量高低，任务、活动成为手段，教师、学生成为工具。这种近似于"高投入、高消耗、高污染、低效益"的改进方式，由于缺少核心价值观的引领，组织成员常常被动地接受来自外部的指导与控制，必然造成学生片面发展的不良后果。

3. 价值驱动型学校改进

价值驱动型学校改进是以人为本的高效能学校改进模式。所谓价值驱动型学校改进，就是学校在校本核心价值观驱动下，通过系统、持续的努力，改变组织内外诸要素及其相互关系，从而更有效地达成教育目标的组织变革过程。价值驱动型学校改进是学校作为改进主体，通过整体谋划、系统设计，对课程与教学、活动与实践、管理与文化诸方面作出的调整和改变。它非常注重学校效能的提升，对已有经验的吸收，只不过更加突出对效能、经验进行价值引领，强调通过激发组织成员的精神动力，从而深度推进学校改进过程，因此，并非是对经验驱动型学校改进和任务驱动型学校改进的彻底否定。

理解价值驱动型学校改进的本真内涵，首先需要明白价值和价值观的含义。在经济学领域，价值指客体满足主体需要的程度。一种物品或社会服务，其满足人们需要的程度越高，它的价值就越大。但是，在伦理学、教育学领域，价值则是指主体满足需要的正当性原则，是个体或群体在行动时所应该坚持和体现的正确性原则，同时也是人们评价他人行为"好坏""对错"或"高尚与低俗"的重要标准。①不少教育学者还专门对"价值"一词做出了理论阐释。加拿大教育家克里夫·贝克（Clive Beck）认为，价值是美好生活的基础，发生于每个人的日常生活之中，植根于人生幸福或者美好生活。如果我们认为某些行为和追求促进了人生幸福，那么，我们就可以说这些行为是正确的、好的、有价值的。②美国学者拉思斯（Raths）、哈明（Harmin）和西蒙（Simon）则认为，价值是个体愿意自豪地选择、珍视和不断重复地按此行动的信念、态度和情感。海尔斯蒂德（Halstead）则指出，"价值观是对行为提供普遍指导和作为制定决策，或是对信念、行动进行评价……的参照点，是使人据此而采取行动的一些原则、基本信念、理想、标准或生活态度……并且与个人的同一性和整体性密切相关。"③

当人们用价值来评价事物或现象时，就形成了价值观。价值观是人们围绕何为价值、怎样衡量价值、如何创造价值等问题展开的一系列观点。价值观的内容，一方面表现为价值追求、价值取向和价值目标，另一方面，则表现为价值尺度、价值准则，是人们判断某一事物或现象有无价值以及价值大小的评判标准。价值观就是人和组织的信念，是形成态度和生发行为的重要信念。区别于组织结构、政策、执行流程、战略或预算等硬性因素，价值观是一种深藏于内心的准绳，也是人们在面临抉择时的一项依据，能够指导个人或群体在具体情境下知道怎样抉择、如何行动。总之，价值与价值观关涉人或组织做出抉择时的态度、信念和标准，是行为背后的伦理依据。

---

① 石中英. 关于当前我国中小学价值教育几个问题的思考［J］. 人民教育，2010（08）：6—11.

② ［加］克里夫·贝克. 学会过美好生活：人的价值世界［M］. 詹万生等译. 北京：中央编译出版社，1997：3.

③ ［英］莫尼卡·泰勒. 价值观教育与教育中的价值观（上）［J］. 教育研究，2003（05）：35—40.

　　"价值驱动"这一术语首先出现在经济学、管理学领域。了解该领域有关"价值驱动"和"价值驱动型企业"的含义,有助于加深我们对价值驱动型学校改进的理解。美国学者理查德·巴雷特(Richard Barrett)指出,全球最成功的企业往往都是那些具有明确愿景,并以此为导向,以价值理念为驱动的企业,即价值驱动型企业。[①]美国著名管理学家托马斯·彼得斯(Thomas Peters)和罗伯特·沃特曼(Robert Waterman)在《追求卓越——美国优秀企业的管理圣经》一书中,更是直接提出了"价值驱动"这一概念。这是一种使企业经营管理达成卓越境界的方法。他们认为,优秀企业都具有的基本属性便是以明确而一贯的价值体系指导经营管理活动。"设计出你的价值体系,决定你的公司应该代表什么,你的公司能给每个人带来的最值得骄傲的东西是什么;在未来10年或20年后,你最希望看到什么。"[②]价值驱动型企业设计出的价值体系,并非围绕企业利润目标而展开,而是用定性方式去描述企业的价值目标,如顾客是上帝、服务至上、质量保障、社会责任等,利润只是追求这些目标时自然而然的副产品。可见,"明确而一贯的价值体系"固然重要,更关键的是价值体系的内容及表达方式。应用到教育领域,价值驱动型学校是以校本核心价值观的建构、反思和实现为主要管理活动的学校,是文化管理和合乎伦理的学校,具有文化地图清晰、价值观驱动管理、内群体文化团结等特征。[③]

　　相应地,价值驱动型学校改进以学校价值体系为内驱力,重在建构、反思和践行校本核心价值观。学校价值体系是以校本核心价值观为核心而构建的精神文化体系,包括核心价值观、办学目标、育人目标、"一训三风"、校歌校徽等要素。正确的学校价值体系,以社会主义核心价值观为指引,以学生的成人、成才为努力方向,而非简单地关注学生的考试成绩和学校的升学率。校本核心价值观是学校价值体系的核心,是学校文化的

---

　　① [美]理查德·巴雷特. 驱动力:建设价值驱动型组织全系统方案[M]. 郭沛源,王君伶译. 北京:中国水利水电出版社,2008:1.

　　② [美]托马斯·彼得斯,[美]罗伯特·沃特曼. 追求卓越:美国优秀企业的管理圣经[M]. 北京天下风经济文化研究所译. 北京:中央编译出版社,2001:301.

　　③ 张东娇. 价值驱动型学校的特征、文化哲学与建设策略[J]. 北京师范大学学报(社会科学版),2014(05):5—12.

高度凝练和学校人文环境的彰显。在组织建设和专业提升的意义上，校本核心价值观不仅是学校作为专业组织发展的信念，更是学校的办学宗旨与学校全体成员共同选择并认同的价值目标。与此同时，由于校本核心价值观具有强大的激发力和粘合力，能够调动组织成员的积极性、创造性，激发其潜能，并增进组织认同，从而令改进行为获得持续动力。所以，校本核心价值观也是提高学校改进成效的根本保障。

那么，如何才能凝练出一所学校的校本核心价值观呢？大体说来，校本核心价值观的凝练，大致需要经历这样一个过程。首先，梳理学校的文化脉络，探索学校的文化基因，结合社会主义核心价值观，并借鉴其他学校的经验，形成具有教育价值的"学校文化库"。其次，发动学校全体成员和其他利益相关者（家长、社会人士）共同参与，基于头脑风暴，运用集体智慧，做到集思广益，萃取"价值焦点"；再次，以直白或文言方式呈现，简明扼要地加以表达。当然，在相当长时间里，凝练出的校本核心价值观还只是一种富含意义的文字符号，要真正使之成为学校价值体系的内核，令其深入人心，还必须促进校本核心价值观得到广泛传播，并使之贯穿和渗透到学校工作的方方面面。

价值驱动型学校改进的另一重要特征是立足价值观管理。文化管理实质上是一种人文管理，它推行的是以人为本、以价值观塑造为核心的管理方式。文化管理重视人作为独立个体存在的价值，以培育群体价值观为核心，是一种更具时代特征、更符合人性、也更有效率的新的管理方式。可以说，文化管理的核心就是价值观管理。与"硬管理"（即制度管理）相对应，价值观管理是"软管理"。所谓"硬管理"，即通过制订和执行规章制度，进行直接的行政命令和外部监督；"软管理"则是通过培育共同价值观，形成尊重、公正、关怀、和谐的人际氛围，了解组织成员的不同需要等，实施柔性管理。在组织管理中，二者不可或缺，刚柔相济，软硬兼施，共同促进组织目标的达成。

在学校改进中，价值观管理的具体作用表现在，一是影响改进决策者的思路，是决策者的行动指南；二是使利益相关者对改进目标和行为产生认同感，做到凝聚力量，提高士气，从而增强改进的稳定性与持续性；

三是作为价值判断原则，引导和塑造改进参与者的职业态度、专业伦理观念；四是增强组织成员的责任感，包括对专业、对学生、对教与学，以及对学校、对社会的责任。学校落实价值观管理意味着，在学校改进中，要以价值观的批判与建构为重心，逐渐确立和不断完善学校价值体系，促进改进参与者对校本核心价值观的认同，并以校本核心价值观指导改进活动、驱动改进行为，使之始终合乎学校改进的伦理原则。

二、价值驱动型学校改进的运行特征

在实践中，价值驱动型学校改进以校本核心价值观的建构和践履为根本，强调校本核心价值观的引领性、整合性和具体化、生活化，注重其在课程与教学、管理与文化、教师发展、学生成长诸领域中的全方位体现和落实，并用以作为学校自我检查、自我评价、自主反思的价值尺度，有学者因而把致力于此种学校改进的学校称为"价值驱动型学校"[①]。与经验驱动型和任务驱动式学校改进相比，价值驱动型学校改进需要特别关注和努力解决以下几方面的重要问题。

（一）改进支撑点：学校教育的三大功能

学校是一个专门化的社会组织和专业化的育人场所，人才培养、文化传承、知识创造、社会服务，是现代学校的几大职能。中小学亦如是，只不过以前二者为根本，且更具基本性和基础性。学校正确履行这些职能，可以促进学生幸福成长和快乐生活，可以促进社会稳定、和谐与发展，可以促进组织变革与发展，由此体现着学校教育的三大功能。学校犹如一台在山坡向上爬行的三足"机器猫"，通常是"前足"在先，以把握方向并"开山辟路"，"后二足"殿后，起着支撑、推进作用。三足鼎立且协同一致地行动，"机器猫"得以勇攀高峰。价值驱动型学校改进就是以这三大功能作为支撑点来展开的组织变革活动。具体表现在：

1. 省察本体功能，指引美好生活

促进学生成长是学校的本体功能。时至今日，以学生为中心，从学

---

① 张东娇. 价值驱动型学校的特征、文化哲学与建设策略［J］. 北京师范大学学报（社会科学版），2014（05）：5—12.

生的实际出发，为了每个学生的发展，正在由教育口号逐渐变成教育行动。可是，"发展"需要有方向，这一方向就是对"美好生活"的向往和追求，但"美好生活"不仅是对物质文化生活提出了更高要求，而且在民主、法治、公平、正义、安全、环境等方面的要求也与日俱增。因此，价值驱动型学校改进尤其要注重省察自身的教育行为，看其是否窄化了"美好生活"，是否降低了指向"美好生活"的素质要求，以及是否可以指引"美好生活"并为"过"美好生活而奠定素质基础。

2. 观照社会功能，服务民族复兴

中小学教育的社会功能直接表现在，一方面为社会培养合格公民并为学生成长为专业人才奠定基础，一方面通过传递知识、传承文化、更新观念来促进社会的稳定、和谐与发展。二者交融，进而服务于民族复兴。所以，价值驱动型学校改进在省察自身本体功能发挥状况的同时，还特别注意从有效发挥教育的社会功能出发，观照学校组织的社会特性，强调从实质上贯彻落实党和国家的教育方针、政策，把教育纲领化作学校改进的根本指导思想，把指导性要求化作具有专业特征的教育行为，而不是出于执行指令乃至功利考量而使之形式化、口号化。

3. 关注功能自足，促进组织发展

优质均衡发展的基础教育，必先有俯拾皆是的优质中小学校。通过自主内生的学校改进行为，逐渐形成优良的学校传统，不断提高办学水平，由此提振学校的社会声望并使之得以持久，是学校自身发展的内在要求，体现着学校作为社会组织的功能自足特性。优质学校的产生，除了政府基于公平公正的资源配置和经费投入之外，更在于自主内生意义上的软件建设，包括学习环境、师生关系、管理制度、运行机制、领导作风、育人氛围等，其内核则是校本核心价值观的建构。注重校本核心价值观的建构并使之贯穿于学校改进的始终，正是价值驱动型学校改进的信条。

（二）改进内驱力：校本共识价值

价值驱动型学校改进尤其重视校本核心价值观作为学校变革与发展的内驱力。这种内驱力，既可表现为积极的特性，即激活（或激发）管理者和全体教师积极有为、奋发向上、有恒负责；也可以表现消极的特性，即限制甚至窒碍管理者和全体教师主动性的唤醒和创造力的发挥。在激活（发）积极内驱力的意义上，价值驱动型学校改进的运行体现在：

1. 凝聚价值共识，明确改进方向

校本核心价值观是一所学校在一定教育思想的指导下，关于本校在教育立场、办学方向、培养目标、育人方式上的核心主张、根本观点和内在信念，它通过办学理念、育人目标、办学愿景、"一训三风"、办学特色等得以体现，并渗透在校徽校歌、制度规范、育人活动、人际关系、学校气氛之中，由此构成本校之为本校的精神文化体系。通常地，校本核心价值观可由校长最先提出，在一定程度上反映出校长对于何以办学、办何种学以及如何办学的洞见。若仅限于此，校本核心价值观便可能流于形式，沦为教育口号。有鉴于此，价值驱动型学校改进尤其注重校本核心价值观的共识、共建、共享特性，强调校本核心价值观是学校全体成员基于对本校的性质、定位、传统和发展趋向的认识而凝聚成的价值共识，令其可以成为本校变革与发展的根本方向，成为全体组织成员的精神追求，并致力于让校本核心价值观作为积极驱动力贯穿于学校改进全过程。

2. 建构组织认同，共享发展愿景

根据组织管理理论，组织认同不仅可以提升组织成员对组织的忠诚度，而且可以增强组织的发展内驱力和核心竞争力。在组织行为中，促进组织认同的建构，虽然职务晋级、绩效激励等必不可少，但组织自身所体现出来的自主、参与和合作特征尤为重要。所以，价值驱动型学校改进在重视前者的同时，尤其关注后者，注重把凝聚价值共识、检视价值践履的过程看做建构和提升组织认同的过程。在实践中，学校往往会在健全体制机制、规范业务管理之外，设法在校本核心价值观的驱动下，通过赋予个体以组织角色、开展互帮互助活动、密切交流与合作、丰富校园文化生活等，让每位教师、每位学生、每位管理者，以学校成员的身份来定义自己，把自己与学校视为统一体，由此促进他们对学校作为育人组织和生活共同体的认可、接纳，进而不断增强他们对学校的归属感、依赖感和责任感。

（三）改进突破口：学校自我诊断

学校改进是由诊断（diagnosis）、聚焦（focus on）、制案（programme）、行动（acting）四个环节所构成的动态的、持续不断的过程。[①]其中，诊断是学校改进的前提，也是推进价值驱动型学校改进的第一步。学校自我诊断是学校作为改进主体，借助一定的工具或媒介，通过多种途径和方法，对一定时期内的学校发展情势所进行的自我检视。学校自我诊断既是对学校自身发展优势的洞察，更是对学校发展中存在问题的发现、判断和分析，包括学生发展问题、教师发展问题、学校发展问题、课程与教学问题、学校管理问题、学校文化问题、协同育人问题等。只有这样，学校才可能加强对自身的SWOT分析，从而准确把握学校发展态势，探寻学校改进的有效路径和具体策略。可见，学校自我诊断应是学校改进的突破口。

应该来说，学校只要进行SWOT分析，便必然会有自我诊断。但从实际上看，多数中小学所进行的SWOT分析，主要还是围绕学校的业绩或优点、局限或问题、发展条件与期望等所进行的经验式总结，表现为：一是以完成上级任务（如学校发展规划编制、教学质量自评等）或实现任期目标为出发点，功利驱动多于且优先于本体功能的实现，关注当下胜于长远发展；二是缺少自我诊断所必需的资料搜集、资料评价、问题分析、推理判断等专门环节，偏于臆断，不讲求客观性、科学性；三是对学校变革与发展归因的不当偏好，往往倾向于把业绩或优点归因于内部、主观和可控因素，把局限或问题归因于外部、客观、不可控因素，进而把学校变革与发展主要寄望于外部、客观、不可控因素的积极改变，诸如生源质量提高、教师队伍结构调整、办学条件改善等，进而忽视学生作为发展主体的积极参与和学校作为改进主体的自我革新。

与此不同，价值驱动型学校改进的运行，十分注重把SWOT分析建立在学校自我诊断的基础之上。这种学校自我诊断是基于教育目标和校本核心价值观所进行的自我审视，它更加强调从学生角度、从教师角度去收集

---

① 郑航. 欠发达地区学校改进的内生模式：困境与对策——基于大学与中小学合作关系的视角［J］. 教育发展研究，2016，36（12）：46—51.

资料和分析问题，尤其着力于"从学生的视角去深入搜集信息"，并设法"从学生的变化中建立动态信息机制"。[①]问卷调查、课堂观摩、针对性访谈、校园考察等，都是必不可少的资料搜集方式。同时，这种立足于学生、教师的学校自我诊断，在进行归因分析和推理判断时，更加强调把学校发展与变革的重心聚焦于内部、主观、可控诸因素。诸如：在学校管理层面，关注办学方向、班子建设、制度规范、体制机制运行；在教师专业发展层面，关注教师专业发展制度建设、校本教师专业发展方式、校本教师专业发展效果；在育人机制与效果层面，关注德育工作机制、德育队伍建设、育人力量整合、学生的发展状况及学校生活满意度；等等。

（四）改进统率力：学校精神文化建设

学校文化是学校组织各要素在时空交叠、"显""隐"相生的过程中产生和发展起来的，是自然生成与自觉培育交互作用的产物。[②]国内学者按照由内到外、由浅层到深层的变化过程，把组织文化划分为默许假设、共享价值观、共享行为规范和象征性活动四个层面。[③]其中，就学校文化而言，默许假设即是被组织成员所默认的教育信念，共享价值观则是组织成员基于教育信念而凝聚而成的价值共识，二者构成校本核心价值观，是学校文化的内核，反映着学校所具有的独特的精神气质。这种内核通过学校的显性要素（组织体系、制度规范、专业活动、日常行为、空间布局、环境布置等）和隐性要素（履职态度、行为方式、活动风格、人际关系、群体舆论、组织气氛等），以外显性、物象化方式或者内隐性、"气象化"方式而得以体现，从而引领和激发组织成员朝着学校改进方向而行动。学校精神文化建设由此而统率着学校改进全过程。

如前所述，价值驱动性学校改进的根本在于价值引领下个人或组织的潜能不断被激活（或激发），令其自主性、创造性不断得到发挥。欲达于此，学校必须设法满足个体或组织的存在性需求，使之真正成为内驱力。

---

① 李希贵，李凌艳，辛涛. 建立以学生为主体的学校自我诊断模式［J］. 教育研究，2010，31（09）：69—74.

② 杨小微. 理解当代学校文化生成的多重视角［J］. 教育科学研究，2009（07）：5—10.

③ 赵中建. 学校文化［M］. 上海：华东师范大学出版社，2004：11.

组织管理学家认为，在组织中，个人具有七个层次或阶段的存在性需求，包括：生存意识（满足各种生理需求）、关系意识（感到他人的尊重和爱）、自尊意识、转换意识（释放内心对生存的恐惧，从而获得自由）、和谐意识（寻求自我存在的意义）、总体意识（让世界变得更好）、服务意识。相应地，组织自身也具有七个层次或阶段的存在性需求，包括生存意识（为满足组织成员的生存性需求创造条件）、关系意识（和谐的人际关系）、自尊意识（通过绩效和影响力获得组织自豪感）、转换意识（组织成员参与决策）、和谐意识（组织成员基于共同愿景和使命的协同）、总体意识（与其他组织合作）、服务意识（关心人性，关心下一代，关心人类）[1]就学校组织运行而言，直接地、外在地看，学校改进指向的是为达成办学目标和育人目标而展开的各种教育教学活动；但间接地、内在地看，学校改进则是通过致力于满足和提升教师或学校的存在性需求，从而驱动学校朝着预定的改进方向而努力。所以，价值驱动型学校改进就是要通过默想假设的"深层嵌入"和共识价值的物象化、"气象化"，不断满足和提升教师或学校的存在性需求，令其可以化作个体或组织行为的内驱力，从而有序推进诸种学校改进活动。校本核心价值观由精神符号化作内驱力的过程，便是学校精神文化建设过程。通过这一价值转化过程的落地、落实和扎根，学校精神文化建设对学校改进全过程的统率作用不断得以实现。

（五）改进依托力量：利益相关者

直接地看，学校改进是学校自己的事情。但是，办好一所学校，不断提升教育质量，却并非仅仅依靠学校内部力量可以为功。因此，在满足存在性需求上，学校不仅需要关注教师、管理者和组织自身，而且需要关注家长、社会人士、教育行政部门、社会机构或组织、社区等，更根本的则是需要关注学生，因为所有这些力量，都是学校改进中直接或间接的利益相关者，是学校改进的支撑或依托力量。譬如：学生希望自主性得到尊

---

① ［美］理查德·巴雷特. 驱动力：建设价值驱动型组织全系统方案［M］. 郭沛源，王君伶译. 北京：中国水利水电出版社，2008：9、12.

重，创造性得到发挥，学业成绩得到提升，校园生活得到丰富；家长希望孩子的身心获得发展，升学愿望得以实现；教育行政部门希望政策得以贯彻执行，资源得到有效合理利用；等等。只有诸种利益相关者的存在性需求得到尊重和满足，学校改进才可能有效得以展开，同时，只有在改进过程中不断地尊重和满足诸种利益相关者的存在性需求，学校改进才可能真正取得实效。

然而，诸种利益相关者虽然在存在性需求上具有某些一致性，但并非必然和平共处、彼此合作，因为不同利益相关者具有不尽相同的利益诉求。当利益相关者只是选择有利于自身利益最大化的方式而行动时，学校改进便会陷入复杂的社会困境。譬如：教师、管理者仅从私利出发，便容易把学生、把学校作为获取利益的工具，从而丧失教师作为专业工作者、学校作为专门育人机构的教育立场；而学生、家长作为教育需求者"进入"学校乃私人身份，倘若仅从一己之私的立场上看待学校教育，也容易把教师、管理者和学校视为获得私益、满足私欲的工具，从而漠视自己作为公共规则的制定者、遵从者和公共利益的维护者、创造者身份；等等。此情此景之下，利益冲突、矛盾激化极容易发生，乃至不可避免。有鉴于此，学校改进必须基于教育的三重功能去规范管理者和教师的行为，同时也必须设法让以私人身份"进入"学校的学生、家长，明白自己一旦"进入"学校，便自然拥有了公共利益参与者、创造者的身份，从而需要履行相应的义务、承担相应的责任。

价值驱动型学校改进，就是要设法通过凝聚价值共识，使不同利益相关者在利益目标取向上具有一致性、在利益实现路径上具有协同性，同时设法化解彼此之间在利益上、心理上业已产生的矛盾乃至冲突，力求利益各方的"心灵融入"，由此不断增强"我们"意识，进而把学校内部力量拧成"一股绳"，把学校内外力量集聚成"一束光"，令学校具有更多、更强的共同体特征。其中，学生是教育目标与活动的中心，关注其变化，鼓励其参与，增进其体验，有利于增强他们对学校改进诸种举措和育人活动的认同，从而更好地接受教育影响；教师是学校改进所依托的主体力量，满足并提升其存在性需求，以改进活动促进其专业发展和对校本核心价值观的认同，有利于发挥他们在学校改进中的生力军作用；家长是学校教育的协同者、参与者，社会力量是学校教育的支持者、参与者，密切家校联系、校社联系，加强家长、社会人士对学校工作和育人活动的了解，在沟通和合作中增进他们对校本核心价值观和学校改进举措的认同，有利于取得家长、社会力量对学校改进的支持和配合，进而汇聚教育资源，拓宽育人路径，形成育人合力，提高改进实效。

价值驱动型学校改进，就是学校藉由自身作为改进主体力量，在校本核心价值观驱动下，基于自身条件，借助内外力量，从整体上去谋划，并采取针对性措施，走特色发展之路，从而让每一位学生都有机会接受优质教育的组织变革过程。就学校作为改进主体而言，价值驱动型学校改进除了需要借助外部力量的支持之外，更需要立足于校本力量的自主改进行动。这种自主改进行动，是经由专门路径和具体策略得以实现的。

三、价值驱动型学校改进的路径

在操作层面上，价值驱动型学校改进是以学校精神文化建设为统率的，它遵循由顶层设计到把握侧重点这一基本逻辑，强调基于学校自我诊断，聚焦一定发展决定所需要解决或突破的重大问题，通过共识价值凝聚多方力量、激发行为动力以获得实效保障。

在实践中，我们可以把大学与中小学合作关系下学校改进内生模式的建构，看作是由诊断、聚焦、制案、行动四个环节所构成的动态的、持续不断的过程。（图2-1）这四个环节的涵义及功用分别是：（1）诊断。它是基于对学校的综合化评估而作出的校情分析，其核心在于发现问题并进行恰当归因。归因可有三个维度，即：主观—客观，内部—外部，可控—不可控。从有利于促进学校的主体自觉出发，归因可更多侧重于主观、内部、可控三方面。（2）聚焦。旨在把握学校改进的重点、难点和着眼点。一是从问题出发，着眼于学校定位和未来发展，明晓改进方向，把握重点任务，体现科学性；二是从现实出发，基于改进条件，确定改进重点，探讨针对性策略，侧重可行性。（3）制案。主要是在"聚焦"的基础上，进行整体谋划，制订改进计划，拟订工作方案，表现为发展规划、行动计划、项目方案等。（4）行动。即依照既定的规划、计划或方案，确定实施主体，组建工作团队，调集、整合资源，有步骤、分阶段地予以推进。

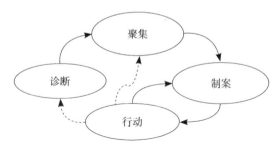

图2-1　价值驱动型学校改进的一般过程

在这里，我们根据相关的理论认识和具体的实践经验，对涉及价值驱动型学校改进路径的几个主要方面做出如下阐述。

（一）凝练校本核心价值，做好顶层设计

好的组织管理者在于有意识、有能力带领组织成员做"正确的事情"。中小学管理中所谓"正确的事情"，无非就是在教育政策方针指引下体现教育价值、符合教育规律的诸种学校改进举措。就价值驱动型学校改进而言，这些改进举措不是外部强加的工作任务，更不是自上而下的工作指令，而是从有利于履行教育职能、促进学校发展出发，经通盘考虑和整体谋划而确定的、彼此关联的专业活动内容。学校作为改进主体，在校本核心价值观驱动下，从现实与可能出发，对学校改革与发展所进行的这种通盘考虑和整体谋划，便是顶层设计。厘定校本核心价值观，则是学校做好顶层设计的基本前提。

1. 基于教育理念，凝聚校本核心价值观

人总该有点精神。这里的所谓"精神"，涉及的便是意义与价值问题。作为专门育人组织的学校，又何尝不是如此！一所学校，追求何种办学目标，建立何种运行体制机制，组织何种教书育人活动，营造何种育人氛围，以及如何使之得以落实，总是与组织成员如何看待教育事业、如何看待学校职能、如何看待学生、如何对待学校传统等紧密相连，表现为教育观、学生观、人才观、教学观等。组织成员不同，"三观"相异，利益立场、教育观点自然千差万别。如果没有校本核心价值观加以统领，学校

尽管仍可正常运转，却容易呈现出一盘散沙的局面。校本核心价值观就是学校组织成员基于教育理念和学校特性、从需要与可能出发凝练而成的价值共识，通过办学宗旨（办学的主要目的或意图）、办学理念（基于绝对正确的根本思想或观念去办学）、办学目标（把学校办成什么样子，包括类型、层次、等级、影响力等）、育人目标（让学生具备何种素质或把学生培养成什么样子的人）、"一训三风"（校训和校风、教风、学风）等得以体现。办学思想、育人目标、"一训三风"等因校本核心价值观而内在联系且彼此交融，共同构成学校价值体系。校本核心价值观嵌入规章制度、人际氛围、校园环境之中，经不懈追求和长期积淀，可以演进为彰显一所学校独特性的精神气质。

校本核心价值观的凝练，首先是以教育理念为基本前提和根本依据的。"以学生为中心""为了儿童的美好生活""促进人的全面发展""发展素质教育""为儿童的终身发展奠基""注重儿童的生命实践"等作为教育理念，是人们对教育本质的看法、观点，从根本上反映着人们对教育的应然状态的理性认识和主观意愿，具有鲜明的思想立场和价值取向，是校本核心价值观的思想源泉。将教育理念贯穿于办学思想、育人目标、"一训三风"、学校发展规划之中，并与学校符号体系、办学传统、文化传统等相融合，便赋予了教育理念以"生命活力"。其次，凝练校本核心价值观的主体首在校长，同时也离不开教师、学生、教育行政部门领导、校友等利益相关者的积极参与。[①]现任校长和历任校长的教育思想和办学主张，教师和其他利益相关者对办学情况的描述、评价和期望，都直接影响着校本核心价值观的凝练。

校本核心价值观既是对学生发展、教师发展、学校发展、社会发展的美好期待，也是学校在办学方式、运行机制、人际关系、组织氛围等方面的现实追求。因此，基于教育理念去凝练校本核心价值观，其意义指向便并不限于教育对象，而是包括学生、教师、学校组织、社会整体几方面。在实际操作中，校本核心价值观的凝练，需要遵循"一个逻辑起点，

---

① 崔允漷，周文叶. 学校文化建设：一种专业的视角［J］. 教育发展研究，2007（09）：29—33.

一套价值体系"的学校文化建设原则，即以融汇人文精神和教育品质的某种价值因子为逻辑起点，提出办学理念，通过演绎分解、精准表达，凝练出意涵丰富、特色鲜明的校本核心价值观，并由此出发去构建校本化的观念体系和实践体系。以N省某普通高中为例。鉴于学校作为面上高中的事实，为了与示范性高中相区分，该校在校本核心价值观的凝练中，强调要以立德树人为教育事业之根本，以促进学生全面和谐发展为教书育人之根本，提出了以"根本"这一价值因子为逻辑起点去构筑"立本教育"体系的思路。为此，学校将办学理念表述为"敦品励学，和谐发展"，把基于校情衍生出来的八个字——"明仁、尚实、弘毅、善群"作为校本核心价值观，并通过制度建设、环境优化等，使之贯穿于和渗透到学校文化体系之中。

2. 分析校情学情，做好顶层设计

尽管多数中小学都非常重视办学理念和校本核心价值观的凝练，但在实践中，学校改进却极容易出现"校长台上高谈阔论，教师台下各行其是"的"理念空转"、校本核心价值观沦为口号的现象。之所以如此，除却校本核心价值观模糊、办学理念脱离学校实际之外，更普遍而突出的问题则是，尽管理念切合实际、校本核心价值观也"接地气"，但由于缺少整体谋划，缺少行动方案，校本核心价值观缺乏载体，办学理念不能体现在行动之中，办学理念和校本核心价值观因而无法指导实践中的学校改进行动，更无从引领学校变革。为了避免这种"理念空转"现象，学校改进必须着眼于学情校情分析，做好顶层设计。

顶层设计是把教育理念由思想、观念转化为改进行为的桥梁，它既包括厘定和明确学校在总体上的育人目标和一定时期的办学目标（即学校发展目标），更包括如何使育人目标、办学目标具体化，以及如何化作可付诸实施的工作任务及完成路径。顶层设计主要通过学校发展规划得到反映。在实践中，不少学校都十分重视顶层设计，注重学校未来的发展规划。不过，多数学校的这种规划，主要局限于整体设想的工作内容及其实施路径，虽然一般都会将办学理念、育人目标、"一训三风"蕴含其间，以此作为办学指导思想或学校文化建设方向，却不能很好地使之反映在具体的工作内容之中，并贯穿于改进行为的始终，"两张皮"现象甚为突出，无法体现价值驱动型学校改进的根本特征。

价值驱动型学校改进的顶层设计，是建立在学校自我诊断的基础上的。学校自我诊断是学校作为改进主体对学校发展状况所进行的自我检视。作为一种具有专业性质的活动，学校自我诊断需要在科学性、专业性、规范性的原则指引下，借助一定的专业工具或手段，通过问卷、访谈、现场观察、集体研讨等形式来搜集资料或数据，然后基于资料或数据处理和分析，进行评价和推断。学校的这种自我检视，既涉及对学校自身发展优势的洞察，更关注并聚焦于对学校发展诸方面所存在问题的发现、分析和评价。只有这样，学校的顶层设计才可以真正基于以校为本的现实和可能，做到有的放矢、切实可行。

学校的顶层设计包括全方位设计和局部（系列和单项）设计。全方位的顶层设计便是学校发展规划，即学校的发展蓝图和中长期发展计划。在立德树人的意义上，学校发展规划是在校本核心价值观的牵引下，以学校为主体、利益相关者共同参与的组织管理行为。这种组织管理行为是以构建校本育人体系、完善育人体制机制、开发校本课程、提高育人活动实效为抓手，通过改革学校管理体制、提升教师专业能力、构建和谐型学校伦理生态，由此推动学校的变革与发展。在内容结构上，完整的学校发展规划大致由这样几个部分组成，包括：学校现状分析（办学历史及传统、优势与问题、挑战与机遇等），价值观念体系（办学理念、办学指导思想或依据、"一训三风"等），学校发展目标（含学生发展、教师发展、学校组织发展三方面，主要通过办学目标和育人目标加以体现），学校发展任务或项目，学校发展保障（师资队伍建设、管理制度改革、发展平台建设、物力财力保障等）。其中，学校发展任务或项目是学校发展规划文本的主体内容，反映出学校在未来一段时期围绕发展目标所设定的若干工作内容，包括有待得到改进或提升的项目和新设项目。在规划文本中，学校发展任务或项目需要体现不同项目的具体目标、具体任务或子项目、实施步骤等。局部设计则是对某（几）个侧重点或单（多）项内容及其实施进行的整体谋划。

3. 依托教育载体，融入核心价值观

从育人实效性的意义上来说，价值驱动型学校改进落实在实践层面，其根本在于校本核心价值观牵引下的教育教学活动和学校作为道德社区的建设问题。所以，依托教育载体来融入核心价值观体现在两方面，一是融入工作任务和实施内容之中，二是融入运行体系和保障机制之中。在工作任务和实施内容方面，既包括国家课程、地方课程和校本课程及其实施，也包括校本化的各种育人活动，诸如仪式、集会、节庆日或纪念日活动、共青团（或少先队）活动、班级活动等；在运行体系和保障机制方面，既包括学校管理运行体制机制、校长领导方式，也包括学校规章制度、日常行为规范，还涉及学校人际关系、校园环境、学校育人氛围诸侧面。

以校本核心价值观融入各科课程为例。各科课程旨在通过教学来传递或引发知识，而知识的传递与引发离不开一定的情感、态度、价值观乃至知识信仰，诸如尊重知识、坚持真理、启迪智慧等。同时，传递或引发（或获得）何种知识，如何传递或引发（或获取）知识，以及如何去把握、去运用知识，都蕴涵着人类的价值选择与意义追求，始终离不开基于尊重、关怀、幸福、公正、权利等道德尺度的审视。因此，著名教育家赫尔巴特便指出，"教育的唯一工作与全部工作可以总结在这一概念中——道德。"[①]把校本核心价值观融入课程、教学之中，既意味着，教师基于校本核心价值观，根据学科特点和学生需要进行课程资源发掘、资料准备、情境设计、语言引导，更意味着教师要实施有效的课堂教学，包括激活学生的学习动机、满足学生的学习需要并让其体验成功、创设良善的课堂教学环境等。对于各科课程如何达成道德教学目标，国外学者提出了四条基本原则，即：（1）对知识进行反思和建构；（2）采用与年龄或发展水平相适宜的活动、措辞和讨论；（3）采用与道德领域相适宜的题材、措辞和讨论；（4）与学生自己的感受、信念和自我意识建立联系，不要只是谈及

---

① ［德］赫尔巴特．论世界的美的启示为教育的主要工作，见张焕庭选编《西方资产阶级教育论著选》［M］．北京：人民教育出版社，1979：259—260．

抽象的原则或准则。[①]

　　如果说，校本核心价值观融入课程教学之中，与学科育人的路径、方法并无二致，那么，使之直接融入学校活动、学校管理体制机制、学校环境之中，便更能彰显校本特色，因而在价值驱动型学校改进中显得更为重要。一所学校倡导"以人为本，拾阶而上"的教育理念，把"尊重、关怀、理解、宽容"视为校本核心价值观，如果其实际运行的管理制度、行为规范却以管制、约束等为根本特征，且校长又倾向于专断式的领导方式，几乎垄断学校一切事项的决定权，并对员工表现总是持有批评态度，那么，价值驱动型学校改进在该学校便只能是镜花水月、空中楼阁。反之，倘若校长的领导风格是民主的，能够基于广泛意见而进行决策，且在发现问题、指出问题的同时关注积极、正面的变化，尊重、关怀、理解、宽容蕴含其间，校本核心价值观便通过课程、活动以外的诸种载体落到了实处。同样地，倘若师生关系、干群关系疏离或者紧张，彼此之间仅体现为工作关系、利益关系、控制与被控制的关系，那么，学生便很难在学校生活中体会到人与人之间的平等关系、责权关系、协作关系，体会个人与社会之间的内在一致性，因而也就无从理解和领悟平等、合作、责任、奉献等价值或品质的实践表征；而透过充满友善、关怀的干群关系、师生关系，学生则既可以体会到人与人之间的相互尊重、相互关心、相互体谅，又可以对社会生活及个体或群体行为进行洞察与反思，从而形成和提升自己的人格品质。

（二）把握改进侧重点，形成育人特色

1. 抓住改进重点，拟订可行方案

　　价值驱动型学校改进是从提升办学水平、提高教育质量出发，在校本核心价值观指引下，基于学校原有基础，对教育教学工作所进行的调整或改变。一所学校如果只是循规蹈矩，按部就班，依常规行事，自然不需要体现顶层设计的学校发展规划，该学校也就谈不上改进或不改进，因为学

---

　　① ［美］拉里·努奇. "好"远远不够 促进儿童的道德发展［M］. 王晶，陈南希，崔雨秋等译. 北京：机械工业出版社，2015：64—67.

校发展规划必须是着眼于学校变革与发展的整体谋划。

［示例］学校发展规划的主要构件

一、前言

　　规划制定的背景、目的、依据等。

二、校情分析

　　包括：学校概况，优势与特色，存在问题，发展机遇与挑战，等等。

三、办学理念与发展目标

　　主要包括：

　　1. 办学理念与校本核心价值观；

　　2. 办学目标（含学校发展目标、教师发展目标）和育人目标（学生发展目标或质量规格）。

四、实施内容

　　包括：基于发展目标的不同内容及其实施目标，工作要点或改进侧重点，实施方法（或路径）和步骤，预期成果或成效等。（对于不同内容，可按学校育人工作的几个基本路径，如课程与教学、德育与学生指导、学校文化建设等加以呈现，也可基于校本的品牌建设的不同侧重点加以呈现）

五、条件和保障

　　包括管理体制机制改革，专业平台建设，设施设备更新，学校环境改造，人力财力物力保障，等等。

　　不过，如果一所学校的学校发展规划事无巨细，面面俱到，这种规划便可能演变成学校的工作计划及其实施方案，从而失却了其所应具有的引领功能和激励功能。并且，由于人力、物力、财力、时间、空间所限，学校也不可能在一定时期内全面展开各项改进工作。因此，一个切实可行的学校改进方案，一方面，需要在体现顶层设计的学校发展规划中，明确各项规划内容的着眼点、着力点，使之成为各部门、各层级可以把握的改进侧重点；另一方面，需要各部门、各层级将改进侧重点化作具体的工作任务及其实施步骤，形成不同改进侧重点的行动计划和工作方案。在实际运作中，可以把二者并立为两个文本，即：体现顶层设计的学校发展规划和指引实操的（系列）项目行动计划；也可以合二为一，表现为以校为本的学校特色品牌建设行动计划。例如，N省E校的学校改进方案，便由学校发

展规划和"立本教育行动计划"构成，前者涵盖课程与教学、学生发展与德育、校园文化建设、教科研与教师发展诸方面，后者侧重高中生养成教育、系列化主题教育活动、生涯发展规划、走班制试验等方面；G市Z小学的学校改进方案，则集中反映在该校的"正本教育品牌建设行动方案"之中，该方案基于办学定位、育人目标，拟订了不同改进侧重点的具体行动方案。

2. 开展特色活动，汇聚教育资源

不同学校基于不同的办学理念和办学定位，在办学实践上必然存在差异。同时，不同学校有着不同的办学传统，发展基础、办学条件、办学优势等也各不相同，因而在改进侧重点和着力点上有着不同选择。理论上讲，从满足人们对优质教育的需求出发，所有学校都必须通过深度改进，努力发展成为具有区域影响力的优质品牌学校。但是，大多数学校所拥有的教育资源是十分有限的，并且在相当长时期内，并不具备强劲有力的自主改进能力。因此在实践中，学校作为改进主体，在以改进侧重点为抓手、以可行方案为直接依据来展开改进行动时，更多地需要通过开展特色活动，以求汇聚一定可资利用的教育资源，才可以使学校改进的各种举措逐渐落到实处，以便在不断深化中逐渐形成本校的特色项目和育人特色。

学校开展特色活动，必须以校本核心价值观为牵引，从学校实际出发，围绕改进侧重点进行选择，要避免为了特色乃至于为了标新立异而特色。特色活动的内容和形式，既可以是以校本课程或专业社团等形式出现的单项活动，如专项团体操、科技小发明比赛等，也可以是以大型校园（节）日、校外实践等形式出现的综合实践活动，如文化艺术节、社会调查、志愿者服务等。

3. 开发校本德育课程，拓宽育人渠道

就学校作为专门化的教育机构及其目标达成而言，并不存在"无教育的生活"，更不存在"无教育的教学"，价值和道德价值无时不在，无处不在。可是，鉴于社会生活的现实性、复杂性、多元性和一定文化背景下的教育传统，也鉴于道德作为知识意味着"获取机制甚于掌握命题"的特性，单纯依靠一般学科课程的教学和诸种活动（包括常规活动和特色活动）的影响，显然又不足以发挥学校教育在促进学生道德生长中的主导作用。为此，价值驱动型学校改进需要将活动课程化，将特色活动上升至校本课程层面，致力于开发专门化的校本德育课程。

校本德育课程开发作为一种学校文化创建活动，可以表现为物质的、制度的、精神的等多种形态。不过，由于道德价值在德育课程开发中的独特地位与作用，而态度—情感—价值观是课程开发中核心的目标维度，道德价值和态度—情感—价值观都体现着人之为人的精神性。因此，从实质上看，校本德育课程开发是校本核心价值观指引下的学校精神文化创建活动。

根据课程开发的不同着眼点，校本德育课程开发可区分为四类，即：目标取向型、内容取向型、过程（或问题）取向型、条件（或资源）取向型。其中，目标取向型包括以核心价值观为主线的课程开发和以知、情、行为主线的课程开发，内容取向型包括以不同的教育内容（劳动、纪律、时事等）为主线的课程开发和以不同的教育影响因素（规则、氛围等）为主线的课程开发，过程（或问题）取向型主要是指以学生的兴趣、需要或存在的问题为主线的课程开发，条件（或资源）取向型是指以学校或社区所具备的教育条件或所拥有的课程资源为主线的课程开发。

4. 创设特色项目，建设专业团队

要提高学校改进创新的有效性，必须开展创新型项目，[①]从而彰显办学特色。因为只有通过创新型项目的驱动，才可能令日常的改进行为转变为基于校本研究的改进行动，也只有这样的研究性改进行动，才可能通过提升教师的专业发展，从而创造性地解决学校发展中的问题，使特色活动、校本课程成为办学特色、育人特色。这些创新型项目包括：

（1）附加型或"附件"型创新，即一所学校在现有项目的基础上，增加某些具有特色的活动，如：在学校文化艺术节中增加体育类活动，或者在课外阅读项目中增加文化经典课程；等等。

（2）全校范围项目，即所承续或创建的特色项目，不只是为了吸引或满足于少数学生或个别年级的学生，而是扩展到全校范围，如：把书法兴

---

① ［英］霍普金斯，［英］爱恩思科，［英］威斯特. 变化时代的学校改进［M］. 孙伯君译. 北京：北京师范大学出版社，2016：84—88.

趣班扩展为全校范围的民俗欣赏、古诗文赏析等，且与校园文化建设结合起来。

（3）理论性或以研究为基础的项目，即加入某种理论支持下的教育教学改革实验，或者某种理论范式下的学校改进项目，以求获得来自该项目团队的专业性支持，包括业务指导、教师培训、专项研讨与交流、平台建设等。

譬如，在深度推进学校改进项目过程中，G省Y中学在U-S合作框架下，基于主题班会之于班级管理与学生发展的特殊意义，便以主题班会为抓手，在全校范围内开展"理解式主题班会"这一创新型项目。该项目从立德树人这一根本任务出发，强调教师要组织和开展研究型主题班会，要围绕某（几）个道德价值或德育目标，以学生为主体，基于生生、师生的辨析、讨论、交流、对话等展开班会课，让学生在理解他人的立场、感受和理解个人与社会的关系、理解生活和人生的意义中，指导他们形成（或巩固）价值观，并珍视这种价值观且进行目标预期，然后依次而行动。基于实践探索和校本研讨，该创新型项目逐渐归纳出理解式主题班会的几个基本环节，即：情境感知—价值体认—交流与分享—价值认同—目标预期—自主行动。该项目对于提高该校的班主任专业能力和学生指导水平，具有显著意义。

5. 发挥校本优势，打造育人品牌

品牌是一种错综复杂的象征，它是品牌属性、名称、包装、价格、历史声誉、广告方式等的总和。随着品牌理念在社会生活中的广泛渗透，品牌已进入社会生活各领域，学校教育自然也不例外。学校作为一种育人组织，在为个人成长奠基、为社会发展服务时，同样可以拥有自己的品牌。所谓育人品牌，是指经过精心培育而形成，为教育利益相关者所偏好，具有稳定、持续影响力的育德要素或活动的总称。育人品牌在很大程度上反映着一所学校的办学水平和行业知名度。与商业品牌的交换属性不同，学校育人品牌的价值主要在于其社会效益。

一所学校的育人品牌，往往是基于校本特色活动或校本特色项目逐渐打磨出来的。它需要充分发挥校本育人优势，并通过具有稳定、持续影响力的标识来加以体现。学校育人品牌既包括学校组织中的诸种育人要素或活动，也可延伸为社会教育机构、德育实践基地、社会实践活动等。真正的育人品牌，应具有教育理论或思想之指引，经得起专业审视和评鉴，在实践中取得显著成效，并能得到教育利益相关者和社会各界人士的广泛认同。学校育人品牌一旦形成，便会给办学组织带来良好的社会声誉，直接影响着教育利益相关者的行为选择，并在办学模式上产生辐射作用。

（三）激活内在动力，提升自主性

1. 建立配套制度，确保公正、效益

无论是育人工作的细微改进，还是特色项目的倾心打造，都离不开本校教师的具体落实。如果全体教师能够全身心地投入到学校改进的各项工作之中，能够在专业精神激励下、基于专业意识与能力去完成具体的工作任务，那么，一所学校顺利达成学校改革与发展的目标应是顺理成章的事情。可是，受着教育资源、教师专业水平等因素制约，并非所有教师往往只是少数骨干教师有意愿、有能力投身于学校改进计划之中，而这些骨干教师又大都是本校不可或缺的中坚力量，他们的工作头绪多，任务重，压力大。要超越日常工作经验而投身于学校改进计划，必须在专业上加以深度提升，必须投入更多的时间和精力。为了避免因不公正（如工作量被忽视，成果被占有，等等）而导致的学校改进的低效、无效，必须建立和健全配套制度，确保学校改进中的公正和效益。

确保学校改进中的公正和效益的配套制度，主要包括这样几方面：（1）项目运行制度，旨在项目团队组建之后，明确任务分工，建立运作机制，加强内部协调；（2）项目保障制度，即在保障学校组织正常运转的前提下，为了完成项目任务而在教育资源（人、财、物、时间、空间、信息）上进行的专门保障，以及对决策层、执行层和部分教师的工作任务进行适度调整；（3）激励制度，重在改革和完善绩效、荣誉、晋级、专业成长机会等方面的激励制度，对积极投身于学校改进计划的参与者予以肯定，包括：记入工作量或直接奖励，列入晋级、评优指标，提供专业交流机会，等等。

2. 搭建成长平台，提升专业能力

学校改进是否有成效，其根本在于教师的专业成长，特别是教科研意识的增强和教育专业能力的提升。实践中，之所以许多学校的美好设想和顶层设计大都流于形式，除了因"过于美好"而无法落地、工作超负荷运转等主客观因素之外，究其深层原因，主要还是受制于教师、管理者的态度和能力，即：态度上无兴趣或无积极性，因而敷衍了事；能力上无胜任力，因而无从下手乃至一筹莫展。并且，对于很多参与学校改进计划的人员来说，后者往往甚于前者并不断使前者得以强化。所以，中小学深度推进学校改进，除了通过校本核心价值观去驱动和激发教师、管理者的积极性、主动性之外，更主要在于经由多种途径、采用多种方式，搭建各种可以促进教师获得专业成长、追求卓越的平台，从而激活内在动力，提高自主性。

教师和管理者直接参与学校改进计划，这种专门计划本身就是一种促进专业成长的重要平台。除此之外，为了更好地发挥这种平台之于专业成长的作用，进一步取得学校改进的成效，学校至少还需要搭建这样几类平台：一是校本教科研平台，如：组建专门化的协作小组，设立校本课题，成立名师（班主任）工作室，等等；二是学区内外基于改进内容的专业展示、交流与合作平台；三是职级晋升平台，如：指导教师进行职业规划，调整学校内部的专业岗位设置，创造有利于教师晋级晋升的条件，等等。

3. 加强道德领导，增进理解、认同

校长是学校作为专门机构和专业组织的掌舵人，是学校改进与发展的总设计师，是"教师的教师"。校长能否带领教师"做正确的事情"以及"正确地做事情"，对于价值驱动型学校改进来说，至关重要。在学校改进中，校长除了关注规范、可行、效率等工具性价值之外，更需要关注目的性价值，尤其是注重改进计划实施中的群体关系、意义生成、人际氛围、道义责任等。努力加强道德领导，成长为具有专业性的"好领导"而非"逐利者"或"冷面人"，是校长作为掌舵人作出不懈努力的基本方向。

校长加强道德领导，关键在于增进利益相关者对改进行动和对自身作为专业人员的理解和认同。这种理解和认同，主要涉及这样几方面：（1）利益相关者对学校改进计划及其行动的理解和认同，重在对改进计划及其行动的价值性理解和认同，由此可以更进一步明晓学校的发展方向和目标，了解深度推进校本改进的路径和方法；（2）对校长作为学校改进"总设计师"的理解和认同，这种理解和认同不仅是懂得校长如此决策的意图以及何以如此决策的理由，而且是发自内心地认可和接受此种决策及其行动方案，从而愿意为之实施而付出努力，而不是把这种决策看做是非专业的随意行为乃至"瞎指挥"；（3）对校长作为专业工作者的理解和认同，特别是认可校长的专业能力和专业水平，认可其作为专业工作者的领导方式、风格，认可其作为"同路人"的处世态度和价值观念，乃至于被其人格魅力所吸引，进而在潜移默化之中受到习染。

4. 营造良善氛围，增强组织凝聚力

个体以组织成员的身份定义自己，把自己与组织视为统一体，从而对组织产生归属感、依赖感和责任感，表现为个体的组织认同。价值驱动型学校改进中，教师、学生作为组织成员，其组织认同的核心在于对校本核心价值观的认同，以及对学校作为专门化、专业化育人组织的认同。教师的组织认同程度高，意味着他们对学校尤其是学校领导的信任度高，对学校的归属感、依赖感强，学校作为育人组织的凝聚力就强。反之亦然。当然，并非教师的组织认同程度高，群体氛围好，组织凝聚力强，便必然有利于价值驱动型学校改进。学校的实际运行，倘若偏离校本核心价值观，偏离正常的办学轨道，只是设法去迎合组织成员的低层次需要，乃至一味地迁就某些不合理要求，以至于排斥顺应时代变革的学校改进举措，便可能逐渐丧失其作为专业化组织的功能。此种情形，自当避免。

在校本核心价值观驱动下，学校营造良善氛围，增强组织凝聚力，尤其体现在关注和关心不同人、不同阶段的不同需要。这种关注和关心主要包括：（1）制度公正和人文关怀并举，特别是完善争先、评优制度，畅通晋级、晋升渠道，建立荣誉退休制度，了解教师生活状况，关心教师身心健康，等等；（2）加强管理者与教师的沟通，密切人际交往，注重工作协调；（3）鼓励师生参与并支持对教与学、教育管理和学生服务有积极影响的决策与行动；（4）改善学校生活条件，改良校园生活环境。

第三章

学校诊断：价值驱动型学校改进的切入点

深入推进价值驱动型学校改进，首先需要改进主体深度了解学校发展情况，把握诸种表象背后所存在的问题，并明晰问题得以产生的根由。学校诊断就是改进主体基于对学校的综合化评估而进行的校情分析，其核心在于发现问题并予以恰当归因。因此，学校诊断被视为价值驱动型学校改进的首要环节。本章将立足于价值驱动型学校改进的基本立场，就学校诊断的基本原理和学校自我诊断的具体落实展开论述。

一、学校诊断的特征与功能

学校诊断可由不同教育主体加以落实。不同教育主体的立场不同，其展开学校诊断的侧重点也存在差异。但无论侧重点如何，学校诊断旨在促进学校改进这一根本出发点却是极其一致的。与其他组织相比，学校诊断具有其自身的特征和功能。

（一）学校诊断的意涵

学校诊断以及后续的学校改进实践，是为了使学校能够为学生的成长、为教师乃至为社会提供更好的成长环境和服务，而学校改进实践则有赖于教师以专业发展为基础的主动参与。学校诊断可以作为一个常识性术语，用来描述为使学校更好地为学生成长提供服务而做出的一种努力；也可以在技术性意义上，用来描述有助于促进学生全面发展的一种过程。

1. 学校诊断的内涵

（1）学校诊断

"诊断"一词是医学中的专业术语，指的是对人体生理或精神疾病及其病理原因所作的判断。目前，"诊断"这一术语已被广泛使用，指称对社会生活中各种问题进行描绘、分析、判断，特别是找出隐藏在特定现象背后的问题及产生原因，并依此制定相应的"治疗"方案。"诊"主要指看病，"断"则是基于已掌握情况所作出的判断和决定。因此，"诊"是"断"的前提，没有"诊"就无所谓"断"，"诊"的质量将深刻影响"断"的水平。"断"是"诊"的深化与目的，没有"断"，"诊"就会失去方向，而止于表面的现象描述。[①]对于任何组织而言，"诊断研究都致力于缩小现实状况与理想状况之间的差距"。[②]

学校诊断是在对学校发展现状进行分析之后所作的一系列描述，尤其是结合诊断标准，判定学校各层面所存在的问题并予以分析，然后基于理论认识和实践经验，指明学校改进的方向，提出学校改进的建议或对策。因此，所谓学校诊断，就是对学校发展情况进行描述、分析和判定的专业活动，旨在发现并剖析学校发展中存在的问题，找出学校发展的优势和机会，从而提出相应的改进建议和行动策略。

通常来说，学校诊断是专业人员与实践工作者之间的一种影响与改变的关系，即：专业人员不是把从书本中或运用头脑逻辑地获得的理念、思路、策略，简单地"移植"到教育实践之中，而是深入到教育场域之中、以"身体到场"的方式，直面现实问题，通过与实践工作者对话、互动以及共同思考，由此生成学校改进的理念、思路和策略，并促进他们在实践中不断反思，不断调整，从而令学校改进不断向纵深方向发展。

（2）学校自我诊断

学校自我诊断是相对于外部诊断而言的一种更具主动性的诊断形式。

---

① 檀传宝主编. 学校德育诊断案例研究［M］. 北京：教育科学出版社，2012：7.

② ［美］迈克尔·I. 哈里森. 组织诊断：方法、模型与过程［M］. 龙筱红，张小山译. 重庆：重庆大学出版社，2007：8.

自我是一个人（或组织）对其自身的存在、特质、社会形象等所产生的一种认知、意识与意象。学校自我诊断即学校对自身的现状、特征、形象体现进行重新认识的"元评估"，是学校对自身的发展状况、教师发展、学生发展、教育教学活动、学校管理、育人成效等所进行的描述、分析、判断，并提供可能的改进策略。自我诊断是一种组织行为，在管理者、教师、学生、家长配合下才能得以完成。学校自我诊断虽重在找出学校发展中存在的问题，但对学校所拥有的各种优势资源进行诊断也至关重要，它有利于学校可以更好地发挥自身优势、弥补不足，从而提高办学水平，增强办学成效。学校自我诊断具有内部性、持续性、可调节性的特点，较容易获得学校自身的真实、全面、深层的信息，也能使学校各方人员积极参与，能最大限度地为价值驱动型学校改进提供有力支持。

学校自我诊断重在"自我"二字。学校自我意识的觉醒，对促进学校发展具有重要意义，特别是将一些具体而适切的理论应用于学校诊断中，不仅可以给全体组织成员提供绝好的自主提升机会，也有可以为学校解决各种新情况、新问题提供新思路。

2. 学校诊断的推动力

学校发展与其自身的历史、文化和所处区域的特点有着紧密联系，这就决定着每一所学校既有发展动力，也存在发展惰性。惰性高于动力，便会窒碍学校发展。实践中，学校诊断在很大程度上会受到"制度逻辑"[①]的奋力抵抗，必须借助内外力量予以推动。如果没有政府、社会和学校自身所形成的育人信念所推动，基于学校诊断促进学校的变革与发展，将会异常困难。

（1）政府

一般来说，国家层面制定的相关政策，能最大限度地促进学校诊断。2020年9月15日，教育部、中央组织部等八部门联合发布《关于进一步激发中小学办学活力的若干意见》。《意见》立足于"育人为本、提高质量"，明确指出，各级党政部门要"围绕对学校管得太多、干扰太多、激

---

① 柯政. 学校变革困难的新制度主义解释［J］. 北京大学教育评论，2007（01）：42—54+189.

励不够、保障不够等突出问题，深化体制机制改革，着力破解影响和制约中小学办学活力的困难和问题"。2020年10月13日，中共中央、国务院印发的《深化新时代教育评价改革总体方案》更是强调，"充分发挥教育评价的指挥棒作用，引导确立科学的育人目标，确保教育正确发展方向。"并进一步指明，"义务教育学校重点评价促进学生全面发展、保障学生平等权益、引领教师专业发展、提升教育教学水平、营造和谐育人环境、建设现代学校制度以及学业负担、社会满意度等情况。""普通高中主要评价学生全面发展的培养情况。国家制定普通高中办学质量评价标准，突出实施学生综合素质评价、开展学生发展指导、优化教学资源配置、有序推进选课走班、规范招生办学行为等内容。"这些政策性文本是中小学落实办学自主权的直接依据和重要保障，为学校展开自我诊断、规避办学风险、有针对性地解决存在问题指明了具体方向。

（2）社会

社会力量是学校诊断的重要推动力。学校发展与社会进步是共生共赢的关系。一方面，高质量的社会发展需要完善的学校建设，需要高质量的教育，而学校组织培养出来的学生，只有融入社会，为促进社会进步做贡献，才能真正体现出其价值。另一方面，高质量教育又需要社会发展为其提供条件和保障，并遵循教育作为社会活动自身的规律。现实地看，社会各界对愈演愈烈的"片面追求升学率"现象非常不满，开始深度思考现象背后的诸种问题及其产生根源，而学校为了顺应社会发展要求，也必须对自身做出相应调适。可见，社会诸种力量是深入推进学校诊断的又一重要推动力。

（3）学校

学校是立德树人的专门场所，是学校诊断的行动主体。学校在发展中存在各种各样的问题是必然的。对于学校而言，有些问题属于自身可控的问题，有些需要借助外力加以解决，有些则是学校无能为力的。但不管问题如何，倘若学校缺少对问题的清醒认识和把握，学校改进便会出现无的放矢的情况，学校的育人功能必将大打折扣。学校主动发现问题，学校组织成员和其他利益相关者特别是管理者、教师、学生以及家长，积极、主动参与学校管理过程，从不同层面去发现问题，反思教育行为，有利于改进育人方式、改善育人环境、创造优质条件。这种源自学校自身、主动谋求学校自身发展的力量，是学校诊断的直接推动力。

3. 学校诊断的意义

英国教育评估专家约翰·麦克贝斯（John MacBeath）等指出，自我诊断的美妙之处在于，一旦人们能有机会发挥创造力尝试新事物，他们就会远远超出政治监督或教育导师的想象。[①]学校诊断就是这样一种能够无限激发参与者创造力的专业活动。当然，解决问题绝非学校诊断唯一目的。

在诸多问题环绕下的学校诊断，至少具有这样几方面的意义：第一，正视存在问题，促进学校改进。针对学校教育中存在的现实问题而展开针对性、科学化的调整和推进，是提高育人实效、提升育人质量的重要课题；第二，诊断为桥，连接理论与实践。无论诊断技术、方法有多么高明，若缺少理论指导，都将是纸上谈兵。学校诊断一方面可以将各种理论知识带进实践现场，另一方面也有利于理论在实践中落地开花，并促进研究者在拓宽视野中检验、修正和完善理论；第三，积累经验，推动诊断研究。每一次诊断实践，都可以为学校诊断研究增添新的素材，当素材积累得足够多时，便可基于对不同个案的研读，归纳出学校诊断的共性，从而促进学校诊断朝着更深入方向推进。

（二）学校诊断的主要特征

1. 以学校发展需要为驱动力，彰显学校的主体性

学校诊断的直接出发点就是使学校发展成为可能并变成现实。学校发展的范畴非常广泛，不同学者有着不同见解，比如，可以把学校发展理解为办学规模越来越大、办学条件越来越好，也可以理解为办学特色越来越鲜明，还可以理解为不同学校之间、同类学校之间的位差越来越明显，等等。[②]鉴于校长在学校中作为主要负责者的角色和所处地位的独特性，人们常常误以为，学校是否发展以及如何发展，主要是校长的事，而普通教师

---

① John MacBeath，Boyd B，Rand J，et al. Schools Speak for Themselves［J］. Education Review London，1995，9：14—21.

② 季苹主编. 学校发展自我诊断［M］. 北京：教育科学出版社，2004：5—14.

只需完成学校所规定的教学任务、管好班级和课堂，便已足够。于是，一些学校便寄望于以功利、赏罚来规范和激励教育行为，以绩效管理来提振办学效率。然而，实际效果往往差强人意，甚至于形式主义充斥，师生关系、同事关系疏离，干群关系紧张。究其原因，就是忽视了教师、学生作为学校发展主体这一关键性因素。

有效的学校诊断，必须以学校发展为驱动力，设法激发学校全体组织成员及其他利益相关者的积极性、主动性，让管理者、教师、学生甚至家长、社会人士都愿意投身于学校诊断之中。让每一位组织成员参与学校诊断，既可以提升其组织认同感，也可以促进成员之间互帮互学，增强主人翁意识，而学校作为学习型组织的培育，又可以进一步促进学校发展目标的达成。

2. 以学校持续性改进为出发点，形成诊断循环体

学校诊断可以为学校改进提供具体方向，并为"对症下药"找到突破口和着力点。促进学校主体的自觉性，使具体化的改进行动顺利实施，固然是诊断中非常重要的一部分，倘若只重视某一次诊断，对促进学校变革与发展而言，又是不可取的。学校作为专门化的育人组织，由于教育对象始终处在变动状态，每个教育对象也始终处在发展变化之中，学校改进也因而必须始终处在变动状态之中，具有动态性。①既然如此，学校诊断便非一蹴而就。从推动学校持续性改进出发，学校作为改进主体，就必须在不同发展阶段、针对不同的发展问题进行诊断，由此不断提升自身作为改进主体的能力，使诊断成为管理者、教师的工作常态，持续、动态地生成不同发展阶段、不同工作内容的改进方案，进而形成学校诊断循环体。

3. 以问题的发现为着力点，找准突破口

所谓诊断，顾名思义，无非就是诊出问题，做出判断。中共中央、国务院印发的《深化新时代教育评价改革总体方案》明确提出，深化教育评价改革的一条重要原则就是，"坚持问题导向，从党中央关心、群众关切、社会关注的问题入手，破立并举，推进教育评价关键领域改革取得

---

① David Hopkins, David Reynolds. The Past, Present and Future of School Improvement: Towards the Third Age [J]. British Educational Research Journal, 2001, 27（04）: 459–475.

实质性突破。坚持科学有效，改进结果评价，强化过程评价，探索增值评价，健全综合评价。"将着力点放在问题的发现上，设法找到学校改进的突破口，是学校诊断的一大特点。

基于问题导向这一特点，诊断主要秉持一种解释问题的态度去发现和分析发展的诸多因素，包含学校外在的政策因素和学校内在的各种结构性因素、制度因素、文化因素以及其他各方面的因素。这种立场使诊断活动围绕学校发展中存在的问题展开，而不是一味地关注学校所取得的各方面的成绩。尝试从问题中找到学校改进的突破口，从解决问题出发探寻学校改进的举措，可以增强学校改进的针对性、实效性，从而促进办学水平和教育质量的全面提升。

（三）学校诊断的功能

1. 找出问题根源，体现诊断功能

如上所述，学校诊断的重要特征就是发现问题，并剖析问题产生的根源。从问题的具体体现出发，探索问题产生的直接原因，然后基于诸种原因，深入挖掘出问题的内在根源，是一个"拨开迷雾见青天"的渐进过程。比如，某人摔了一跤，躺在地上不能动弹，只觉腰痛欲断，"痛"便是最首先发现的问题。而这个"痛"，有可能只是因为拉伤了腰部某一处的肌肉，也有可能是因骨头错位而引发。再细究还可知，肌肉拉伤的疼痛是指肌纤维部分撕裂引起的疼痛，这种程度的痛，只需要在家卧床静养、适当调理即可；而腰椎骨折引发的疼痛，则可能是断裂的骨头刺到了身体内部的某一处组织，也有可能是其他情况。至此，问题的根源才逐渐被认识到。也就是说，诊断功能的体现，不只是发现学校的诸种问题，例如，教师采用了不适当的教学策略，或者管理人员的管理行为不合规范等，这些只是问题的表象。在表象背后，隐含着复杂的问题根源，例如：教学策略失当，可能是因教师对学生的学习基础把握不准，也可能是因教师自身偏弱的业务能力所限，还可能是因教师的教学态度不端正而滥用教学策略所致，等等。又比如，管理者的行为不合规范，可能是因管理规范不具可操作性，也可能是因管理者独断式的管理风格，还可能是因管理者敷衍式的工作态度而造成，等等。基于学校诊断，探究问题及其根源，体现诊断这一基本功能，学校诊断因而成为推动学校改进、促进学校发展的首要工作。

2. 省察主体环境，突出反思功能

俗话说，当局者迷，旁观者清。学校作为改进主体的一个最大弊端就是，对自身存在的诸多问题不敏感。正如一个人对于自己身心状态的感知，因长期以来都是如此，身体和心灵都已习惯，因而对身心变化变得非常不敏感。学校亦如是。管理者、教师、学生在这个组织中交流和行动并长期浸染其间，对学校自身存在的问题的感知便随之而钝化。科学化、规范化的学校诊断，就是要让组织成员突破惯性思维，基于理论指导，通过专业判断，促进学校作为诊断主体的自我认知。这种自我认知涉及：全面了解组织运行的各因素、各环节、各侧面，发现组织中存在的问题，对已取得的成绩进行恰当归因，对存在的问题进行深入剖析，进行行为主体的自我检视，等等。这种自我认知，便属于学校作为改进主体对主体环境的省察，突出了学校诊断之于组织变革与发展的反思功能。

3. 激发内在潜能，实现唤醒功能

基于对问题的分析和反思，组织成员便需要共同制定具体的行动计划去推进和落实相应的改进举措。在这一过程中，组织成员可能会发现，原先确定的目标过高或过低，甚至与校情不适切，因此需要做出适当调整。同时，在基于诊断的举措落实过程中，改进主体也要时刻关注学校诊断的出发点，因为实践中正在落实的部分举措，可能与基于诊断的建议或对策不相一致，甚至在一定程度上与学校诊断的出发点相背离。此时，便需要基于诊断出发点，有针对性地对现行举措进行调整，等等。所有这一切，都是基于学校诊断对组织成员的唤醒，以及对内在潜力的激活，即：既令组织成员意识到学校发展的问题之所在和改进之急迫，又使他们积极主动地投身于学校改进的行动之中，对自己的教育行为做出主动调适。组织成员的这种自我反思、自我促动、自我调适、自我激发，便充分体现了学校诊断的唤醒功能。

二、学校诊断的基本环节

学校诊断涉及学校发展的多方面，学校的类型和层级、学校文化、学校传统、学区环境等，都是影响学校诊断的重要因素。根据目标和内容，学校诊断可区分为全面诊断和专项诊断（如学校管理、教学状况、育人质量与成效、教师专业发展等）。就学校诊断本身来说，无论基于何种形态、何种方式的学校改进，学校诊断的基本环节和实施步骤是大体一致的，包括：明确诊断目的，设计诊断方案，开发诊断工具，收集信息资料，分析与解释信息资料，提出改进建议，等等。其中，建立诊断框架、发现和界定问题、分析和解决问题，是学校诊断的三大基本环节。

（一）建立诊断框架

学校诊断的主要目的在于明晰学校发展中存在的问题，找到制约学校发展的可控因素，并提出具有针对性、可行性的改进建议或对策。制定较为详细的、可操作性的诊断框架，是有效进行学校诊断的第一步。学校诊断框架是基于理论认识和以往经验、借助专业的方法和技术而确立的。根据生态系统理论，个体发展是嵌套于相互影响的系统之中的，该系统可分为四个层次，由内到外、由小到大依次为：微系统、中间系统、外层系统和宏系统。其中，家庭、学校、同龄人群体（或朋辈群体）等为微系统，家庭、学校和同龄人群体之间的相互联系或内在关系为中间系统，父母的工作环境、教师的家庭状况、同学或朋友的社会关系等间接影响因素构成外层系统，社会生产方式、经济法律制度，社会习俗、文化传统尤其是思维方式、价值观念、行为习惯、社会风气等，则属于宏系统。[①]从诸种因素对儿童发展的影响看，微系统的影响最为直接，宏系统的影响最为间接。不过，就组织内部而言，影响学校发展的这种生态系统，则是由课程与教学、活动与实践、学校管理、学校文化、教师专业发展等构成的。从学校发展来看，课程与教学（含活动与实践）等是最直接的影响因素，因而最易于被感知、被捕捉，是学校诊断中直接的操作对象，属于表层系统；其

---

① ［美］戴维·谢弗. 社会性与人格发展［M］. 陈会昌等译. 北京：人民邮电出版社，2012：92—96.

次是作为中间系统的学校管理、学校文化、教师专业发展和育人机制等因素，它们以直接—间接交互作用的方式作用于学校发展。此外，价值理念对其他因素起着统率作用，其发生作用的方式是间接的、隐蔽的，但对学校发展的影响极为深刻且久远，属于影响学校生态系统的内核，即深层系统。（图3-1）

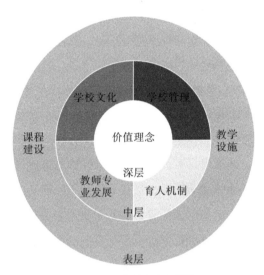

图3-1　学校发展生态系统

不过，价值理念贯穿于外层系统、中间系统之中，通过师生言行、规章制度、人际关系、育人氛围等得以体现，其诊断有赖于现实与理想之间的比照。因此，从价值驱动型学校改进的目的和特点出发，参照推进中小学教育质量综合评价改革的意见、义务教育标准化学校督导评估、普通高中督导评估等，我们把学校诊断的内容框架确立为课程建设、教学实施、学校管理、学校文化、教师专业发展、育人机制与效果六大方面。

1. 课程建设

课程是在教育目标指引下对教育内容与活动方式的预期、设定和规范，是教学的基础和依据。重视课程管理，加强课程建设，确保教育内容的可教性和活动方式的适切性，是价值驱动型学校改进的题中之要义。课程建设面向的群体不同，就应该有不同层次、不同类型的课程设计。课程设计是课程建设的中心工作，它以一定的课程观为指引，涉及课程标准的制定、课程内容的选择和组织、教学活动方式的预设。学校改进需要考察国家课程的落实情况，还需要考察课程设置的多元性、校本课程开发的状况以及课程领导的方向性、科学性、针对性，以求通过课程建设，确保教育活动面向每一位学生，促进每一位学生的全面发展，从而引领学校朝着特色方向去发展，进而打造优质、品牌学校。

2. 教学实施

教学是发展素质、实施课程的基本路径，是把课程内容转化为个体素质的活动方式。在呈现方式上，教学是由教师的教和学生的学所构成的双边互动活动，在这一活动过程中，学生在教师的引领、启发下，积极、主动地获取知识、习得技能、养成品格。高效率、优效果、好效益的课堂教学，是每所学校孜孜以求的工作目标和所期望实现的理想状态。学校明晰教学观念，致力于教学改革，强化教学管理，是对学校发展的最好助力。因此，价值驱动型学校改进需要把学校的教学实施状况及其成效，作为学校发展状况的重要维度加以检视。

3. 学校管理

学校教育是一项极其复杂而又专门的社会活动，涉及多种要素，因此，学校管理所包含的事务就纷繁复杂，这些事务是否能够得到合理而有效的处理，对于促进学校发展和教育目标达成有着极大影响。学校管理不仅仅是管理学校的物质设备和维持学校的运营秩序，更重要的是端正办学思想、明确办学方向、加强领导班子建设、健全各项规章制度和积极推行教育教学诸方面。学校管理运行是指在一定的管理框架和规章制度牵引下，学校实际的管理工作体系、运转机制及其过程。学校管理运行中，校长处于核心位置。校长的管理理念和领导风格，直接影响着学校管理成效。校长负责制是我国中小学行之有效的学校管理体制。如果注重道德管理，则学校精神文化建设便可能引领学校发展；如果校长的领导方式更体现民主特性，则学校的组织氛围、成员间的关系便可能趋于和谐且充满活力。因此，从一定意义上讲，学校的成功是管理的成功，学校管理是学校诊断的重要维度。

4．学校文化

学校文化是学校成员在长期实践中所创造和积淀出来的各种文化因素的综合体，其核心是学校成员所共享的思想意识、价值观念、行为方式，通过学校的组织心理与氛围、校园环境、发展境况等得到反映，主要包括学校的精神文化、制度文化、物质文化和行为文化。精神文化是一所学校所具有的价值规范体系，是在不断地实践、改进、凝练中形成的价值判断和价值追求，具有独立性、长期性；制度文化主要涉及学校在发展过程中有关权利、义务、责任等的规则或规范，是学校组织中不可或缺的关键一环，是学校文化的总脑；物质文化是学校发展的物质基础和外在体现，涉及校园建筑、校园环境、教学设备诸方面；行为文化则是学校成员在教育教学、学习生活、管理服务等中所表现出来的风格、风尚，是在一定价值观影响下的外在表现。四者之间相互渗透、相辅相成，分别从核心、中介、基础、表现上整合为学校文化整体。通过检测学校成员对办学理念的认同程度，对学校管理的认可程度，以及对校园文化建设的参与程度，等等，可以更好地对学校发展状况进行深层次认识。

5．教师专业发展

教师专业发展是教师职业发展的必然要求，是提升教育质量的根本保证，更是学校改进中最重要也最关键的一环。教师专业发展涉及专业理念与师德（对职业的理解与认识、对学生的态度和行为、对教育教学的态度和行为、自我修养）、专业知识（教育知识、学科知识、学科教学知识、通识性知识）、专业能力（教学设计、教学组织、教学实施、教学评价、教学反思、班级管理与指导、沟通与协作）等三个维度上的内容。职前培训、入职培训、职后培训、交流与合作、行动研究、自主学习等，都是教师专业发展必不可少的重要路径。

在学校改进中，引领教师专业发展必须建立和健全教师专业发展制度，它既包括校本化的教师培养制度，也包括校本化的教师管理制度。譬如，通过制定各项标准，对教师的教学活动过程、教学满意率、教学质量等进行评价，对于促进教师专业发展就显得非常重要；又如，通过制订完善的、获得教师认可的、具有激励性又方便学校管理的评价制度，也是提升教师专业发展的重要举措。

教师专业发展的实际状况如何，存在哪些问题，这些问题如何得以发生，根源何在，等等，都需要基于学校诊断予以了解和明确。

6. 育人机制与成效

"为谁培养人，培养什么人，怎样培养人"始终是教育的根本问题，需要在学校改进过程中加以审视。而将之化作具体的教育行动，则需要高素质的教师队伍加以落实和良好的运行体制机制予以保障。育人体制涉及的是学校内部在机构设置、隶属关系、职责权限划分等方面的体系、制度、规范、方法、形式等，育人机制则是指学校内部的工作方式，表现为内部诸种育人要素之间相互作用的过程和方式，譬如，围绕专门项目或阶段性任务，德育管理部门和教学管理部门之间、中层管理部门与年级组之间如何协同行动，或者不同学科之间如何整合，课堂教学与课外活动之间如何联动，不同科目教师之间、不同岗位教师之间如何做到步调一致，等等。只有将这种反映学校如何运行的体制机制纳入诊断范畴，对此种运行体制机制及其取得的育人成效进行专门诊断，才能准确判断学校育人成效之高低、教育质量之优劣，并对之进行恰当、合理的归因分析，从而为深入推进学校改进找到突破口和切入点。

从具体项目上来讲，基于学校诊断框架的诸方面，我们根据不同方面的内容构成，以《教育部关于推进中小学教育质量综合评价改革的意见》中的"中小学教育质量综合评价指标框架（试行）"和《广东省普通高中督导评估方案》等文件为主要参照，拟订出具体的学校诊断指标体系。（表3-1）在进一步明确学校诊断的思路和方法之后，便需要根据不同指标体系的特征，确定搜集数据的具体路径、方式、策略，并进行专门化、具有针对性的诊断工具开发。只有这样，才能使学校诊断进入实质性阶段。

表3-1　中小学诊断指标体系

一级指标	二级指标	三级观测指标
A1学校管理	B1办学思路	C1办学理念 C2办学目标 C3办学思路
	B2班子建设	C4班子成员选拔与运用 C5班子团结度、凝聚力 C6职能部门执行力
	B3管理制度、规范	C7管理制度、规范的健全 C8管理制度、规范的可操作性 C9管理制度、规范的执行
	B4管理运行机制	C10校长领导方式 C11学校决策执行力 C12教代会、家委会功能发挥 C13学校领导威信
	B5社会力量支持	C14社会力量参与 C15社会支援
A2学校文化	B6组织心理与氛围	C16校本核心价值观认同 C17群体归属感 C18群体凝聚力 C19校风、教风、学风状况 C20学校传统
	B7校园环境	C21校园规划、布局 C22校园布置、装饰
	B8学校变革与发展	C23学校发展规划 C24办学成果 C25办学特色 C26学生、家长满意度 C27学校声望 C28学校发展期望
A3教师专业发展	B9校本教师专业发展制度	C29学科教师发展制度 C30德育教师专业发展制度 C31教师团队建设

续表

一级指标	二级指标	三级观测指标
A3教师专业发展	B10校本教师专业发展方式	C32校外培训 C33校本培训 C34校本教科研 C35课堂教学改革指导 C36自主学习、个人反思
	B11校本教师专业发展效果	C37学科知识的丰富 C38教育理念的更新 C39教学方法的提升 C40教研意识的提高 C41研究方法的掌握 C42教育责任感的提升
A4育人机制与效果	B12德育工作机制	C43校本德育课程开发 C44综合实践活动开展 C45学生活动与组织 C46心理咨询与辅导 C47德育工作制度及其执行 C48德育特色项目研制 C49德育工作评价制度 C50校长的道德领导力
	B13德育队伍建设	C51教师的德育专业化 C52班主任队伍专业化
	B14育人力量整合	C53校内育人力量整合 C54家校沟通、协作机制 C55社会育人力量的调动与激发
	B15育人成效	C56日常行为习惯 C57思想品德水平 C58个性发展状态 C59心理健康状态 C60学校生活满意度
A5课程建设	B16课程领导	C61学校课程领导的认知 C62校长的课程领导 C63课程领导中的教师参与
	B17课程理念	C64新课程理念 C65课程观

续表

一级指标	二级指标	三级观测指标
A5课程建设	B18课程设置	C66课程结构的均衡性 C67课程资源开发与利用
	B19校本课程	C68校本课程开发现状 C69校本课程开发能力
A6教学实施	B20教学观念	C70人才观 C71教学观 C72学生观
	B21教学方式	C73课堂教学模式 C74教学策略
	B22教学管理	C75教学计划 C76教学常规管理 C77培优辅差
	B23教学效果	C78质量检测 C79课堂教学效果
	B24学习现状	C80学习方式 C81学业负担 C82学习自主性

（二）界定和分析问题

学校的发展情况究竟如何，存在哪些突出问题，人们对学校发展的期待与现实的学校状态之间存在何种差异，需要基于诊断框架，运用专门化的学校诊断工具，通过问卷、访谈、观察、文本分析等方式方法，广泛搜集第一手材料（问卷数据、访谈记录、制度文本、观察记录等），然后对搜集到的所有数据进行整理、归纳、提升，才能最终得以发现。

结合我们对学校改进的理论认识和多年来的学校诊断实务，从诊断目的出发、基于调研数据所进行的学校诊断，我们把指向价值驱动型学校改进的学校诊断过程大致区分为三大步骤：发现、澄清和明确问题，进行归因或相关分析，探寻问题解决方案或策略。（图3-2）

图3-2　学校诊断的三大步骤

1. 发现、澄清和明确问题

著名科学家艾伯特·爱因斯坦（Albert Einstein）曾说过，系统地提出一个问题往往比系统地解决一个问题更不可缺少，因为解决问题可能只是一个数学技能或者实验技能的问题。要使学校诊断的作用得到体现，就必须做最重要的事，即去发现学校发展中存在的问题。问题的最终凸显，往往会经历一个从问题表征到问题本真、最终到问题根源的过程。一般来说，人们往往最先接触到的是问题的各种表征，而这些表征就预示着问题的存在，更重要的则是明确和界定问题。

在学校诊断中，发现和界定问题可从组织文化的一致性程度入手。从组织行为学的角度看，学校存在四种不同形态的组织形式，即：（1）文本形态的组织，主要指的是学校各种规章制度中所规定的组织；（2）实际运行的组织，体现为学校成员行为中的组织；（3）管理者主观理解的组织，主要指的是领导观念中所认为的组织，往往体现在学校领导的各项管理活动以及相应的发言、讲话当中；（4）被管理者主观愿望中的组织，主要指的是教师和学生心目中的学校状况。[①]（图3-3）现实中，这些组织所表现出来的特性往往是不一样的。

具体来说，基于诊断工具所搜集的数据去发现和明确问题，需要基于通常所说的"5W1H"法去加以把握。所谓"5W1H"法，就是谈论问题所需考虑的六个要素，即："谁"（who）、"什么"（what）、"哪里"（where）、"什么时间"（when）、"为什么"（why）、"怎样"

---

① 季苹主编. 学校文化自我诊断［M］. 北京：教育科学出版社，2004：26—27.

（how）。通过对六要素的追问，就可以对诊断对象所涉及的人员、时间、地点、原因等有较全面的认识和把握。在具体运用中，"5W1H"法可分为三个步骤：第一，将我们最初所感知到的问题表述为"通过什么方式可以……"；第二，用"5W1H"法的提问去分解问题并予以回答；第三，将各种回答记录下来，从中寻求更具体的认识和界定。[①]通过三个方面的探索与追问，最终可以明确学校发展中存在的问题。

图3-3　学校组织形态结构图

2. 进行归因或相关分析

在发现和界定存在的问题后，学校诊断便需要进入第二步，即分析问题产生的根本原因，或对其进行相关分析。第二步不仅是对学校问题诊断的进一步深化，更是下一步提出改进方案或策略的依据。一般来说，对问题的分析大体可分为三个环节，即：一是尽可能发现问题的所有原因；二是对问题原因进行编码归类，明确原因的具体指向；三是对问题原因进行结构化分析，绘制出各种原因之间的逻辑关系。[②]准确、深入的问题分析，需要从多个渠道去获取有关问题的信息，并从信息中提取产生问题的原因。在此基础上，再对问题产生的原因进行类型分析，明确问题的具体指向，譬如，教师职业倦怠问题可归因为教师的职业兴趣不大、专业能力不足、学校激励机制不健全等。

---

① 林云. 学校诊断与发展基础教程［M］. 桂林：广西师范大学出版社，2009：10.

② 班建武. 学校德育问题诊断研究：框架、流程与实务［M］. 广州：广东教育出版社，2015：92.

学校问题产生的原因是来自多个方面的。在对原因进行类型划分之后，就需要对各种不同类型的原因进行因果关系或相关性分析，捋清不同类型原因之间的结构关系，进而剖析出问题产生的内在机理。由图3-2可见，对于学校问题产生的原因或进行的相关分析，可以从内部—外部、主观—客观、可控—不可控等三个维度上加以展开。以对“教师职业幸福感普遍不强”这一问题的分析为例。在教师的收入逐渐得到提高、专业地位不断得到提升的前提下，之所以如此，可能与职业期望高、工作压力大、自我效能感偏低、专业提升路径不畅等有关，也可能与工作量计算不合理、绩效工资分配不公平、校长领导方式不民主、学校人际氛围欠佳等有关，还可能与家长不配合不支持、教育教学资源不足、社会对学校的期望过高、外部干扰过多等有关。

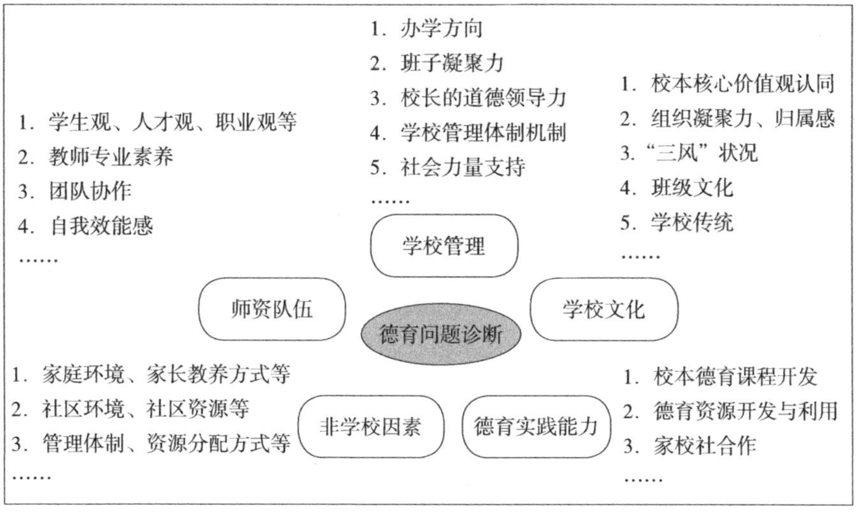

图3-4　学校德育问题产生的影响因素

在具体的诊断过程中，需要特别关注这样两个方面：一是把握问题产生的诸种影响因素。大体说来，这些影响因素就是对影响学校发展、青少年发展的诸种因素的区分，或者是基于学校诊断指标体系的可操作化所进行的区分。如：对学校德育问题的诊断，可从学校管理、学校文化、师资队伍等方面入手（图3-4）；对青少年品行问题的诊断，可从时代与社会环境、家庭、学校、个人、行为内驱力等维度入手（图3-5）。二是进行恰当、有效的归因分析。从有利于学校自主改进出发，学校诊断应主要侧重于进行内部的、主观的、可控诸因素的归因或相关分析，以便基于此种分析，提出力所能及、切实可行的改进对策。

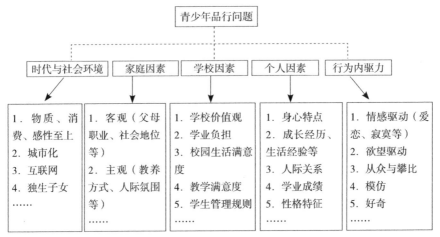

图3-5　青少年品德发展问题产生的影响因素

3. 探寻问题解决方案和策略

找出问题产生的原因、分析其内在根源后，便可以着手探寻解决问题的方案或策略。在学校诊断、深推学校改进中，这是最重要的一个步骤。美国科学家迈克尔·I. 哈里森（Michael I. Harrison）认为，积极、有效的诊断结果反馈，应该包含这样几个特征：第一，与成员有关并为他们所理解；第二，描述性的而不是评价性的；第三，清楚具体——借助具体的行为和情境阐述一般性的结论；第四，比较，包括与相似部门或组织之间的比较；第五，及时——资料收集之后立刻反馈；第六，可信——提供正当可靠的资料；第七，理解成员的情感和兴趣，而不要引起他们的愤怒、自卫和无助的感觉；第八，限制而不是压制；第九，实用且可行——指明成员可以在哪些问题上有所作为；第十，未完成的——给成员留有余地进行资料分析并据此做出行动决定。①

结合以上观点，我们认为，基于学校诊断提出学校改进建议，需要

①　［美］迈克尔·I. 哈里森. 组织诊断：方法、模型与过程［M］. 龙筱红，张小山译. 重庆：重庆大学出版社，2007：58—59.

注意这样几方面：首先，改进方案或策略要针对学校发展中存在的现实问题，具有针对性和层次性；其次，改进方案或策略的提出要紧扣问题产生的各种原因，要针对不同原因及其特点提出具体对策；最后，改进方案或策略的提出尤其要注重其可行性和可操作性。

一份完整、有效的学校诊断报告，正是在完成以上三大步骤之后，由诊断团队撰写出来的专门材料，它包括序言（或诊断说明）、诊断与分析、建议或对策等几大部分。

三、学校自我诊断

学校自我诊断是学校作为诊断主体基于对学校现状的了解和把握，对本校的发展状况、教学质量、育人成效等所进行的自我判断，其目的在于促进组织成员进行自我认识、自我反思，并确定今后一个时期或下一阶段的行动领域，以求深入推进学校诸领域的不断改进，促进学校教育活动增值，促进学校的可持续发展。

目前，国内关于学校自我诊断的研究，十分关注学校的自我发现，并将视角聚焦于如何促进学生发展，以此突破外部评估之于学校发展的针对性不足的局限。有学者把这种基于学生发展的学校自我诊断概括为"一个中心，九大要素"，即：以学生发展为中心，围绕同伴、教师、教学、课程、资源、组织与领导、文化、安全、家校联系等九大因素予以展开。[①]只有把外部诊断（评估）与内部诊断（评估）相结合，才能更好地共同促进学校发展。本节将着重阐述价值驱动型学校改进中的学校自我诊断问题。

（一）学校自我诊断指标体系的确立

学校自我诊断是由学校自身发起的元评估过程。有关学校自我诊断的研究与实践，在西方国家已延续了30余年，其缘起和发展，深受全面质量管理理论的影响，该理论强调建立以质量为中心、以全员参与为基础的质量测量、分析与改进模式。同时，学校自我诊断也与建立教育质量评估体

---

① 李凌艳，苏怡. 学校自我诊断研究之一：基于学生发展的学校自我诊断的内涵、指标及项目设计［J］. 教育测量与评价，2017（01）：42—45.

系的探索有着共通之处，二者都关注对教育过程进行内部测量与评价，并提出应当从课程、教学、组织管理、责任、资源等方面来理解、监控教育组织，以采取适当的措施进行持续性的改进。[①]约翰·麦克贝斯在不同机构和项目的支持下，于1988—2005年期间组织并作为主要参与者实施了八个大型学校自我诊断项目，范围覆盖欧、亚、非二十余个国家，超过240所中小学。这些项目共使用了4种学校自我诊断工具，共41个诊断指标，涉及文化和目标（教育理念、办学目标与认同感），课程与教学（课堂的学与教），资源与支持，关系（师生关系、同伴关系、员工关系），结果（学业成绩、个人与社会性发展），学校氛围，组织与领导，学校与家庭、社区的联系。[②③]香港特区教育当局于2002年和2008年也分别发表学校表现指标。2008年的表现指标就分为四个范畴，即：管理与组织（学校管理与专业领导）、学与教（课程和评估、学生学习与教学）、校风及学生支援（学生支持与学校伙伴）、学生表现（态度和行为、参与和成就）。[④]这些都是确定学校自我诊断指标体系的重要参照。借鉴国外理论，结合国内的相关研究和已有经验，有关专业机构把对中小学教育质量的监测指标归纳为六个维度，即：对学生的支持程度、学校领导和管理、课程与教学、学校与家庭和社区的合作关系、学生发展与成就、教育资源。[⑤]

学校自我诊断是对学校诸方面所进行的系统诊断，与围绕某一问题所进行的焦点诊断有较大差别。从全面提升基础教育质量、促进学生全面发展出发，根据现阶段我国中小学发展的情况，结合我们多年来开展学校改进的实践经验，参照以上研究成果，我们可以把中小学开展学校自我诊断

---

① 李凌艳，苏怡. 学校自我诊断研究之一：基于学生发展的学校自我诊断的内涵、指标及项目设计［J］. 教育测量与评价，2017（01）：42—45.

② John Macbeath. Schools Must Speak for Themselves: The Case for School Self-evaluation［M］. USA and Canada: Routledge, 2005.

③ John Macbeath, Archie McGlynn. Self-evaluation: What's In It For Schools?［M］. USA and Canada: Routledge, 2004.

④ 香港特别行政区政府教育局. 表现指标及自评工具［EB/OL］. （2014—6—10）https://www.edb.gov.hk/sc/sch—admin/sch—quality—assurance/performance—indicators/index.html

⑤ 教育部基础教育质量监测中心. 如何开展中小学校督导评估［M］. 北京：教育科学出版社，2013：10.

的指标体系拟订为课程与教学、领导与管理、文化与氛围、关系、资源与支持、学生发展与成就等六大方面共19个指标。（图3-6）

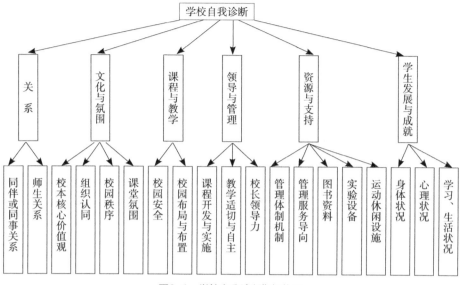

图3-6　学校自我诊断指标体系

（二）学校自我诊断工具的开发

学校自我诊断工具的开发及其运用，是进行学校自我诊断的基本前提。目前，国内外研究者已开发出一些具有针对性、专业性的学校自我诊断工具，譬如：由扎菲尔（Saphier）和金（King）于1985年所开发的学校文化调查（School Culture Survey），斯奈德（Snyder）于1988年所开发的学校工作文化概要（School Work Culture Profile），等等。[①]除了这些具有专业特性的量表之外，国内外不少研究团队同样开发出了具有项目特色的诊断工具。实践中，学校作为改进主体，一方面可以直接借鉴和运用相关的专业工具展开学校自我诊断，另一方面，也可以从学校实际出发，在参考相关专业工具的基础上，自行研制、开发出一些简单易行的自我诊断工具，包括问卷、访谈提纲、随堂听课记录或现场观察方案等。在自主进行诊断工具开发时，学校应考虑这样几方面：

---

① Maslowski，R．A Review of Inventories for Diagnosing School Culture［J］．Journal of Educational Administration，2006，44（01）：6-35.

1. 根据自我诊断指标体系拟订调查要求

自主研制诊断工具的第一步，就是要基于自我诊断指标体系，明确诊断所需要的调查对象、方式，并尽可能拟出有针对性的问题。以指标体系中的"教学实施"为例。教学实施可从"教学观念""教学活动""教学管理""教学效果"等加以展开，每一个二级指标下又可分出若干观测点（三级指标）。观测点确定之后，便需要针对它们确定具体的调查对象、方式，并设定相关问题或提出明确要求，以便搜集到可供分析的可信、有效数据（表3-2）。

表3-2　"教学实施"情况的调查要求

诊断内容	观测点	方式	对象	问题或要求列举
教学观念	人才观、教学观、学生观等	问卷	全体教师	—
教学活动	教学组织、方式、策略等	现场观察、访谈	师生代表	1. 各年级、各学科课堂观摩至少2节 2. 学生访谈
教学管理	教学计划	资料分析	教务处、年级或学科组	教学计划、教学管理制度等
	教学常规管理	访谈	教务主任、教师代表	教学常规管理如何？管理效果怎样？
	培优辅差	资料分析、访谈	教师代表、年级或学科组长	1. 培优辅差案例分析 2. 有哪些培优辅差措施？效果如何？
教学效果	课堂教学效果	现场观察、问卷	师生代表	各年级、各学科课堂观摩至少2节
	教学质量检测	数据分析	全体学生	期中、期末试卷分析

2. 在不同诊断工具中验证问题

由表3-2可见，由于每项内容中不同观测点具有不同特性，所采用诊断方式也会各有不同，因而在诊断工具的选择和运用上存在差异。同时，同一个观测点也并非可以通过某种单一方式，便可窥一斑而见全豹，很多时候都需要通过对不同对象、采用多种方式来加以观测。只有这样，才可能让学校获得最全面、最真实、更具说服力的信息，并让不同信息之间得到相互印证，有利于学校更准确、更深入地把握问题。以对师生关系的观测为例。准确把握一所学校的师生关系状况，既需要通过课堂观察、日常生活观察，又需要通过问卷和访谈进行调查，并且相关问题需要在师生问卷中得到相互印证。譬如，学生问卷中，可以设置类似于"老师一般会在什么情况下与你交谈？""你觉得老师与自己的关系更像是什么与什么之间（如长官与士兵、猫与老鼠、朋友等）的关系？""最希望将心里话向谁诉说？"等之类的问题；同样地，教师问卷中，可设置类似于"您通常会在哪些情形下与学生进行沟通？""您觉得学生尊敬自己是因为……"之类的问题。

3. 注重诊断工具开发的稳定性和适应性

学校自我诊断工具一旦开发出来，在经检验、明确其有效性后，就需要在一定时间内保持其相对稳定性，以便通过这些工具在不同时期内的运用，把握学校经一定时期改进之后的变化、发展情况，并由此检验学校改进所取得的成效。同时，由于根据不同目的所开发出的诊断工具，并非普遍适用于任何时期、任何情况。诊断目的不同，现实状况的变化，新情况的出现，都在客观上要求学校必须对诊断工具做出相应调整，实现在不变中寻找相对变化的诊断追求。唯有如此，才能使学校自我诊断工具常用常新，更好地发挥诊断工具的作用，同时促进组织成员在自我反省、自我调适、自我激励中取得更大进步，由此在更深层次上促进学校的进步和发展。

（三）学校自我诊断的实施

1. 学校自我诊断启动前的准备

学校自我诊断是一种内需式的评估活动，实质上就是学校为了解决自身发展困境而进行的"自我体检"，最根本的目的在于帮助学校真实、客观地了解和分析自身的发展现状，发现和明确自身发展的优势劣势，从而有的放矢地进行自主改进。学校自我诊断计划启动前，首要的是组织成员尤其是管理者要就即将展开的学校自我诊断活动达成共识，明确学校发展需求，从而推动自我诊断。在管理者达成共识之后，还需要对学校全体组织成员进行动员，在最大限度上取得每一位师生员工的支持和配合。

同时，就大多数学校而言，系统、规范的学校自我诊断，仅靠学校一己之力，有时候很难完成，在许多情况下，都必须有赖于专业力量的支持乃至彼此之间的精诚合作。所以，是否以及如何取得专业机构（高等院校、教科研院所）、专业人员的支持，也是学校自我诊断启动之前需要加以考虑的。

2. 专业化的数据采集与分析

在明确调查要求的前提下，学校成立学校自我诊断工作小组和组建专门化的业务团队，然后依照调查方案、开发或选用相应的诊断工具，将调查付诸实施，便可以得到专业化的数据。不过，鉴于学校诊断的敏感性、专业性，学校进行数据采集与分析，必须充分关注对全体师生员工的动员、对诊断方案及问题的解释、对隐私性的说明、诊断反馈机制的建立等，以便使采集到的数据更加可信、更加有效，使基于数据的分析更具针对性、合理性，得出符合诊断目的的诊断结果。

3. 诊断结果的使用与改进监督

基于数据分析所得出的诊断结果，是今后深化学校改进的重要依据和参照。因此，学校自我诊断结果的得出，需要组织核心成员参与讨论该结果的针对性、合理性和有效性，并与专业力量沟通，决定今后如何更准确、更有效地使用诊断结果。诊断结果明确并形成诊断报告之后，需要向全体组织成员反馈诊断结果，使大家明白本校发展的优劣势、存在的突出问题和可能的改进路径、策略。基于学校发展的目标和定位，把诊断结果有效应用于学校改进实践，需要使诊断结果有侧重地反映在诸种学校改进举措之中，并在实施中进行自我审视、自我督查。

四、学校诊断案例 [①]

学校诊断付诸实施，并无固定模式，更无统一方案。诊断目的不同，诊断主体不同，诊断侧重点不同，具体做法必将各异。这里呈现的是一份外部诊断报告。该报告基于项目组对Q市Y中学所进行的外部诊断。Y中学

---

① 本节内容根据"广东田家炳中学发展改进计划"项目组的一份学校诊断报告缩写而成。

是一所位于Q市某县城的普通高级中学。对该校所进行的本次诊断，以促进该校的自主改进为出发点，从全面、深入的调查研究入手，由现状描述、问题诊断、改进策略拟定等环节构成。

（一）诊断概况

1. 诊断前的准备

为了加强学校发展诊断的规范性、针对性、有效性，在正式进驻学校展开现场调研之前，项目团队着手完成了这样几项工作：一是研制并确定科学化、系统化、针对性强的学校发展诊断指标体系；二是依照诊断指标体系的特性确定第一手资料的搜集方式，并依此确定观测点，编制访谈（座谈）提纲、师生问卷，列出文件资料清单等；三是确定普通高中发展的诊断原则和诊断参照标准。

2. 诊断工具的研制与开发

学校发展诊断指标体系，立足于本次诊断活动的核心目标，把学校管理、德育、教师专业发展、课程、教学、学校文化六大方面作为基本框架，参照中小学督导评估的有关专业方案，最终确定了由6大方面、24个二级指标、82个观测点（或三级指标）构成的学校发展诊断指标体系。（详见本章第二、三节）

鉴于学校诊断主要着眼于学校自主改进，所以，诊断侧重点在于现状描述、问题诊断和发展改进。其中，对学校发展问题的诊断说明，主要是在学校发展诊断指标体系的框架下，以调研事实（访谈记录、问卷统计分析数据、观测记录等）为根据，参照以上评估标准而作出的专业判断和推理。

3. 实地调研的展开（略）

4. 调研数据处理与分析

对于文本类数据和通过实地调研获得的第一手材料，主要依照学校诊断指标体系进行专门整理、归类，对突出的信息特征进行专门标识以备用。问卷发放对象为全体师生。对于回收问卷，5分量表题主要采用SPSS20.0软件进行统计分析，多项选择题则采用百分比进行统计分析。

（二）诊断分析

1. 学校管理的诊断分析

学校管理是学校管理者通过专门机构和制度，经由计划、实施、检查、总结诸环节，带领和引导师生员工，调动和利用校内外资源、条件，整体优化育人工作，有效实现学校组织目标的社会活动。学校作为市一级学校，力图依法办学，民主治校，循规蹈矩，稳打稳扎，办学业绩令人感到比较满意，但也存在不少问题。

（1）办学方向

通过对学校的办学思想、教育理念、办学目标以及发展规划在实践中的体现，可以发现学校在办学方向上存在的问题。首先，办学方向存在的突出问题是办学目标针对性不太强，《学校章程》中的办学理念、办学目标与学校自身的性质、定位不相契合。其次，办学思路尚不够清晰，学校的相关方案和实际操作，与《学校章程》中的相关规定存在脱节现象。主要原因是，深受"升学等于成功"的观念影响，学校发展动力不足，教师工作积极性不高，自我效能感不强。

（2）班子建设

校长负责制在学校的总体运行状况良好。不过，调研也发现，学校领导班子的凝聚力不太强，开拓进取意识不够，职能部门执行力偏弱。究其原因，一是学校在落实办学自主权方面存在不足，分权与授权的关系梳理得不够清晰；二是科学、民主的决策机制尚未形成，领导与教师之间沟通不畅以及"莫问闲事"的群体心理；三是管理人员的内在驱动力不足，"官本位"意识尚存。

（3）学校管理运行

从实际看，学校管理下沉至年级的运行体制与班子建设中诸多问题的融合，也滋生出许多弊端，突出问题在于：规章制度执行不力，管理体制运行不畅，中层管理被弱化；缺乏重大的改革举措。其原因在于：第一，学校管理专业化程度不高，主要遵循层级管理模式，重视上传下达，同时过于突出任务驱动，突出量化业绩；第二，分配机制不尽如人意，绩效工资分配方案让不少教职工产生了"不公平"感；第三，良性的激励机制尚未建立。

2. 学校文化的诊断分析

学校力图秉承现代教育理念，坚持依法办学，科研促教，民主治校，打造以"自强不息，追求卓越"为中心的"成功教育"文化。不过，受着内、外育人环境制约，升学至上，任务驱动，以稳促进，使得学校在学校文化建设上存在着诸多问题。

（1）组织心理氛围

平常心态，按部就班，有条不紊，是学校在组织心理氛围上表现出的基本特点。突出问题在于：一是组织凝聚力不强，"三风"改善空间大，学校文化活动不活跃，育人氛围不够浓厚。大部分教师认为，学校在校风、教风上存在的主要问题是"缺乏凝聚力"；二是学校文化活动不活跃，譬如：活动不多且相对零散，活动频次偏低，跨界（年级、师生、干群）、交融少，活动得不到教师的支持，活动成效不显著，等等；三是育人氛围不够浓厚。

之所以存在以上问题，其主要原因在于：一是尚未形成较为稳定、得到大多数认同的校本核心价值观；二是文化建设的自觉性不强，多数管理者都是在升学率的牵引下、通过工作任务驱动来行动，学校管理与学校文化被割裂开来；三是主体责任意识不足，大多数人都只是把从事教师职业看做是"谋生的手段"，"旁观者心态""少折腾心态""无可奈何心态"等较为明显。

（2）学校变革与发展

学校变革与发展存在的突出问题是缺少引领性的发展规划、育人条件及环境不佳、办学特色不明显以及家长、学生满意度不高。同时，受制于现行教育管理运行体制，在很多情况下，学校的日常工作受着上级不同管理部门的直接影响。教学实施、设备不能较好地满足课堂、课外学习的需要，课程与教学资源、图书资料、影像资料等严重不足，配套的学习和生活条件较差。在很多具体方面，家长、学生的满意度并不高，主要表现在学校管理不严、育人水平欠佳、家校互动少等方面。

究其原因有三个：一是经验驱动型文化的局限；二是对教育活动的认

识欠深入，把德育与智育完全区分隔开、成人与成才二元对立，甚至于将德育简化为以管代教、将智育简化为知识点的训练与强化；三是组织发展动力不足。

3. 教师专业发展的诊断分析

学校的教师队伍存在结构性问题，表现为年龄、学科、学历上的不平衡。从教师文化角度看，教师的凝聚力不够，职业倦怠严重，不愿意主动学习。同时，学校既无专门的校本教师专业发展制度，也缺少相关举措。由于经费、平台等的限制，教师外出培训机会少，区域性交流十分欠缺。

（1）校本教师专业发展制度建设

教师的教育教学能力还需提高，部分老师的学科知识基础不够扎实，教学基本功需要提升的空间较大。课堂教学固守传统教学方式，大部分的教师还是在学科中心、教师中心的理念指引下展开教学活动。课堂上师生互动较欠缺，小组合作学习和自主探究的组织方式简单、粗放，非常低效。此外，新教师的入职培训欠缺，教师专业发展的支持和激励措施有限且低效，校本教研制度不健全，也是较为突出的问题。

造成这些后果的主要原因在于：办学经费不足，教师队伍结构性不平衡，管理理念和方式过于倚重经验。

（2）校本教师专业发展方式

学校为促进校本教师专业发展开展了四个方面的工作，包括：一是集体备课、参加区域研讨会等，二是学校组织教学基本功大赛，三是通过师徒结对，四是实施"培青扶优"计划。但总体情况来看，教师专业发展的做法均没有真正落实到操作层面，校本教研表面化严重。问卷结果表明，学校所开展的教师专业发展活动，超过50%的是校本教研和校本培训，且校本培训多为线上学习，缺少外来专家指导和区域性交流，校本教研也往往流于形式。

之所以如此，其原因分析在于：一是管理层对教师专业发展的重视不足，未能激发教师专业成长的动力；二是管理者的领导风格偏于控制型，对教学的干预偏多；三是教师的士气不足，领导和教师彼此之间的信任度有待提升。

（3）校本教师专业发展效果

一是教师的教学效能感偏低，职业倦怠严重，职业幸福感较低；二是学校的教科研情况差，教师缺乏教科研意识，教科研能力偏低，几乎不具有实质意义的教科研成果。教师缺少发展的冲劲、学校缺少对教师的人文关怀，以及缺少机会和支持，是问题产生的源头。学校领导反映最多的就是教师懒、不作为，没有奉献精神；而教师认为，领导对教师的关注不够，激励较少，沟通不足。

4. 育人机制与效果的诊断分析

学校通过创设"艺体"特色以及"3+证书"等途径，在保证高考升学率方面已取得一定成绩。相对而言，在德育工作方面则显得不足，还未形成真正意义上的育人特色，在班主任选用、激励、学生管理与指导诸方面，仍显困难重重。

（1）德育工作机制

问卷结果显示，教师对学校的德育工作机制的认可度不高，对学科育人、师风师德、校本德育课程开发等的满意度均低于30%。校园文化活动少且无特色、德育工作制度不完善、学生自主管理有形无神等，都是德育工作机制上的突出问题。其原因在于：一是在精神文化建设上尚未投入相应的资源；二是德育工作限于常规，活动的随意性较大，显得零散，缺少专门规划。

（2）德育队伍建设与发展

从专业素质状况看，班主任可分为三类：一类是成熟的，二是经验不足的，三是不敬业的。其中，成熟又敬业的班主任大概占1/3。班主任选聘制度不合理、班主任评价激励机制出现瓶颈以及班主任培训不足，都是德育队伍建设与发展存在的突出问题。这些问题既与学校发展条件不足有关，也与教师队伍结构不合理、发展动力不足等紧密相连。此外，单一的量化管理方式，缺乏针对性的激励措施，也在一定程度上阻碍了班主任工作效能的提升。

（3）育人力量整合

调查发现，学校在育人力量整合上的问题主要表现在，校内育人力量的整合度欠佳，家校沟通机制不畅。目前，学校采取三种高考路径：一类学生参加普通高考，一类学生通过美术、音乐、体育特长参加艺考；一类学生通过"3+"证书考试升入高职。应对此种格局，教师在普通高考与艺考的学科教学教研上存在一定冲突，且文理科教师的工作也存在较大落差。同时，教师之间尚未形成较为良性的合作关系，教师与管理者之间也存在沟通不畅、相互推诿责任的情况。

在家校沟通方面，学校主要采取开家长会、电话联系、家访等方式进行。总的来说，家长乐意与老师沟通，也希望了解孩子的表现。但班主任与家长的联系和沟通，以"投诉"负面情况居多，缺少正面信息的分享；家长会的组织也不佳，且多以通报在校表现和学习成绩为主。

主要原因在于：育人重担主要集中在少数教师尤其是班主任身上，其他教师的育人意识偏弱，内部合力不足；同时，部分家长的生活状态、教育能力等，也无法较好地支持家校合作。

（4）育人成效

这方面的突出问题，首先是学生行为习惯欠佳，综合素质有着很大的提升空间。其次，部分学生的心理健康状态需引起关注，如：部分女生的情感较敏感、脆弱，情绪波动很大。三是学生的生活满意度不高，认为学校在硬件设施、课堂教学状况以及学校管理等方面都有待提高。

5. 课程建设的诊断与分析

学校课程的建设过程是对学校课程蓝图的勾勒与践行过程，是学校整体发展与现场特色的核心，也是学校的一种常态生活和思考方式，全方位地反映着学校的办学思想。近年来，学校在寻求发展过程中，坚持"成功教育"这一理念，体现出以国家课程为主导、以提升升学率为目标的课程建设特征。

（1）课程领导

从领导作为一种行为的视角来看，课程领导是课程实践的一种方式，是指引、统领课程改革、课程开发、课程实验和课程评价等活动的行为的总称，其目的在于影响课程改革与开发的过程和结果，实现课程改革和课程开发的目标。在新课程改革的背景下，课程领导应被视为一种过程，是课程领导者在学校环境下影响教师参与课程发展的过程。通过这一过程，激发教师参与课程变革的动机，提升教师参与变革的能力，促成学校民主、和谐、开放的教学文化，促进学校课程发展，提升教学成效。

通过调查，我们发现，Y校在课程领导方面存在这样几方面的突出问题：一是应试教育理念主导课程建设，二是课程领导整体力度有待加强，三是课程领导执行机制不畅通。其主要原因在于；第一，对三级课程体制理念认识不清；第二，缺乏对建设学校课程基本途径的把握；第三，重管理、轻领导的消极影响。

（2）课程设置

一所学校的教学质量提升首先要依赖于课程建设的成败，而课程建设的优劣又体现在课程设置方面。当前，学校在课程设置方面存在较突出问题。首先是课程开设的随意性较大，由于学生基础差，课程开设与课时分配始终达不到让教师满意的水平。其次，课程实施的条件不够完善，如物理化学缺少实验教学仪器、美术课教具不足等。

造成这些问题的主要原因是，学校缺乏整体的课程设置与科学规划，学习环境创设的重要性被生源问题所遮蔽，甚至于将种种课程建设问题、教学质量问题均归咎为生源问题的错误认识。

（3）校本课程建设

校本课程建设上存在的突出问题是校本课程建设流于形式，且教师的课程本质观阻碍校本课程发展。Y校虽然关注到了校本课程问题，但实际行动甚少，对校本课程的认识还很不清晰。接受调查的教师们大多认为，"对于学校课程，普通教师没有多少可以去改变和创造的。"由于对"校本"概念的模糊认识，以为校本课程是独立于国家课程、地方课程之外的第三类课程，使得大部分教师以为，学校既要落实国家课程、地方课程，又要自主进行课程开发，这不仅在客观上增加了教师的工作负担，无法提升教师工作的内在品质，也在一定程度上降低了学校课程的价值，不能有效地服务于学校的整体发展。在这种错误认识的影响下，Y校的校本课程开发被形式化，实效性不高。

6. 教学实施的诊断与分析

教学工作始终是学校工作的核心，课堂教学是实现学校教育目标的主阵地。目前，Y校已开展一系列的教学改革，尤其是英语学科，在有关专业机构的帮扶下，在教学方法、策略上都有所突破。同时，学校还特别注重集体备课，注重学情分析。尽管如此，受着多方面因素制约，Y校在教学观念、教学方式、教学管理、教学效果、学生学习诸方面，仍存在许多问题。

（1）教学观念

观念是引导行为的先驱。若想真正帮助教师实现教学行为的转变，首先必须转变其教学观念。调查发现，Y校教师在教学观念上存在的主要问题有：一是应试教育为本的教学观根深蒂固，二是教材为本的教学本质观依然存在，三是对学生自主能力的信任不足。调查表明，Y校教师对先进教学理念的认识较好，认同小组学习、探究学习等重要性，但出于提高考试成绩的需要，实际中运行最多的还是讲授法、练习法。

（2）教学方式

教学方式是影响教学质量的重要因素之一，采用不同的教学方式，所达到的教学目标是不一样的。教学方式存在的突出问题，仍是讲授法包打天下，无法激发学生的学习兴趣和动机，成为最大困惑。其原因在于：一是先进教学方法的有效性还未得到体现。教师们普遍持有的立场是，不能以牺牲学生的成绩来改变教学方法，也就是说，之所以不去轻易改变教学方法，是因为担心由此可能招致成绩下滑；二是不充分信任学生的信念阻碍教学创新。尽管教师们知道学生具有无限潜能，但经过实践后又发现，学生的学习成就并未如预期所愿，于是在内心深处仍旧对学生不放心，对教学改革也因而心存芥蒂。

（3）教学管理

教学管理是教学活动正常运行的基础。教学管理的水平和质量，直接影响学校的合格人才培养和办学质量，是提高教学质量的重要保证。调研发现，Y校在教学管理上存在一些比较突出的问题，比如教学管理行政化、教学管理机制不完善、教学评价唯分数化、教研活动形式化等。教研主要是研考不研教，或者研教不研学。主要原因在于：一是以人为本的管理理念并未得以践行，教学管理行政化窒碍教师开展教学改革的积极性、自主性；二是追求升学率的评价导向；三是课堂教学过程监督制度尚未健全。调查表明，在已有的教学管理制度中，学校对备课、上课、作业批改等的管理，主要是常规检查，并无一整套对教学过程进行全程监督的制度。

（4）学生学习

教学实施不能仅仅关注教师的教，更重要的是关注学生的学。调查发现，目前，Y校学生在学习活动上存在的主要问题在于：一是对课堂教学的认可度不高，调查结果显示，学生对类似这些问题，诸如："老师们的讲课很生动，能激发我的学习兴趣""我们的课堂里常常安排了许多有趣的学习活动""上课的时候我们经常开展分组讨论和汇报""我觉得我们上课挺有效，能解答自己在学习上的疑问"，等等，其总体反应趋于消极；二是学习动力不足，效能感不强；三是学习氛围不佳。出现这些问题的主要原因有：第一，以教师为中心的课堂教学仍占主导地位；二是"标签"导致大部分学生学习动力下降，这种"标签"源自招生分类，也与教师头脑中的"生源差""基础差"有关；三是学校德育管理不足的负向影响。

（三）建议与对策

由以上诊断与分析可见，当前，Y校在学校发展上存在的各种问题，既直接受到现行教育管理体制、分数至上的升学主义、教师职业倦怠等普遍性问题的制约，也与学校缺乏整体构建、管理运行机制不灵、执行力偏弱，以及以管理代替领导、以管理代替教育、以学业成绩追求替代全面育人活动等密不可分。有鉴于此，要切实改进学校的发展状况，全面提升学校办事水平和育人质量，学校必须秉承一个办学理念，把握三大"关键点"，采取多种具有针对性的改进措施。

1. 学校发展理念

秉承"成功教育"理念，坚持"两条腿"走路的方针，超越升学至上的办学格局。"成功教育"既是一种教育信念，也是一种可望可及的办学目标。以成功教育为旨趣，遵循普通教育和特长教育"两条腿"走路的办学方针，以提高综合素质为前提，以培养"情商""群商""逆商"为切入点，管理团队建设、教学团队建设、德育团队建设并举，在深化内部管理体制机制改革、加强学校文化建设中提高管理队伍和师资队伍的专业化水平，增强教职工的群体归属感和职业幸福感，是将学校打造成具有特色的省一级学校的一种应然取向。

为此，在未来的3—5年，学校必须超越升学至上的格局，努力做到：一方面，以普通基础教育为本，破除唯分数论、唯结果论的体制和氛围，着眼于育人体系的整体构建和课堂教学质量的全面提升，尤其是注重加强教师队伍建设，以便尽可能做到相对均衡地配备教学团队和班级管理团队（包括特长班），并有利于实施差异教学。另一方面，将已有的办学亮点变得更具特点，通过特色打造来促进学校品牌建设，尤其是办学基础相对较好的美术教育、体育教育等，通过特长教育带动特色活动（尤其是社团活动），活跃校园气氛，增添校园活力。

2. 学校发展的价值引领

理清思路，提升执行力，价值引领，激发活力，打造"具有特色的省一级学校"。

一是理清办学思路，把握重点和关键点。通过业务管理团队建设来密切不同管理层级之间、年级组之间的纵横关系，以基于行动计划的专业领导替代基于工作要点的任务驱动。同时，增进组织成员之间的联系和沟通，密切领导关系、干群关系、同事关系、师生关系，努力营造相互尊重、相互信任、相互支持、相互配合的良善氛围。

二是提高决策执行力。秉承规范治校、依法治校的原则，从凝聚人心、激发积极性和主动性、提高专业能力出发，健全和完善各项管理规章，并拟订出规范性强、可操作的实施方案。与此同时，强化职能管理部门的岗位职责，发挥职能部门在计划、实施、检查诸环节中的作用，并通过业务管理团队来提高校级决策的执行力和有效性。

三是实施价值引领，以文化人，激发师生作为教育主体的活力。师生是学校的主体，师生作为教育主体的无限活力，是学校发展的根本动力。学校发展一旦陷入方向迷失、功利至上、职业倦怠、心态消极的泥潭之中，颓废局面便会不期而至。为了避免至此，学校必须做到：一方面，进一步改善办学条件，加大对育人环境的整治力度；另一方面，重视价值引领，通过以文化人来激发师生活力，要基于成功教育的理念，融汇校本核心价值观，凝炼出本校的核心价值观，并以有效课堂和特色项目为抓手，课外校外活动、班级活动、社团活动相融合，改良校风、教风、学风，营造良好的育人氛围，在建立良好的人际氛围中凝炼和锻造"田中人"文化。

3. 学校改进建议

（1）学校管理的改进建议。包括：第一，学校领导班子要凝聚共识，基于办学定位，形成明确的办学思路和宏观策略，并就阶段性发展目标形成切实可行的行动计划；第二，以健全和完善科学、民主决策机制为核心，充分发挥教代会、学生会、家委会等的作用，令学校决策日趋科学化、民主化，并积极推进民主管理；第三，加强管理队伍建设，强化职能部门的岗位职责，发挥职能部门在计划、实施、检查诸环节中的作用；第四，改革和完善校长办公会议制度。在学校统一的行动计划下，根据学期工作要点和其他临时要务，由校长、分管校长就分管领域提出议题及方案，提交会议讨论、议决；第五，组建业务管理团队。组建由分管副校长、中层干部、年级组长等组成的业务管理团队，在明确和强化职能部门职责的同时，将中层管理和年级管理相对区分；第六，建立工作台账制度。各职能部门明确专人，建立基础工作台账资料，做好工作情况记录，包括工作计划、组织网络、实施意见、推进措施、进展情况、成效分析等，使各项工作及时得到落实并取得实效；第七，设置年级业务工作小组。按照德育、安全与健康、教学、文体卫等几大领域，各年级分别成立两个业务工作暨学习指导小组；第八，进一步厘清和完善本校的工作量计算标准和方法，将指导课外学习和社团活动、协助职能部门开展业务等纳入工作量计算之中；第九，完善工作激励机制，修改评优评先条例，促进现有的评价体系，使评奖评优制度更加公平、合理；第十，提升校长的价值领导力，化解危机，预防冲突，化工作单位为事业共同体，变学习场所为成长共同体，营造和谐型学校伦理生态。

（2）学校文化建设的改进建议。包括：第一，凝炼核心价值。基于成功教育的理念，以立德树人、全面发展为指引，融汇校本核心价值观，凝炼出本校的核心价值观，以此统率管理活动和育人活动；第二，选准着眼点和突破口。以发展规划为直接依据，根据教育发展形势和学校实际状况，在学校管理和育人活动诸方面选准着眼点和突破口，并形成具体的行动方案；第三，对校园进行整体设计与完善，从物质环境层面形成明确的校园风格。转变校风、教风、学风，营造良好育人氛围，通过美术教育、书香校园等特色项目，强化和提升人格教育、特长教育；第四，以学生社团活动为抓手发展学校特色艺术活动。寻找学校在教师和学生等方面的优势资源，以少数特色项目或特色社团为起点，激发师生的成就感，带动校园氛围的转变；第五，发挥工会、团委、学生会的作用，搭建多种形象展示平台，让师生在自我展示中获得自我肯定，并从校本、生本出发，加强校园广播站、校报、宣传栏等平台的建设；第六，开设校长邮箱，了解校园的最新情况和多方诉求。以班级为单位，设立专门的公众交流平台（QQ群、微信群等），增进学生之间、家校之间的了解、沟通、交流和分享；第七，重视图书馆建设，通过多种渠道筹集图书、期刊杂志，丰富图书馆资源，鼓励自主学习，满足师生拓展学习的需要。

（3）教师专业发展的改进建议。包括：第一，根据学校发展的需要，充分发挥香港田家炳基金会等平台的作用，围绕不同阶段育人活动和学校管理中的突出问题展开学习、交流、研讨；第二，将教师专业发展规划作为学校新一轮规划的重要内容，建立新教师培训项目，提高其入职适应性。将教师培训具体化、规范化，提高针对性；第三，建立和健全教师专业成长激励机制，形成校内教师成长荣誉制度，并改革现有教师评优制度，提高其普惠性；第四，深入开展校本教研、校本培训，加强学科带头人的培养力度，并通过有关平台，在研究开展、论文写作、班级指导等方面，为教师提供专业指导条件；第五，通过会议、活动等正式与非正式的形式，宣传办学理念，广泛征求教师对学校各项工作的意见，令教师直接参与到学校文化建设的过程之中；第六，组织开展集体性的教师文娱活动，加强教师之间的交流，关注教师的心理需要，增强教师群体内部的凝聚力和教师对学校的归属感、认同感。

（4）育人机制与德育工作的改进建议。包括：第一，从促进学校改进、学生成长出发，根据和参照官方有关标准，结合本校实际，制定本校的学生评价手册，并逐步推行、落实；第二，依照《中小学生守则（2015年版）》，针对生源特点，从养成习惯入手，推行学生自主管理，在全校实施"三自"（自信、自立、自制）教育，指导和帮助学生学会进行自我塑造、自我规划；第三，重视仪式教育。根据升旗仪式、重要的庆祝日或纪念日集会、成人礼、入学典礼、毕业典礼等的仪式特点，围绕不同主题开展有创意的活动，发挥仪式教育的教化作用；第四，开展校内"以老带新"专业发展模式，建立校内教师专业共同体，加强班主任队伍建设，注重班主任专业能力的培养，并提高教职工全员育人、全面育人的专业意识；第五，调整德育评价机制，由以评估行为规范为主的功能扩展为以促进学生发展为根本依归，并将教师的德育专业化纳入校本教师专业发展整体规划。

（5）课程建设的改进建议。包括：第一，优化校长的课程领导行为，凝聚校领导、中层干部、教师在课程领导上的共识；第二，针对"成功教育"的理念，让教师参与课程愿景的讨论，围绕课程愿景展开课程创新的设计、开发，给予教师以充分的自主创新权；第三，针对不同类型、不同层次的教师，建立关于教师的个人档案，基于教师个人的专业发展来考虑学校工作的安排和学研活动的组织。同时，基于"成功教育"的理念，激发起教师参与课程建设、课程领导的热情，并鼓励每位教师开发服务于学校培养目标的精品课程；第四，学校的特色定位，成立课外学习指导小组，鼓励教师带领和指导学生开展有特色的课外校外活动，满足学生在人文、科技等方面的兴趣发展和休闲娱乐的需要；第五，围绕艺体特色开展课外活动，逐步将以"艺体为升学手段"转化为"以艺体为志趣"，既可尝试以艺术教育为特色发展道路，亦可在根本上改变校园文化和师生精神面貌，奠定和厚实校本特色、品牌之根基。

（6）教学实施的改进建议。包括：第一，围绕教学创新这一焦点，从教学理论学习、教学研究活动、教学竞赛活动、教学展示活动等方面，拟订一个全方位推进教学改革的计划。同时，成立教学方式创新改革领导小组，形成教学领导合力，真正推进"变讲为练""变授为引"的教学改革创新计划全面实施；第二，以提高课堂教学有效性为着眼点，研究学生的学习状况，通过多种途径、方式来促进教师不断改进教学，尤其是注重学生学习习惯的养成和学习方法的训练；第三，基于科学的观课、评课框架体系，重新建立起适合本校教师水平的观课、评课制度。建立经常性地观课、学生评教等制度，同时鼓励教师们尝试通过个性化的教学创新来整体提升教学质量；第四，评价机制、奖励机制等方面，着手建立各科室的示范课堂教学制度，鼓励在各个年级和班级开启寻找"精彩课堂"的活动，然后以多种形式予以推广，由此激发教师的教学效能感和专业成就感；第五，发挥几大外援平台的作用，以激发学习积极性、开展有效教学、实施培优辅差等，深入开展校本培训、校本教科研；第六，推行教育信息化改革，尝试着按学科或专题进行教学交流平台和教学资源共享平台建设。

第四章

立德树人校本化：德育特色品牌建设

德育特色品牌建设是立德树人这一根本任务在教育实践中的具体化。当今，中小学校在"立德树人"理念指导下，致力于优质特色学校打造，注重自主内生的学校改进。因此，积极建设学校德育特色品牌，走内涵式发展之路，是顺应教育改革需要、促进自身发展的题中之意。基于此，本章将从德育特色品牌建设的政策与理论背景、指标体系、实施与评价、学校案例四方面全面剖析德育特色品牌建设的理念与路径，以期对中小学校建设德育特色品牌有所启示。

一、立德树人校本化的政策与理论驱动

党的十八大报告提出"立德树人作为教育的根本任务"，重申了我国教育实践和研究的基本价值导向。随后的教育改革研究和实践领域逐步围绕着"立德树人"的内涵、路径等具体问题展开了多方位的探讨。随着改革的不断深入，如何推进立德树人在具体多样的教育实践中扎根开花，成为新时代落实"立德树人"的重要课题。因此，挖掘校本育人资源，创建特色的校本化育人环境，形成适切的校本育人机制，走校本化路径为多样化教育形态落实"立德树人"根本任务提供了具体抓手和落脚点。

（一）政策倡导：立德树人是教育的根本任务

"国无德不立，人无德不兴。"育人的根本在于立德，教育的唯一工作和全部工作，都可以总结在"道德"这一概念中。[①]无论教育的理念随着时代的需求而呈现出怎样的变迁，它以道德目的为根本这一点，却始终是不变的主题。

党的十八大报告首次提出，应将"立德树人作为教育的根本任务"。党的十八届三中全会中指出，全面贯彻落实党的教育方针，要坚持立德树人。2013年，《中共中央关于深化改革若干重大问题的决定》，强调"坚持立德树人"已成为深化教育综合改革诸多举措的基石，随后2014年颁布《关于全面深化课程改革落实立德树人根本任务的意见》，提出要建立学生发展核心素养体系，进一步落实立德树人。2015年，"立德树人"被相继纳入"十三五规划"和《中华人民共和国教育法》。2016年，习近平总书记在全国高校思想政治工作会议上发表重要讲话，提出"要坚持把立德树人作为中心环节，把思想政治工作贯穿教育教学全过程，实现全程育人、全方位育人，努力开创我国高等教育事业发展新局面。"2017年，党的十九大报告中指出，"要全面贯彻党的教育方针，落实立德树人根本任务，发展素质教育，推进教育公平，培养德智体美全面发展的社会主义建设者和接班人"。2018年9月，习近平总书记在召开的全国教育大会上，对"立德树人"进行了更加明确和具体的阐述，他指出"要把立德树人融入思想道德教育、文化知识教育、社会实践教育各环节，贯穿基础教育、职业教育、高等教育各领域，学科体系、教学体系、教材体系、管理体系要围绕这个目标来设计，教师要围绕这个目标来教，学生要围绕这个目标来学。"2019年7月8日，《中共中央国务院关于深化教育教学改革全面提高义务教育质量的意见》再次强调，抓住立德树人这一教育的根本任务，坚持"五育"并举，是全面提高义务教育质量的根本方向。

从党的十八大"将立德树人作为教育的根本任务"的提出，到之后为

---

① ［德］赫尔巴特. 普通教育学：教育学讲授纲要［M］. 李其龙译. 北京：人民教育出版社，1989.

进一步贯彻落实"立德树人"的教育方针细化教育举措，由理论到实践，逐步凸显出"立德树人"理念在我国教育中的战略地位，不断推动"立德树人"这一根本任务的实施进程，也推动着我国教育事业的不断发展。

（二）理论驱动：立德树人是中国文化传统的核心

中华文化源远流长，积淀着中华民族最深层的精神追求。立德树人根植于中华优秀文化传统之中，是在中国文化传统的积累与沉淀中创造性的继承与发展的。立德树人理念由来已久，最初的"立德"与"树人"并没有并称，而是作为两个独立的概念。"立德"一词最早可追溯到《左传·襄公二十四年》中记载的"三不朽"思想，"大上有立德，其次有立功，其次有立言。"[①]"立德"即树立德行，具有良好的道德操守，"立功"即树立功业，为国为民建功立业，"立言"即树立言论，把真知灼见著书立说、传于后世。"三不朽"思想中"立德"是第一位的，体现出古人对德的价值追求。"树人"最早见于《管子·权修》，"一年之计，莫如树谷；十年之计，莫如树木；终身之计，莫如树人。""一树一获者，谷也；一树十获者，木也；一树百获者，人也。"[②]"树人"即培养人才，管仲将种植谷物、树木与培养人才进行类比，体现出人才培养的重要性与长期性。

立德树人可以说是教育最初也是最终的依归，只有先实现立德，才能达到树人的目的。在古代社会由于知识尚未分化，尤其是尚未产生自然科学知识，因而伦理道德内容占据着教育的主导部分。由此，教育的传道功能，即是对于道德观念与伦常规范的传续。我国自汉代以后则由儒家文化主导，它在根本上为治世之学，对道德培育与完善高度重视。《大学》言，"大学之道，在明明德，在亲民，在止于至善。"阐释了成人、成己的第一步是有良好的德行，凸显了"德"的重要性。作为儒家学派创始人，孔子也高度重视道德教育，"行而有余，则以学文"，他认为首先要做一个品行符合道德标准的社会成员，其次才能学习文化知识。孔子将

---

①　杨伯峻. 春秋左传注（三）［M］. 上海：中华书局，2009：1088.

②　黎翔凤. 管子校注［M］. 上海：中华书局，2004：55.

"仁""礼"作为主要的道德教育内容，并且，在实践中总结出一套原则与方法——立志、克己、力行、中庸、内省、改过[①]，对"所立何德""如何树人"作了深刻的阐释。之后，孟子在继承与发展的基础上，提出了"仁义礼智信"的道德准则，指出"成才必先成人"。可见，中华文化传统中的基本道德规范与价值取向凸显出"立德树人"的深厚内涵。立德与树人虽然早期是作为两个独立的概念存在，但随着时代的发展，两者的关联性与内在统一性日渐凸显，立德树人逐渐走向联合。时至今日，在创造性地继承与发展中华优秀文化传统的基础上，"立德树人"成为我国教育的根本任务。

（三）德育特色品牌：立德树人校本化的体现

1. 德育特色品牌建设的背景

全面落实立德树人这一根本任务，必须做到全员育人、全程育人、全方位育人。遗憾的是，在普遍存在的功利化办学目标的驱动下，"三全"育人可能演进为"新瓶装旧酒"式的噱头，而德育目标所具有的独特性，决定着学校德育依然需要遵循独特的运行轨迹。从德育特色品牌建设的角度来思考和探索立德树人如何真正落实的问题，便成为学校改进的一种必需。不仅如此，为全面推进素质教育的基础教育改革也对学校提出了更高的要求。

有鉴于此，近些年来一些学校在其办学理念和传统的指导下，不断创新德育模式。不仅通过学校诊断剖析其当前存在的问题与自身优势，而且根据学生的身心发展特点和学校实际现状，大力发展符合本校实情的德育特色品牌，真正使"立德树人"这一根本任务在教育实践中得以具体化。在此进程中，逐步提升校本教师的德育专业化能力，不断为学生的个人成长奠基。也使得基于校本核心价值观的学校精神逐渐形成并得以巩固，进而彰显学校特色，提升学校办学水平，提高其社会声誉，逐步打造优质特色学校。

---

① 孙培青. 中国教育史［M］. 上海：华东师范大学出版社，2019：41—44.

2. 德育特色品牌的界定

（1）品牌

"品牌"一词源于古挪威语，意思是"烙印"，是指在牲畜身上烙上标记，以起到识别和证明的作用。广告大师大卫·奥格威（David Ogilvy）认为，品牌是一种错综复杂的象征，它是品牌属性、名称、包装、价格、历史声誉、广告方式的无形总和。随着品牌理念在社会生活中的广泛渗透，品牌已进入社会生活各领域，学校教育自然也不例外。

（2）学校品牌

学校作为一种育人组织，在为个人成长奠基，为社会发展服务时，同样可以拥有自己的品牌。所谓学校品牌，是指经过精心培育而形成，为教育利益相关者所偏好，具有稳定、持续影响力的教育要素或活动的总称。它反映了一所学校的管理能力和办学水平，为学校组织成员和社会人士所认可。与商业品牌的交换属性不同，学校品牌的价值主要在于其社会效益。学校品牌一旦形成，便会给办学组织带来良好的社会声誉，直接影响着教育利益相关者的行为选择，并在办学模式上产生辐射作用。

（3）德育特色品牌

德育品牌是立德树人这一根本任务在教育实践中的具体化，是经由教育主体精心培育而形成的，为利益相关者所偏好的育德要素或活动的总称。它通过具有稳定、持续影响力的标识得以体现，既包括学校组织中的诸种育德要素或活动，如德育教师、德育课程、德育活动、德育制度等，也可延伸为社会教育机构、德育实践基地、社会实践活动等。德育特色品牌基于道德价值这一核心，是道德教育、政治教育、法治教育、思想教育、个性心理品质教育等在育人实践中的良善体现，合价值性、合认知性、合自愿性，是其根本特征。真正的德育品牌，应具有德育理论或思想之指引，经得起专业审视和评鉴，在实践中取得显著成效，并能得到教育利益相关者和社会各界人士的广泛认同。

通常人们会认为，"特色是品牌建设的突破口"，学校品牌则是学校特色的系统化。[①]事实却并非必然如此，学校品牌并非必然由特色发展而来。一所学校可能因其办学历史悠久、人才辈出而闻名，虽无特色，却有口碑；也可能因其办学业绩显著，从此声名远扬，求学者趋之若鹜。因此，德育品牌建设一方面需要找到适宜的切入点、突破口，形成德育特色，从而以特色建设促进品牌打造；另一方面，又必须超越特色建设本身，在把握组织文化的系统性、动态性的前提下，专注于德育品牌建设。在一般意义上，德育品牌建设的基本环节包括：明晰学校发展愿景，为学校发展准确定位，厘清校本核心价值，构建整体化德育方案，选准品牌建设突破口，采取专门化行动，注重形象塑造与宣传等。

3. 德育特色品牌建设的意义

好的德育特色品牌，意味着能够促进学校为个人成长和人生幸福奠基，为社会的改革与发展持续培养合格人才，并在满足利益相关者需要中产生持久的可信度、满意度，其理想状态是示范、引领。具体说来，建设学校德育特色品牌，具有以下几方面的意义：

（1）使立德树人真正落到实处。从理论上来说，"三全"育人，德育无处不在、无时不在。但在实践中，德育往往被泛道德化、知识化、形式化、边缘化，人人负责却谁也不愿负责；时时、处处有德育，却无暇、无能力顾及德育。有鉴于此，通过德育特色品牌建设，一可以让办学主体和管理者真正把握办学的基本方向，明确学校的根本职责，通过学校诊断令基于校本核心价值的学校精神逐渐形成并得以巩固，引领利益相关者的思想和行为，统帅育人活动全程；二是基于广泛宣传和全员参与，可以让教育场域中所有的利益相关者都真正具备"全员育人、全程育人、全方位育人"意识，提高育人成效；三是利于从立德树人视角，促进教师队伍的德育专业化，形成素质精良、业务精湛的德育专业队伍。四是从立德树人这一根本任务出发，秉持育人的共同性，遵循德育过程的一般规律和原则，令育人活动能够促进儿童道德生命的自由生长，为个人成长奠基。

（2）促进学校改进，提升办学水平。在德育实体化观念的指引下，

---

① 鲍传友. 特色是学校品牌建设的突破口［N］. 中国教育报，2011-05-24.

中小学德育已经积累了诸多宝贵经验，许多做法卓有成效、影响甚广。不过，多年来形成的升学主义、分数至上的办学传统，致使中小学弊端丛生、积习难除。要从根本上扭转此种状况，令学校教育回归立德树人这一根本，除却积极、深入地推进学校自主改进，别无他途。开展德育品牌建设，就是要对学校现有办学状况进行教育意义上的价值审视，从立德树人视角来澄清和厘定校本核心价值以统帅全局，改革和健全管理体制机制，建立和完善相关制度。同时，聚焦问题，把握关键点和着眼点，充分尊重和调动多方力量参与和投身学校改革的积极性、主动性。这一切，无疑都会直接推动学校改进。

（3）满足利益相关者的多层次需要。美国管理学专家弗里曼（Freeman）在《战略管理：利益相关者管理的分析方法》一书中，将利益相关者定义为"能够影响一个组织目标的实现，或者受到实现其目标过程影响的所有个体或群体"[①]。在学校组织中，教师、学生、家长、管理者、办学者是最直接、最重要的利益相关者。尽管分数、升学是普遍性诉求，但并非唯一利益。随着义务教育的优质均衡发展和高级中学的特色发展，利益相关者的需求正变得日益丰富起来：对于学生而言，他们希望获得学习进步，群体归属，多元发展；而对于教师而言，也需要满足专业成长的需求，在人际和谐的环境中工作以享有职业幸福。德育品牌建设，就是基于立德树人的立场，通过促进学校的持续改进，来满足不同利益相关者的多层次需要，努力达成多方利益的协调一致。

二、德育特色品牌建设指标体系 [②]

科学地开展德育特色品牌建设的首要工作是评估，而校本化德育品牌建设尤其需要对症下药。通过科学的诊断，一方面，能够找准学校在德育工作方面既存的问题和原因，另一方面，也能够发现学校在建设德育品牌

---

①　R. Edward Freeman. Strategic Management：A Stakeholder Approach（Pitman Series in Business and Public Policy）［M］. Pitman Publishing，1984.

② 　本节内容为广东省2015年省级学校德育能力提升项目"中小学德育特色品牌培育"项目成果。

过程中可用的资源。不仅如此，与来自上级行政机构的行政性评估不同，学校改进背景下的德育诊断是旨在解决学校实际问题，为提升育人质量提供具体方案为目标的评估。因此，通过获取来自学生、教师、家长等教育利益相关者的真实信息，以科学的"健康体检"和结果运用，来推动德育特色品牌的建设工作。

（一）德育特色品牌建设的目标与内容

1. 德育特色品牌建设的目标

中小学德育特色品牌是经由教育主体精心培育而形成的，为利益相关者所偏好的育德要素或活动的总称。学校德育品牌通过具有稳定、持续影响力的标识得以体现，既包括学校组织中的诸种育德要素或活动，也可延伸为社会教育机构、德育实践基地、社会实践活动等。在全面推进教育现代化、提升教育质量的背景下，中小学德育特色品牌建设主要有以下目标：

（1）育人目标

德育特色品牌建设旨在以顺应时代发展潮流的先进教育理念为指引，牢固树立以人为本、以能力为本的素质教育观，促进中小学校按照教育法律法规的要求，遵循儿童青少年品德形成与社会性发展规律，遵循中小学教育教学规律，从儿童青少年的身心发展水平和学校实际出发，构建科学、规范、操作性强的德育特色品牌建设及实施方案，并建立相应的德育特色品牌建设机制来加以落实，充分发挥德育的价值导向功能，不断深化中小学德育改革，进一步做到全科育人、全员育人、全程育人，真正落实立德树人这一根本任务。

（2）学校发展目标

德育特色品牌建设旨在基于学校的发展定位，从本校的实际出发，充分发挥自身优势，积极主动调动校内各方力量，努力创造条件，发掘和利用多种资源，并争取社会组织、校外专业力量的支持和帮助，进行立德树人模式和自主创新探索，形成具有独特性、被利益相关者广泛认可的办学理念，确定德育特色品牌建设目标，合理选择本校的特色或优势项目，注重自我诊断、自我反思，在持续不断的学校改进中凝聚办学特色，通过自我谋划、自我调控，达到自我发展、自我完善，全面提高办学水平和育人质量，提高德育实效，促进学校发展。

（3）教师专业发展目标

德育特色品牌建设旨在提高广大教育工作者对新时期中小学德育工作的认识，以德育特色课题为牵引，密切与校外专业机构、专业人员的联系与合作，积极开展校本行动研究，注重校本德育课程开发，强化校本培训和专题交流，凝练德育特色品牌建设成果，建立结构合理、功能互补、相对开放的校本德育课程体系；加强德育教师、德育管理、德育研究三支队伍建设，打造微型专业团队，构筑校本化育人体系，促进中小学教师的德育专业化，形成素质精良、业务精湛的德育专业队伍。

（4）学生发展目标

德育特色品牌建设基于学生发展需求，立足于核心素养培育，明确育人目标主体，一切为了学生，一切基于学生，一切通过学生，一切指向学生，增强学生的自主意识和群体意识，培养自治能力，推动学生知、情、意、行和谐发展，有效促进学生良好道德的生成，切实提高德育实效，促进学生全面、和谐发展。

2. 德育特色品牌建设的内容

德育特色品牌建设中，由于组织的性质、功能不同，其核心要素、活动过程等不同，品牌建设内容亦存在显著差异。学校品牌建设重在育人价值体系、育人活动、规章制度、校园文化、育人质量等方面。据此，根据育人活动的评价要素，中小学德育特色品牌建设可以分为四大类。具体包括：

（1）育人质量品牌建设。它是学校德育品牌的核心，主要通过人才素质得以体现，表现在学校的业绩、名誉、声望、地位等方面。例如，当家长普遍认为"把儿童放在学校放心"或对学校育人质量"感到满意"时，当毕业生被上一层级学校评价为"优质生源"时，当学校能得到社会各界持续不断的积极关注时，便是学校利益相关者对育人品牌的由衷赞许。

（2）育人活动品牌建设。它涉及育人过程的各环节、各方面，如校本德育课程开发、学科教学中的"全科育人"专题活动、育人管理等。育人活动品牌常常是基于办学特色而形成的。

（3）教育者品牌建设。主要是名校长、名教师、名班主任及其影响力。

（4）学校文化品牌建设。它包括：一是办学理念、育人目标、学校愿景、学校发展规划、学校传统等校本价值体系；二是育人管理体制机制、各项规章制度等学校制度体系；三是由校名、校徽、校歌、校服、建筑风格等构成的学校符号体系。

按照德育特色品牌建设过程，中小学德育特色品牌建设包括五大方面、16个要素（表4-1）。它们共同构成了中小学德育特色品牌建设指标体系的基本框架，是中小学开展德育特色品牌建设的直接依据。具体表现为：

①德育特色品牌建设目标。包括办学理念、育人目标、品牌定位。

②德育特色品牌建设计划。包括学校德育规划、品牌建设方案。

③德育特色品牌建设实施。包括课程与教学、实践活动、文化建设、学校管理。

④德育特色品牌建设管理。包括德育科研、德育队伍建设、德育资源开发、社会力量支持。

⑤德育特色品牌建设成效。包括特色成果及影响、教育主体自评、特色品牌认可度。

表4-1 德育特色品牌建设指标体系

一级指标	二级指标	指标内涵
德育特色品牌建设目标	办学理念	正确认识德育的地位和作用，立足原有的基础与优势，进行立德树人模式构建和自主创新探索，形成有独特性、被利益相关者所认可的办学理念。
	育人目标	根据办学定位和学生发展需求，立足于核心素养培育，明确本校育人目标，促进学生全面、和谐发展。
	品牌定位	明晓德育品牌建设对引导和促进学校优质发展的意义，从本校实际和发展需要出发，确定德育品牌建设目标，合理选择本校的特色或优势项目。

续表

一级指标	二级指标	指标内涵
德育特色品牌建设计划	学校德育规划	依据育人目标和特色品牌定位，立足于全员育人、全科育人、全程育人，对德育特色品牌建设进行整体构想和系统设计，并理清建设思路，制定实施计划。
	品牌建设方案	以所选取的特色或有关项目为主轴，对本校的育人要素进行分析，制定校本德育体系及特色品牌建设的实施方案。
德育特色品牌建设实施	课程与教学	从全科育人角度深化课堂教学改革，注重校本德育课程开发；建立结构合理、功能互补、相对开放的校本德育课程体系。
	实践活动	整合校内外德育资源，开展有特色的育人实践活动，充分发挥共青团、少先队组织和其他学生组织的作用，培育学生社团，丰富社团活动并提升其专业性。
	文化建设	基于办学理念、育人目标进行校园物质环境建设，建立德育品牌的形象识别系统，形成和谐型学校文化生态。
	学校管理	理顺学校内部管理体制机制，提升制度的权威性，加强德育专业领导，注重行政班、教学班、社团班的区分与整合，提高全校师生的自主意识和自主管理能力。
德育特色品牌建设管理	德育科研	以德育特色课题为牵引，密切与校外专业机构、专业人员的联系和合作，积极开展校本行动研究，凝练德育特色品牌建设成果。
	德育队伍建设	加强德育教师、德育管理、德育研究等三支队伍建设，打造微型专业团队，强化校本培训和专题交流，注重教师的德育专业化。
	德育资源开发	对学校德育资源进行调查分析，发掘校内外的特色、优势资源，搭建有利于学生能力提升、个性发展的特色品牌建设平台（包括实践教育基地建设）。
	社会力量支持	取得家庭、社区、企事业单位、社会团体等的支持和配合，加强由校外力量所组成的兼职德育队伍建设。
德育特色品牌建设成效	特色成果及影响	育人质量品牌、育人活动品牌、教育者品牌、学校文化品牌等初步形成，特色品牌建设在区域范围产生影响并具有示范作用。
	教育主体自评	学生的自主性和群体意识增强，自治能力得到培养，学生对育人活动和自身发展感到满意，教师对育人过程和育人成效感到满意。
	特色品牌认可度	师生对本校特色品牌的认可高，教育管理部门对学校特色品牌予以大力支持，家长、社会人士对学校特色品牌表示认可，并对育人成效感到满意。

（二）德育特色品牌建设指标体系的开发

1. 建构德育特色品牌建设指标体系的必要性

德育特色品牌建设指标体系可以为中小学德育特色品牌建设提供借鉴。建构中小学德育特色品牌建设指标体系，需要参考专家意见，并考虑学校的主体意识和参与的主动性，需要从中小学德育特色品牌建设的创造性、长期性出发，重视德育特色品牌建设不同阶段的特征，能正确引导中小学开展德育特色品牌建设，从而促进学校自身的可持续发展。因此，建构中小学德育特色品牌建设指标体系，需要体现以下特点。

第一，体现学校德育发展的独特性。独特性是特色发展的核心因素，每个学校都是一个独立活动的实体，德育特色品牌的独特性通过独特的办学理念、科学的特色主题内容以及创新性教育模式来体现的。它是从学校实际出发，继承和吸收学校优良文化传统，遵循德育规律，顺应社会、时代发展的要求而逐渐形成的一种"人无我有，人有我优，人优我精"的独特风格。

第二，体现德育品牌的优质性。品牌经由教育者精心培育而成，使立德树人真正落到实处，要有示范与推广价值。品牌发展不仅要促进学校的持续改进，也要始终基于立德树人的立场，促进学生的学习进步、多元发展以及满足教师等不同利益相关者的多层次需要。

第三，体现学校德育特色品牌的整体性。学校德育特色品牌是学校主体根据共同愿景和学校自身特点经过长期努力而形成的，必须立足于学校原有的基础和优势，依据育人目标和特色品牌定位，立足于全员育人、全科育人、全程育人，对德育特色品牌建设进行整体规划、系统设计、全局把握，充分展示其整体育人的功能。

第四，体现学校德育特色品牌的稳定性。学校德育特色品牌的形成，是一个经过萌芽、生长、成熟、发展的长期过程，其创建也是经历包括由最初确定到最终实现（具体过程：明晰学校发展愿景—为学校发展准确定位—厘清校本核心价值—构建整体化德育方案—选准品牌建设突破口—采取专门化行动—注重形象塑造与宣传）等若干阶段的产物。稳定性是德育特色成熟的标志，是指其独特风格和成果能够长期地存在并显示和保持，能够经得起时间与实践的检验，使学校走上一条由德育特色品牌向学校优质可持续发展的内涵式发展之路。

2. 普通中小学德育品牌建设存在的误区

由于教育场域的复杂性、办学目标的功利化、办学自主权的虚位化等主客观因素的制约，实践中的中小学德育品牌建设还存在着许多问题：

（1）枝繁叶茂，根基不稳。这类学校往往秉承"德育工作思维"，举凡诸种育德要素或活动，从德育管理机构设置到德育队伍建设，从管理制度制订到校园环境布置，从课堂教学改革到课外活动拓展，从校内德育力量整合到家校社合作，等等，管理者都特别关注，且重在实用，讲求实效。但由于缺乏理论指导，整体谋划不足，内涵凝练阙如，令德育品牌建设没有"主心骨"，甚至"一地鸡毛"。虽然看似枝繁叶茂，但终因根基不稳而难以成就品牌。

（2）追风赶潮，浅尝辄止。这类学校进行德育品牌建设，不是从学校需要和实际出发，而是被外界因素左右。他们往往从参观学习中获得启示，以媒介宣传的实践做法为榜样，甚或奉上级领导意旨为圭臬。经典诵读、书香校园、亲子义工、互联网＋……，可谓层出不穷。由于缺少校本化的积淀和打造，把德育与智育、美育相切割，将教书与育人相分离，令德育看似有形，浅尝辄止之下的德育特色品牌建设，便可能令"追风赶潮"自成目的，甚或收一时之效，却终因缺少文化根基，得不到广泛认同，在时过境迁之后，因为情势所变而不了了之。

（3）功用至上，形神分离。这样的德育品牌建设主要出于办学者的利益，方案、活动成为手段，教师、学生成为工具。因此，在工作实际中，学校所做宣传与具体行动通常表现为"两张皮"，如：倡导以生为本，实则以管代教；力推合作学习，实则人际关系紧张；等等。另一种表现者则是为特色而特色、为品牌而品牌，以至牵强附会，如：某些学校基于某个历史故事或传说来打造特色品牌，尽管既非教育，亦无关文化，只因曾发生或流传于本地或本校，便成噱头。

（4）形式主义，"空心化"。形式主义的德育品牌建设缺乏真诚，常常以口号代理念，以运动代行动。其直接内驱力在于管理者的私人利益，期待通过博取眼球、引起关注，在赞美、喝彩之中获得荣誉，求得升迁。主要表现为：

一是空话套话，故弄玄虚。如：育人目标宏大，立意力求高远、精深，乃至为了"彰显个性"，穿凿附会也在所不惜；二是不切实际，不求实效。学校所提出的德育品牌建设方向或内容不合校情、生情，所采取的建设方案、措施不具可行性；三是弄虚作假，粉饰、浮夸。如：有方案，无行动；夸大校本活动的育德意义，生搬硬套；等等。

3. 德育特色品牌建设指标体系的确立

（1）建设原则

第一，方向性原则。以顺应时代发展潮流的先进教育理念为指引，牢固树立以人为本、以能力为本的素质教育观，全面落实立德树人这一根本任务，促进中小学以正确、有效的方式方法推进本校的德育改革，落实全科育人，全员育人，全程育人，全面提高办学水平和育人质量，促进学校的可持续发展。

第二，科学性原则。按照教育法律法规的要求，遵循儿童青少年品德形成与社会性发展规律，遵循中小学教育教学规律，从儿童青少年的身心发展水平和学校实际出发，构建科学、规范、操作性强的德育特色品牌建设及实施方案，并建立相应的德育特色品牌建设机制来加以落实。

第三，校本化原则。基于学校的发展定位，从本校的实际出发，充分发挥自身优势，调动校内各方力量的积极性、主动性，努力创造条件，发掘和利用多种资源，并争取社会组织、校外专业力量的支持和帮助，注重自我诊断、自我反思，通过自我谋划、自我调控，达到自我发展、自我完善。

第四，实效性原则。德育特色品牌建设重在不断提高德育实效。通过德育特色品牌建设提高德育实效，就是要把学校看作是一个具有相当自由度的、由具有主体性的人组成的特殊交往系统。建设过程中，需要管理者既具全局观念，又能把握关键点，注重管理目标服务于育人目标，注重各侧面、各环节的关联性，构筑校本化育人体系。

（2）德育特色品牌建设指标筛选过程

①初步建构

基于对中小学德育特色教育的实践经验和理论文献进行全面梳理，研制组遴选了5个一级指标，16个二级指标，初步建构了中小学德育特色品牌建设指标体系。

②问卷调研

基于问卷调研可以进一步验证指标体系的效度，并据此可以推出中小学德育特色品牌建设的各个指标的重要性，研制组设计了《中小学德育特色品牌建设指标体系重要性调查问卷》，调查对象涵盖了高等院校、教育行政部门、教育科研部门和普通中小学等四方面的人员。本次问卷调研一共发放210份问卷，回收193份问卷，回收率91%。其中，有效问卷191分，回收有效率90%。

调查问卷分成三个部分，第一部分为指导语，阐述问卷调研的基本目的和具体内容；第二部分是被调查者的基本信息，内容包括性别、年龄、学历、工作单位性质、职称和对中小学德育特色品牌建设的熟悉程度等；第三部分是德育特色品牌建设的指标重要性，共16项指标，包括对应德育特色品牌建设目标的3项指标，对应德育特色品牌建设计划的2项指标，对应德育品牌建设实施的4项指标，对应德育特色品牌建设管理的4项指标，对应德育特色品牌建设成效的3项指标。问卷采用李克特5点量表形式，测量每项指标的重要性程度，设有很不重要、较不重要、一般、较重要、很重要等五个等级。

③指标筛选

通过文献阅读和访谈研究所构建出的评价指标具有较强的主观色彩，要使评价指标具有信度和效度，就必须要通过国家严格的实证分析来厘定具体的评价指标。科学地构建指标体系，一般采用SPSS统计软件进行指标的鉴别力分析、描述统计分析等。研制组通过对问卷调研所收集的数据采用多种方法对构建的指标体系逐一进行统计分析，对于问卷调研结果采用界值法进行指标筛选，对指标体系的科学性、合理性和完备性进行分析，最终确立科学性的指标体系。就此，中小学德育特色品牌建设指标体系最终形成5个一级指标，16个二级指标。

三、德育特色品牌建设的实施与评价

虽然依照德育特色品牌建设指标体系，似乎便可使德育特色品牌建设落到实处。然而事实上，由于教育过程的复杂性和育人活动的完整性，从何种立场出发，以何种要素为基点，如何找准突破口，做到以德立校、"五育"融合，进而取得育人实效，却并非易事。

（一）德育特色品牌建设的实施主体

一般来说，德育特色品牌建设主要有两大实施主体，一是地方教育行政部门，二是中小学校。一方面，中小学德育特色品牌在地方教育行政部门的主导下，根据区域教育发展规划整体设计并加以推动。具体可基于区域内学校的整体办学思路，学校实际发展情况以及本区域教育发展的核心战略，设计实施具有区域学校发展特色的德育特色品牌。另一方面，中小学校可根据校本实际自主进行德育特色品牌建设。具体可通过学校诊断，厘清校本核心价值，基于学校发展理念、发展传统和学校的现有发展优势，明晰学校发展愿景，有意识地将教育要素与道德价值紧密结合，选准品牌建设突破口，构建整体化德育方案，采取专门化行动，打造具有学校特色的德育特色品牌。

（二）德育特色品牌建设的实施策略

基于中小学德育工作的文化育人、课程育人、活动育人、协同育人的基本理念，相应的德育特色品牌的实施主要从以下几方面进行：

1. 围绕学校文化展开

所谓学校文化，是由学校成员在长期实践中积淀和创造出来的，并为大多数成员所认可和遵循的价值观念、活动准则、规章制度、行为方式、校园环境、心理气氛等的统一体。学校文化是德育品牌的载体，德育文化是学校的高级表现形式，德育品牌和学校文化不可分离。基于学校文化建设的德育品牌，尤其需要着眼于学校组织识别系统的建设，注重发掘学业成绩之外的需要，建立德育品牌的可信度，保持持续关注度和"口碑"等方面。

（1）明确德育品牌的文化意义，发掘学业成绩之外的需要

文化的核心在于价值观。就学校而言，持有何种儿童观、人才观、学生观、教育质量观等，直接影响着办学行为和教学活动。学业成绩之优劣，只是在一定程度上反映一个人某一个阶段的学习发展状态和学业水平。但教育是指向学习者的成长，指向终身发展。人的发展的全面性、差异性和潜质、潜能发挥的无限多样性，决定了办学行为和教育活动在专注于学生学业成绩的同时，还必须专注于发现和发掘其在学业成绩之外的各种需要。同样地，对于其他利益相关者而言，除了关注学习者的学业成绩之外，也有着不同层次、不同类型的需要。推进德育品牌建设，应充分发掘不同利益相关者在学业成绩之外的各种需要。具体措施包括：密切与利益相关者的联系，保持信息渠道的畅通；明晓不同的利益立场，提高对育人活动的认识；基于真诚沟通和共情式理解，取得办学共识；及时传递和反馈育人活动信息，取得利益相关者的支持和配合；等等。

（2）秉持育人共通性，进行正确的品牌定位，彰显独特性

基于学校文化进行德育品牌建设，并非为了标新立异、与众不同。从立德树人这一根本任务出发，它必须始终秉持育人的共通性，遵循德育过程的一般规律和原则，令育人活动能够促进儿童道德生命的自由生长。在这个意义上，建设德育品牌首先需要关注本校与同类或相近学校的共同点，使得利益相关者认识和体会到"教育之本真"。不过，由于学校的层次不同、类型不同，所处的教育场域不同，建设德育品牌更重要的是进行正确的品牌定位，并基于品牌定位来把握品牌建设的侧重点和关键点，从而彰显本校的独特性。

如：某小学地处城郊，多年来的办学乏善可陈，以至于一直被视为"薄弱学校"。后经多方研讨，学校基于生源结构、家长特性和区域特点，确定以"可持续发展教育"为切入点，将公民意识教育、生态教育、创新教育、终身教育等相融合，全面推进校本课程开发，实行由课堂向课外延伸、由班（队）组织向学生社团延伸，由此形成德育品牌。经过几年的精心打造，该校的德育品牌已初步成形。

（3）基于德育问题诊断，聚焦问题，持续不断予以改进

德育品牌建设，一方面，基于品牌意识和办学思路，另一方面，则基于校情分析。进行德育问题诊断，就是基于对学校立德树人状况的综合评估而作出的校情分析，其核心在于发现德育问题，既包括学生品德状况、德育难题、工作困境，也包括经验背后隐藏的危机、特色之下产生的困扰等。然后，在准确把握问题的前提下恰当归因，从而更好地聚焦问题，寻求有效解决问题的方案，由此促进学校在持续不断的改进中凝聚办学特色、打造德育品牌。根据学校改进的一般原理，我们可以把基于德育问题诊断的德育品牌建设过程，大体概括为由诊断、聚焦、制案、行动四个环节所构成的动态的、持续不断的过程。

（4）实施价值引领，促进组织认同，改善利益相关者关系

立德树人需要全员育人，全科育人，全程育人。进行德育品牌建设，首先意味着利益相关者必须具有高度的组织认同，要求利益相关者在观念和行为上能够表现出：认可管理者的权威并诚心实意地接受管理者的领导；具有立德树人的岗位职责意识和专业提升意识；接纳、认可在共同生活中所确立或形成的规范、价值观及其所构成的意义体系；对学校具有强烈的归属感和依赖感；忠于职守并愿意为学校的行动计划或活动方案付诸实践而努力；等等。与此同时，在不同利益相关者之间建立良善关系，形成彼此支持和相互配合的办学局面。促进利益相关者的组织认同、改善利益相关者关系，除了充分关注不同利益相关者的需要之外，其核心是要勾勒出学校发展的可望愿景，并基于办学目标、改进愿景、学校传统和教育场域特征，凝练出校本核心价值观，引领利益相关者的思想和行为，统帅育人活动全程。

（5）注重品牌建设的文化元素组合，提高德育品牌的可信度

德育品牌的可信度直接取决于满足不同利益相关者需要的程度，但这种需要的满足除了表现为育人成效之外，更多体现在整个育人过程的专业化程度，以及育人观念上的更新改造和育人活动上的独辟蹊径。如何令学校文化诸层面，包括物质、制度、精神、行为，在专业意识引领下，通过诸文化元素的创意组合，形成独特魅力，是德育品牌建设的又一着力点。

如：某小学致力于打造书法教育品牌，便融汇书法和书法教育的各种文化元素，努力加强墨香校园文化建设。具体包括，在物质环境创设方面，建设书法展示走廊，展示名家名作和师生书法作品；设置书法特色书架，购置书法刊物，供师生随时阅读。在活动设计方面，将书法与经典诵读相结合，让学生用水写代替用墨写，进行书法练习；倡导用自己的作品制作指示牌、班牌、文明警示语；等等。这种基于文化元素组合的特色建设，大大增强了该校德育品牌的可信度。

（6）注重品牌形象的塑造和宣传，保持持续关注度和"口碑"

德育品牌建设离不开品牌形象的塑造和宣传。从组织识别系统来看，德育品牌直接表现为名称、象征符号等视觉识别系统，包括由校名、校徽、校歌、校训、校风、校服、建筑风格等构成的学校符号体系，也表现为规则纪律、课堂教学、课外活动、社会实践等行为识别系统，还包括办学理念、育人目标、学校愿景、学校发展规划、学校传统等理念识别系统。基于学校文化的德育品牌建设需要做到：一是基于办学理念和校本核心价值，建立具有内在一致性的学校符号体系，并通过多种途径和方式的宣传，使之获得利益相关者的广泛认同；二是从育人目标和学校愿景出发，拟订学校发展规划及行动计划，使之成为本校落实立德树人这一根本任务的活动依据和行动指南；三是依照学校发展规划暨行动计划，针对不同阶段的关键点和突破口，制订具体方案并逐步予以落实，令不同利益相关者都可以透过行为识别系统，持续关注学校的育人活动及给学校面貌带来的积极变化或影响。三者都有利于保持德育品牌建设中逐渐形成的"口碑"。

2. 开发校本特色课程

校本德育特色课程开发是以道德价值为核心、基于组织成员之间的交往与互动的一种动态生成过程。作为一种精神文化创建活动，校本德育特色课程开发的总目标在于：从促进学生作为道德主体的自由生长出发，通过激活和整合组织内外的各种影响因素，形成一种基于核心价值、体现课程育人性的组织活动体系和氛围，满足组织及组织成员（包括学生、教师、校长等）的需要，推动学校德育特色品牌的深入建设，努力达成教育培养目标。

（1）厘定核心价值

由于校本德育课程开发是一种精神文化创建活动，而学校精神文化的核心是价值和价值观，它广泛涵盖于正规课程体系、教育教学活动、教育者的以身作则、学生的闲暇活动、学校规章、奖惩制度、仪式庆典、群体氛围、校园环境及学校传统等因素之中。因此，为了有效地实施校本德育课程开发，首先就必须厘定核心的道德价值并通过它们进行课程统整，即：以核心的道德价值为指引，有意识地将学校生活及诸种教育要素与道德价值紧密结合，并使之具有内在一致性。

在操作层面上，核心价值的确立，可以是学校、社区与专家基于时代精神、区域特点对价值和道德价值所作出的选择，也可以是管理者、教师、学生、家长和其他社会人士在协商过程中达成的价值共识，还可以是基于教育经验、学校文化传统的价值确认。无论以何种方式确立的核心价值，都必须能反映国家德育纲要和课程标准的基本精神，体现学校的教育理念和社区特点，要让学生、教师尽可能参与其间且加以切身体会。同时，还需要具有哲学、心理学、社会学的基础并接受道德原则、伦理法则的检验。

（2）确定开发类型和开发主体

确定校本德育课程开发的类型，需要在核心价值指引下，综合考虑国家课程政策、学校条件（人力、物力、财力等）、师资状况及学校传统等因素。从我国现行的中小学德育课程体系及其运行方式上看，根据学校、教师作为课程开发主体的作用范围，可以把校本德育特色课程开发大致划分为三类：一是德育课程资源开发。以德育课程标准和国定教科书的内容体系为框架，设法根据本地、本校实际来加以落实的课程开发；二是专题性（或主题性）德育课程开发。在遵照德育课程标准、依据国定教科书实施道德教育的同时，在国家预留的课程空间内，以活动内容或教育主题为中心，或者围绕有效地解决德育实际问题而展开的课程开发；三是整体性德育课程开发。依据国家德育纲要和德育课程标准，进行完全意义上的系统、全方位的自主开发。实践中尤以前两者为常见。另外，根据课程开发的不同着眼点，还可以把校本德育课程开发区分为四类：第一，目标取向型，包括以核心价值为主线的课程开发和以知、情、行为主线的课程开发。第二，内容取向型，包括以不同的教育内容（劳动、纪律、时事等）为主线的课程开发和以不同的教育影响因素（规则、氛围等）为主线的课程开发。第三，过程（或问题）取向型，主要是指以学生的兴趣、需要或存在的问题为主线的课程开发。第四，条件（或资源）取向型，是指以学校或社区所具备的教育条件或所拥有的课程资源为主线的课程开发。

开发主体主要视开发类型和学校主客观条件而定。德育课程资源开发和专题性德育课程开发，可由教师自主或合作（校内或校际）来进行，研究机构（或团体）、专家可在专题性德育课程开发中起指导、咨询作用；整体性德育课程开发和部分专业性较强的专题性德育课程开发，则需学校、教师与研究机构（或团体）、专家之间密切合作。鉴于教育影响的复杂性和学校资源的有限性，校本德育课程开发还需寻求多种社会力量的支持和配合。

（3）选择开发模式

在课程开发的技术层面上，校本德育课程开发可以遵循课程开发的一般原理，采用目标模式、过程模式、实践模式及批判模式等①。实践中，不同的校本德育课程开发类型往往与不同的课程开发技术相联系，不同的校本德育课程开发类型既可选择不同的课程开发技术，也可以是不同技术的综合运用。对于整体性德育课程开发和部分专业性较强的专题性德育课程开发，仍然需要以目标模式为主要参照，在核心价值引导下进行课程设计、课程资源开发和教材编写（或选择）；对于德育课程资源开发和专题性德育课程开发，则须根据学生需要、学习目标、学习领域、学校资源及课程性质等因素决定课程开发模式。譬如：以小学阶段的学习目标和学习内容为依据，对于情感体验类为主的目标、内容，旨在增进道德情感或进行社会学习的引导，可以采用情境模式；对于意识、观念类的学习目标、内容，旨在让学生确立某种具体的社会生活意识或观念，则可以采用目标

---

① 施良方. 课程理论：课程的基础、原理与问题［M］. 北京：教育科学出版社，1996.

模式；等等。

3. 基于实践活动

（1）结合综合实践活动课程

《中小学综合实践活动课程指导纲要》指出，综合实践活动课程旨在引导学生在实践学习中获得积极体验和丰富经验，培养问题意识，发展良好的科学态度、创新精神、实践能力，形成强烈的社会责任感，具有良好的社会品质。综合实践课程的育人价值取向使得其具体的开展可以进一步推动学校德育特色品牌的实施进程。

从学校层面来看，可基于学校德育特色品牌的核心价值理念，结合学生的自主发展目标和各阶段综合实践课程的课程目标，找到其之间的契合点，形成有效的联结，形成共识性目标，以此开发课程内容。进而，分阶段、多形式、螺旋式的系统设计组织实施，通过相应地综合实践活动开展，剖析并挖掘其中的德育要素，充分凸显课程育人实效。从教师层面来看，重视提高教师德育专业意识，在准确把握学校德育特色品牌价值理念的基础上将其融合于综合实践课程的设计之中，并通过行动研究、实践反馈，在不断总结-反思-改进中进一步深化学校德育特色品牌建设。从学生层面来看，充分尊重学生的自主发展，在参与综合实践课程的过程中，引导学生积极地与老师同学沟通交流中，总结反馈课程效果，进一步完善综合实践课程实施，在活动中发展自身良好的品质，获得积极体验。由此，推动德育特色品牌实施横向贯通，螺旋上升，提高德育的针对性与实效性，更好地促进学生健康成长。

（2）围绕学校主题教育活动

学校德育特色品牌的实施可以学校主题教育活动为平台，充分挖掘其德育要素，重视学校德育特色品牌的核心价值理念，基于品牌定位和通过系列化的德育活动的开展，贯彻落实核心价值观。通过明确不同阶段的教育活动目标和活动主题，细化活动内容和形式，在主题活动中进行德育渗透，进一步扩大实施学校德育特色品牌的影响效果，深化活动育人成效。

例如Z市T中学，基于"幸福教育"德育特色品牌建设，根据教育部整体规划和学校德育体系，开展德育系列化主题教育活动，设计组织包括理想教育、爱国爱校教育、智趣培养教育、法治安全教育、传统文化教育、生活体验教育、关爱教育、环保教育、国防教育、幸福生涯教育等在内的共12项主题系列活动，分阶段（高一、高二、高三）、分时段地具化每一活动的活动目标、活动具体内容和活动形式。从实际出发，创新德育工作新思路，通过主题系列活动提高德育工作的针对性和实效性，"以幸福之心，做幸福教育"，增强德育的吸引力和感染力，打造学校"幸福教育"的品牌。

（3）重视社会志愿服务活动

志愿服务是现代化社会文明进步的重要标志，是培育和践行社会主义核心价值观的重要内容。积极组织开展社会志愿服务活动，有利于培养学生志愿服务的意识，丰富社会实践，使学生获得志愿服务的基础知识和基本技能，深入推进实践育人机制建设。因而，德育特色品牌建设可以丰富的社会志愿服务活动为平台，多方位、多渠道积极组织多种类型的社会志愿服务活动，如学雷锋志愿服务活动、垃圾分类志愿服务活动、食品安全宣传志愿服务活动等，充分开放学生活动空间，把学校小课堂和社会大课堂有机地结合起来，使学生在志愿服务实践中体验，在体验中感悟。同时在组织开展社会志愿活动中，深化实践育人，进一步扩大学校德育特色品牌的综合影响力。

4. 建立支持系统

德育特色品牌建设不是单方面的过程，需要多方体系的支持。在升学主导、分数至上的现实氛围之上，德育特色品牌要想真正落实"立德树人"这一根本任务，做到"全员育人"，还必须建立校本化的育人工作支持体系。

（1）以"治理"促进"管理"，提升行动力

为更好地促进学校德育特色品牌实施，在方式上首先要以"治理"促进"管理"，提升组织行动力。当前中小学在这一过程中亟待解决两大问题：一是学校内部管理体制机制的有效运转问题。管理权力直接源自管理体制。校长负责制决定了校长在中小学管理中的核心地位和关键角色。但是，要让目标、结构、制度、人员、活动、观念、氛围等组织系统要素变

得清晰、明了，令诸种社会技术系统要素，如目标子系统、结构子系统、技能子系统、社会心理子系统、资源子系统、社会关联子系统等得以良性运转，需要充分关注学校管理权力的多元向度，做到既职责分明、责权对等，又灵活把握、随机应变，从而实现动态平衡。二是教师的有效参与问题。教师是基于学校改进的德育特色品牌建设中最直接的推动者，也是持续改进的动力，更是根本的依靠力量。如何使顶层设计变成可行方案，把可行方案化作实际行动，令实际行动产生预期效果，都有赖于全体教师的积极支持和主动参与。如何让教师感受到、体验到"德育特色品牌机建设事关重大"，并与自己的利益（绩效待遇、专业成长、职业幸福感等）息息相关，从而齐心协力、精诚协作，既考验校长的专业领导力和管理智慧，也考验学校管理团队的敬业精神和专业能力。

（2）项目驱动，以点带面，调节要素配置

德育特色品牌建设的关键是要抓住符合学校发展重大需要而又切实可行的关键点和突破口，确定学校改进的具体项目，对这种项目进行精心设计并予以落实。发挥驱动作用的这些项目主要是单项的、局部性的，如课堂教学改革、校本课程开发、特色活动推进、校园文化建设、班级管理体制机制调整等。项目驱动的作用机制在于：借助项目组成员的改进行为，使项目推进嵌入到学校的日常工作之中，由此带动其他方面的工作，对全体利益相关者尤其是教师产生濡化作用，从而起到激发、引领和示范作用，推进特色品牌建设进程，带动全方位的学校改进。

推进项目需要人、财、物、时、空、信息诸种管理系统要素的配置。其中，最主要的则是人、财要素。当前多数中小学都遵循"管理思维"、按照管理体制来推进项目，特别是将项目推进归为"教学线"或"德育线"，通过管理者（学校分管领导、职能部门及其负责人）予以落实。如此作为，虽然行动线索清晰，却往往行动力不足，毕竟教书、育人的密不可分，决定着教师岗位职责的纷繁交织，不少骨干教师更是集学科教师、班主任、科组长乃至管理岗位（级长、主任等）于一体。有鉴于此，项目推进便需要超越科层管理思维，从学校层面上基于实效、优效原则，对团队组建、人员配置进行综合考虑，并给予经费、时间、空间等方面的保障，由此促进教师队伍建设、提振学校改进精神、营造专业育人氛围。

（3）整合力量，发掘资源，打造育人共同体

立德树人是全社会的责任，需要学校、家庭、社会的齐心协力。对此，教育部在印发的《中小学德育工作指南》中就明确提出，"发挥学校主导作用，引导家庭、社会增强育人责任意识，提高对学生道德发展、成长成人的重视程度和参与度，形成学校、家庭、社会协调一致的育人合力。"在这个意义上，目前，如何让学校、家庭、社会（社会教育机构、党政部门、社会团体、社区、大众媒介等）各方更好地明确自己的育人职责，并在德育特色品牌实践中做到既"不缺位"，又"不越位"，打造育人共同体，依然需要付出诸多努力。

第一，增强育人专业意识。正确而有效地履行育人职责，首先需要把教育看作是一种专门事业，把教书育人看作是一种专业活动。现实的问题在于，虽然政府和学校多年来在教师专业化、校长专业化方面所做的努力业已取得显著成效，但这种努力显然仍处在"万里跋涉的行进途中"。更为棘手的则是，学校作为专门机构和教师作为专业人员，如何让家庭、社会积极而有效地支持这种专门事业、专业活动。这种棘手反映在德育特色品牌建设上就是，如何基于立德树人的立场，让家庭、让社会明白"学校为什么这么做"，以及需要各方力量协助学校"做点什么"，或者"不做什么"乃至"避免做什么"，这是实现协同育人、打造育人共同体的基本前提。

第二，发掘和利用教育资源。教育需要的多元化、个性化，育人活动的多样性、校本化，决定着德育特色品牌建设对教育资源需求的丰富性、差异性。如何从德育特色品牌建设的实际需要出发，因校制宜，因地制宜，充分发掘和有效利用源自社会和家庭的各种教育资源，是落实品牌建设的重要保障。从现实可能性出发，对于大多数中小学来说，发掘和利用资源首先是人力资源，即根据生源和社区情况，发现和遴选出有助于课程开发和活动实施的专业力量，并设法从精神层面调动这些专业力量的积极性、主动性；其次是物质资源和空间资源，尤其是场地、设施、设备等，如何发掘这些资源并做到稳定、可持续地去运用，考验学校管理者的沟

通、协调能力。

第三，"内引、外联"，多方协同。德育特色品牌的深度推进，其根本还在于自主内生。但鉴于教育活动的专业性和教育资源的有限性，这种自主内生若缺少了外部专业力量、专业平台的支持和协作，便会缺少活力，以至于成效甚微。如何通过"内引、外联"，取得域内外各种力量的支持，使之成为推进品牌建设、落实协同育人的有生力量，实现多方力量的深度融合，是对学校管理者的另外一种考验。在实践中，除了区域性的"学区联盟"之外，这种"外引、内联"，主要表现为高校（或教研机构）、政府（或社会团体）、中小学之间的联合（U–G–S或U–N–S）。从实际运作上看，这种联合的具体落实，表现为两种基本形式，一是"多校一方案"，主要由专业研究者"带入"项目，通过多方协同，使之"嵌入"育人活动之中；另一种则是"一校一方案"，即从学校的内在需要出发，藉由专业平台（专业机构、协作团队等）和外力支援，确定并逐渐学校德育品牌建设任务，其具体操作，可从单个或多个项目切入，也可以是基于顶层设计的分步推进、分层实施。

（三）德育特色品牌建设的评价

1. 德育特色品牌评价的意义

德育特色品牌评价主要是指依据一定的评价标准，通过系统地收集相关信息，采用一定的方法，对德育特色品牌建设的计划、实施、效果等有关问题做出价值判断并寻求改进途径的一种活动。

具体来说，首先，德育特色品牌评价具有一定的诊断功能。通过评价可以了解学校德育特色品牌的实施的程度，了解学校多大程度上的完成了品牌建设目标，而且可以有效诊断出当前品牌建设中存在的具体问题，为德育特色品牌的进一步发展建设指明方向。其次，德育特色品牌评价具有一定的导向功能。通过评价体系的建立和实施，通过评价明晰学校品牌建设过程中学校德育工作的优势与不足，有助于找到今后努力的基点和方向，促进学校德育改革。最后，特色品牌评价具有一定的调控功能。通过基于品牌建设的实效及时的反馈与调控，有助于德育特色品牌建设越来越接近预期的目标。

2. 德育特色品牌评价的工具

学校德育特色品牌评价过程中，有效的评价工具必不可少。中小学德育特色品牌评价的工具主要是基于德育特色品牌建设指标体系所构建的规范的德育特色品牌评价制度，通过对比具体的体系评价标准，对学校德育品牌建设一级二级指标实施的具体效果进行评价，诊断其实际建设成效，并据此进行动态调节，以评价促发展。

3. 德育特色品牌评价的实施主体

德育特色品牌建设的评价主要包括自评和他评，相对应的也就包含不同的评价实施主体。一方面，德育特色品牌评价建立在学校自我评估的基础上，旨在帮助自我诊断和促进自我发展。评价的具体实施，可以依据中小学德育特色品牌建设指标体系，构建规范的德育特色品牌自评制度，建立自评小组，根据评价标准进行学校内部自评，实施自我诊断。另一方面，德育特色品牌评价通过他评的方式，主要依据第三方评价力量，主要包括区域教育行政部门、高校德育专业团队及其他利益相关者等，针对指标体系中的具体内容，对其建设成效和实际影响力进行评价。其中借助高校德育专业团队进行的学校德育特色品牌的评价，主要是基于专业工具和借助专业力量来加以落实。

四、德育特色品牌建设案例

德育特色品牌的建设可以有效地提升教师专业发展，促进和提升学校的改革与发展，推动学校自主内生，打造优质特色学校。下文将以Z市T中学幸福教育品牌建设为例，进行具体分析。

（一）品牌建设：学校发展的需要

Z市T中学是一所市教育局直属公办高中。该校于1964年设校，具有良好的办学传统。学校围绕全面贯彻和落实立德树人这一根本任务，经过多年探索，确立了"习礼崇文，幸福成长"的办学理念，以"尚礼崇德，守正创新"为校训，确立了在活动中育人，在文化中育人的德育工作理念，树立全员育人（让每个老师都成为导师）、全面育人（让每个导师都能关注全体学生）、全程育人（让每个学生全程都能得到关注）的育人观，努力打造以礼善为核心的校园主题文化，充分利用环境、礼仪、活动育人，塑造能习得、会感受、愿分享、要追寻幸福的师生，努力促进师生幸福成长。

T中学一向以严谨、务实的态度扎实推进，各项管理和活动有力促进了学生的健康成长与发展。近些年来，学校在"习礼崇文，幸福成长"的办学理念指引下，进一步顺应教育改革潮流，注重提升育人质量，打造优质特色学校，在不断改进和创新中取得一定成效。首先，从领导团队来看，近些年，学校领导班子进行大更替，打破了过去十多年来的保守传统。高涨的领导士气，逐渐凝聚起整个学校管理团队的工作热情；校长的民主作风，受到师生的认可与支持，校长信箱的开放，更为学校的民主管理翻开了新的一项。其次，从教师队伍来看，人才的大量引进与学校的领导帮扶，促使整个师资团队有所更新发展；名班主任工作室的成立，既解决了教师个体的"无助"问题，又为校内班主任队伍的发展搭建了专业化成长台阶，在新的发展契机下，教师士气渐增。最后，从学生发展看，在礼仪文化的熏陶下，全校同学的行为举止日益规范；在和谐校园环境的孕育下，同学们也能较好地应对学业压力的困扰。

内有校领导的引导和教师群体的投入，外有教育行政部门的支持，T中学的办学水平正在稳步提升，办学特色正在形成过程之中，并在区域中日渐形成良好的办学口碑。然而，相对于优质中学而言，T中学在学生的学术素养和个人素质、教师的教学与管理能力、学校的组织与协调能力等方面，仍存在明显不足。

为了适应教育事业改革与发展的新形势，共同推进本地区基础教育的内涵式发展，T中学参与"新时代两广田中德育特色品牌建设计划"项目，在项目团队的直接指导下，立足于本校的办学传统，从办学理念出发，以人的终身幸福为目的，在教育中创造、生成丰富的教育资源，致力于打造幸福教育品牌，培养能够创造幸福、乐享幸福的人。

（二）品牌建设的过程与策略

1. 建设目标

人生最大的目的就是幸福，教育的目的就是培养幸福的人。幸福德育是一种唤醒，一种激励，一种提升，在于促进师生成长，促进师生学会处理与他人、自然和世界的关系，成为个性的、社会的人，实现人的健康生活和幸福生活。为此，在校本核心价值驱动下，T中学实施"幸福教育"，旨在营造和谐、幸福、民主的校园氛围，全力提升师生的整体人文素养；打造一支素质精良、业务精湛的干部教师队伍；积极改善现代化教育技术设施，不断提升教育教学质量；走个性化、特色化的内涵发展之路；开拓创新，建设具有德育特色的学校，创办具有区域影响力的优质普通高中。

（1）坚持育人为本

育人为本，促进每个学生主动地、生动活泼地发展，是教育工作的根本要求。面对前所未有的机遇和挑战，T中学的发展仍存在多种问题，譬如，教育观念相对落后，内容、方法比较陈旧，学生课业负担过重，素质教育推进困难，等等。因此，学校必须在"习礼崇文，幸福成长"这一办学理念指引下，把促进学生健康快乐成长作为一切工作的出发点和落脚点，在深化改进中尊重学生、依靠学生、为了学生，彻底扭转应试教育的局面，培养学生快乐幸福的人生。

（2）培养积极心理

教师诲人不倦、学生学而不厌的积极心态，是幸福的有效调节机制。积极心理健康教育的精髓，是塑造积极心理、奠基幸福人生。"育人为本，正心为根；德育为先，心育为源"。早在两千多年前儒家经典"正心、修身、齐家、治国、平天下"中的"正心"，就是积极心理、正面心理，同时还包含端正、矫正心理偏差的意蕴。美好的心理可以发展成为美德，丑恶的心灵会诱发恶习。因此，学校必须基于"尚礼崇德，守正创新"这一校训，努力打造校园主题文化——"礼善文化"，把进行积极心理健康教育作为破解德育低效的重要突破口。

（3）提升核心素养

T中学在校风"重礼明德，知行合一"的指导下，注重学生理想信念和核心品德素养的培养，关注学生的生命质量和价值，突出终身发展的核心素养；关注课程建设综合化、主体化发展趋势，强调课程整体育人功能和价值；注意学生学习体验、动手实践及创新意识的培养，突出实践育人的价值；学校课程侧重贴近学生的生活，提供满足学生现实生活、未来发展的课程，特别关注核心价值观、生涯指导、金融理财素养，突出学生是现实生活中"完整的人"；未来将更加注重增加国家课程和地方课程的适应性，进一步突出地方、校本课程的时代性、开放性和灵活性，奠基学生快乐幸福的人生。

（4）感受快乐有成

T中学地处城乡结合部，招生排在市5所示范性高中之后，很多学生来自农村家庭和个体商业家庭，也有不少外来务工人员的家庭。不同的经济状况和家庭环境，导致儿童学习、成长环境的不理想，学生的各种行为习惯落后，而且学校一直以来都在为专科上线率作为追求目标，社会效应极不乐观。同时，面对经济变革时代的大发展，社会中的不良风气对师生人生观、世界观的冲击。在教风"立礼敬业，求实进取"的指导下，充分利用校园主题文化——礼善文化的"导"德、"显"德的道德功能，进行不同年级的主题思想教育、开展丰富多彩的文体活动，实行教师以情感价值浸润式的幸福课堂教学，寓教于乐，努力走出一条虽艰难曲折但收获颇具特色的适合学生发展的幸福快乐的育人之路，实现学生快乐幸福的人生。

（5）不断满足特需

在应试教育的大环境中，学生、家长、老师都没有认识到职业生涯规划的重要性。一直以来，由于高中生生涯教育的缺失，学生往往盲目抉择、被动学习，普遍对自身和社会认识的不足，又无一技之长，迷茫感与焦虑感尤其严重。一些学习差的学生缺乏学习动力，找不到个人与社会的切合点，一些学习好的学生对个人的优势及职业的大千世界了解不够，不能很好地为未来的职业选报专业并做出规划。一些教师也缺乏对于学生职业指导的必要知识与技能。新高考要求对高中生进行生涯规划，为学生高考专业选择的决策提供帮助，同时提升学生学习的自主性，让学生对人生价值有更深入的思考。基于这样一种现实，在学校学风"明礼善思，刻苦自律"的指导下，努力为学生文理分科、高考专业选择的决策提供帮助，提升学生学习的自主、自觉、刻苦努力，让学生对人生价值有更善于、更深入的思考，把良好育人建设作为学校德育特色工作的突破口，创建明礼善思、刻苦奋进的和谐校园，让每一个儿童健康成长，塑造学生快乐幸福的人生。

（6）促进健康生活

生命健康是幸福的本钱。身心和谐、人格健全是幸福的生命线。学校地处Z市D区白蕉科技工业园区，依山傍水，环境优美，结合校园周边环境的实际情况，加强师生安全教育和学校安全管理，提高预防灾害、应急避险和防范违法犯罪活动的能力尤为重要；努力加强校园和周边环境治安综合治理，为师生创造安定有序、和谐融洽、充满活力的工作、学习和生活环境，营造学生幸福成长的环境，打造学生快乐幸福的人生。

2. 育人体系

为了切实打造幸福教育特色品牌，学校通过开发校本课程，创设特色活动，丰富社团生活，完善家校合作等育人体制机制等，逐渐建构起"礼善为本，幸福育人"的校本化育人体系（图4-1）。

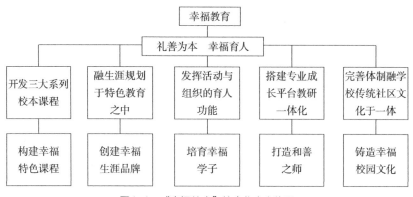

图4-1 "幸福教育"校本化育人体系

（1）以国家课程为主导，开发以"礼善文化""校本课程体系建设"为主线的幸福教育课程

学校着力"幸福德育"校本课程建设，将德育活动与学生的校园生活、社会生活有机结合，融为一体。构建幸福德育校本课程综合化，以"礼善文化"为主线，构建"我与家庭""我与学校""我与社区"为基本框架，实施定时间（平时和期末集中）、定地点（教室、阶梯室、陶瓷

公司、航空城、污水处理、十里莲江、德育基地等）、定人（学科教师、导学或专业家长）、定形式（讲座、实践体验、授课、研究性学习、调查报告等）、定内容（主题式、与校本整合、与活动整合等）为主要策略方法。以触动、内化教育为主旨，以外显优良言行为标准，让学生在活动中去体验去领悟道理，从而养成良好的行为习惯、健康的情感态度。

（2）融生涯规划于特色教育之中，推进幸福规划

以引导学生做好幸福生涯发展为核心载体，以增进学生积极情绪体验、培养学生积极人格品质、创设正向温暖的育人环境助学生健康发展，追求卓越，启动学生的学习心理动力促成长，激励学生积极、勇敢地迈向充满希望的人生，努力让每一位学生人生都有出彩的机会，让每一位学生都在生涯规划中收获幸福，获得成就幸福的能力。通过开设生涯规划课程，清楚开设生涯规划课程的意义与原则，帮助学生从个人可持续发展的长远角度考虑，结合当下学业、高考、职业等发展需要，选择合适的生涯指导内容，做好生涯规划，规划希望。为了帮助学生做出最优选择，学校开设了职业生涯规划训练营、创业创新创客训练营、校企合作共育训练营。

表4-2 各阶段生涯规划教育目标

年级	培养目标	目标内涵
高一	具有生涯意识（8课时）	适应高中生活，初步认识新高考、认识自己、认识职业、认识生涯决策的重要性。
高二	具有生涯知识（6课时）	从性格、兴趣、能力、价值观等方面深入认识自己，从职业分类、职业信息获取、职业能力提升、职业选择等方面深入认识职业，了解大学和专业，帮助高中生学会选择适合自己的学校和专业。
高三	具有生涯决策力（5课时）	积极应对学习压力和考试焦虑，养成和提升生涯决策力，为大学生活做好充分的准备，并树立终身学习、终身规划的生涯意识。

通过三个阶段的校本课程设置及进行系统教学，从而帮助学生将学习生活与社会和职业选择连接起来，明确自我定位、掌握外部信息，在此基础上规划人生，谱写人生美丽诗篇。

（3）发挥活动和组织的育人功能，培育幸福学子

以幸福育人理念为指导，以幸福育人目标的达成为主线，进一步丰富载体，完善网络，健全制度，构建有利于学生综合素养发展的平台，以社会主义核心价值观为培养重点，从道德成长、习惯培养、人格发展、社会适应、创新精神、实践能力等方面多维展开，以思想引领、情感陶冶、实践体验、活动养成等形式多维推进，致力于培育"尚礼学子"和"幸福学子"，培养现代公民素养，实现全体学生的全面、主动、健康、活泼的发展。鼓励教师充分利用"对分课堂"模式，发现学生内心的渴望：相信学生，解放学生，发展学生。学生在学习生活中有足够的自主发挥空间，自然就有幸福的心态。

第一，构建有利于发展学生综合素养的平台，从礼仪、生活、学习、安全、劳动五大行为习惯着手，注重养成教育，培育"尚礼学子"和"幸福学子"，使立德树人贯穿于教育全过程。

第二，设计班级特色文化，制定班级公约。

第三，结合班级特点，设计班级名称、班徽、口号、目标、园地展示。围绕"信、善、爱"制定班级公约，丰富班级文化，增强班级的凝聚力，展示班级个性风采，创造积极向上的浓厚氛围，提升学生在校学习生活的幸福感。采用"以优育德，奠基幸福人生"的德育策略，采用激励、评价机制，让学生在进取优异中感受幸福。

第四，整合资源，形成活动体系。活动育人，以人为本，让学生在多彩的教育活动中体验成长。

第五，注重学习环境建设，倡导师生"悦读"，提升文化素养。以"悦读分享"为突破口，组织各类读书分享活动，建设优质书香校园。开辟展示专栏，打造身边的"明星"。

（4）搭建专业成长平台注重教研一体化，打造幸福之师

通过各种有效方式，努力打造一支"讲奉献、素质优、业务精"而有幸福感的教师队伍。创新并完善教育教学评价体系，围绕打造"和善之师"，开展丰富多彩的师德教育活动；采取有效措施，充分调动教师工作热情和积极性，树立良好的师德形象，评选"最受欢迎教师"，发挥榜

样的辐射作用。根据不同的发展层次和发展需求，确定学科带头人培养对象、区级名师培养对象、市级优秀班主任培养对象。关注中青年教师的专业成长，让教师依据"幸福教育"的内涵制定个人的发展目标和计划。进行教师队伍梯队建设。加强特色成果的交流与宣传，增强教师的教育教学能力，保证教育质量稳步提高。

（5）完善育人管理体制机制，融学校文化、传统文化、社区文化于一体，铸造幸福文化整合资源，润物无声，营造和谐的内部育人生态，营造和谐的外部育人生态。

3. 具体实施

第一阶段（2018.10—2019.9为规划年）重在加强学习，更新教育观念，准确理解"幸福教育"品牌建设的内涵，在调研基础上，做好学校发展整体规划及相应的基础性工作。包括：

（1）对学校目前的德育工作进行全面、深入的调查。对学校德育队伍现状以及学生思想道德等方面进行现状调查，在对学校德育现状总体做出客观评价的基础上，探索解决问题、提升学校德育能力和水平的途径和方法，打造学校的德育特色。

（2）抓好班主任队伍建设，建立班主任队伍科学管理的机制，抓好"选拔、培训、激励"这三个环节，通过上岗培训、师徒结对、班主任例会、德育研讨、优秀班主任评选（卓越班主任、模范班主任、十佳班主任、先进班集体、名班主任推荐）等有效方式，努力打造一支"讲奉献、素质优、业务精"而有幸福感的德育队伍。

（3）加强班级文化建设。包括班级形象、班级精神、班级凝聚力、班级目标、班级制度、团队意识、班级文化活动等。目前，主要让学生深入领会"幸福教育"的内涵，从而在班级环境文化建设、班级制度文化建设、班级精神文化建设入手，打造"幸福班级"。

（4）加强教师队伍建设。转变观念，提升认识，树立变中求发展、特色中求发展的思想，提高教职员工对特色学校发展理念认同感。

（5）探索校本课程的开发。完善"科组—年级"集体备课制度，建立学校、科研小组、教师个人教科研工作三级管理体系。

第二阶段（2019.10—2020.9为发展年）全面落实"十三五"发展规划，重在分步实施办学发展规划，完善学校特色教育体系，逐渐提高办学综合效益，提升"幸福教育"品牌内涵，实现办学效益最大化。包括：

（1）全面铺开"幸福教育"特色系列活动；校内校外活动通过岗位设置、班级自主管理的体验活动，培养学生自主管理能力；整合校内外资源，利用好社区文化支架，组织实施各类生涯规划活动；加强培育学生领袖，引导学生社团开展工作；积极开展好团校、学生会工作，实施年级德育工作目标。

（2）活动方面，根据试行情况，完善"幸福学子""幸福班级"的评选细则，加大宣传力度，发挥榜样的辐射作用；加强班主任的学习、培训与交流；重视、发挥学生领袖、学生社团的作用，创建特色广播节目，表扬先进，树立榜样。

（3）教师队伍建设方面，创新并完善师德评价体系，围绕打造"和善之师"，开展丰富多彩的师德教育活动；采取有效措施，充分调动教师工作热情和积极性，树立良好的师德形象，评选"幸福教师"，发挥榜样的辐射作用。

（4）校本课程开发方面，建立组织，现状分析，目标拟定，方案编制，解释实施，评价修订。校本课程既要关注教师的专业发展，也要关注学生在学习之后所获得的能力和态度，是否达到"幸福教育"的预期目标。

第三阶段（2020.10—2021.10为提高年）开始制定和落实"十四五"发展规划，总结发展规划实施情况，彰显学校特色，实现学校"幸福教育"的培养目标，为学校后续发展、规划做铺垫。包括：

（1）进一步丰富"幸福教育"品牌的德育内涵，总结德育活动开展的经验，将行之有效的活动不断创新延续。

（2）建立"幸福生涯规划"品牌，总结生涯规划中的经验；"幸福学子""幸福教师""幸福班级"评比活动常态化；加强广播站、校园橱窗等宣传平台建设，使学生德育活动宣传动态化，扩大特色教育的影响力。

（3）教师队伍建设，根据不同的发展层次和发展需求，确定学科带头人培养对象、区级名师培养对象、市级优秀班主任培养对象，进行教师队伍梯队建设。

（4）教学科研方面，收集校本教材的使用情况资料、评价情况资料，组织修订小组，着手校本教材的修订工作。强化校本课题研究，逐渐提炼、升华教科研成果。

（5）通过走出校门，走进社区，扩大"幸福教育"品牌在区域内的影响力。

第五章

学科核心素养与教学改革

学科核心素养是学生通过学科学习之后而逐步形成的正确价值观念、必备品格和关键能力。学科核心素养厘清了学科课程的育人目标，指明了学科教学与评价的方向，规划并引领了学科教育教学实践，是学科育人价值的集中体现，在落实立德树人根本任务、发展素质教育中有着独特贡献。

一、学科核心素养：教学改革之魂

社会发展对人才培养提出了新的要求，培养具有批判思维与创新意识、跨学科视角解决问题能力、团队合作等核心素养的人才，成为各国教育改革关注的焦点，以核心素养为取向的世界基础教育课程改革，已成大势所趋。[①]学科核心素养是知识与技能、过程与方法、情感态度与价值观三维目标的整合与提升，是学科育人价值的集中体现。[②]值得关注的是，教学改革大多不是结果取向的实践，而需经历艰难蜕变的过程。如何直面课堂教学实践中存在的现实问题，探索教学改革的发展方向与实践路径，积极

---

① 林崇德. 学生发展核心素养：面向未来应该培养怎样的人？[J]. 中国教育学刊, 2016（06）：1—2.

② 张华. 论核心素养的内涵[J]. 全球教育展望, 2016, 45（04）：10—24.

推进核心素养的培育，成为中小学课堂教学改革的关键问题。

（一）核心素养：教学改革的新阶段

1. 核心素养教育的全球经验

自1997年以来，经济合作与发展组织（OECD）、联合国教科文组织（UNESCO）、欧盟（EU）等国际组织先后开展关于核心素养的研究。受其影响，美国、英国、法国、德国、芬兰、日本、新加坡等也积极开发核心素养框架。这里，以下主要介绍几个代表性国际组织和美国、日本所研发的核心素养框架。

1997年12月，经济合作与发展组织（OECD）启动了"素养的界定与遴选：理论和概念基础"项目，确定了3个维度9项素养。其一，使用工具进行沟通的能力（使用语言、符号和文本沟通互动的能力；使用知识和信息沟通互动的能力；使用技术沟通互动的能力）。其二，能在异质群体中进行交流的能力（构筑与他者关系的能力；团队合作能力；处理与解决冲突的能力）。其三，自律地行动的能力（在复杂的大环境中行动与决策的能力；设计与实施人生规划、个人计划的能力；伸张自己的权益、边界与需求的能力）。2006年12月，欧盟（EU）通过了关于核心素养的建议案，核心素养包括母语、外语、数学与科学技术素养、信息素养、学习能力、公民与社会素养、创业精神以及艺术素养等八个领域，每个领域均由知识、技能和态度三个维度构成。这些核心素养作为统领欧盟教育和培训系统的总体目标体系，其核心理念是使全体欧盟公民具备终身学习能力，从而在全球化浪潮和知识经济的挑战中能够实现个人成功与社会经济发展的理想。2013年2月，联合国教科文组织（UNESCO）发布报告《走向终身学习——每位儿童应该学什么》。该报告基于人本主义的思想提出核心素养，即从"工具性目标"转变为"人本性目标"，使人的情感、智力、身体、心理诸方面的潜能和素质都能通过学习得以发展。在基础教育阶段，尤其重视身体健康、社会情绪、文化艺术、文字沟通、学习方法与认知、数字与数学、科学与技术等7个维度的核心素养。

早在2002年，美国21世纪技能联盟（P21）就研制了《21世纪核心素养框架》，2007年正式发布该框架的更新版本。该框架以核心学科为载体，确立了3项技能领域，每项技能领域下包含若干素养要求，包括：（1）学习与创新技能，包括批判性思维和问题解决能力、创造性和创新能力、交流与合作能力；（2）二是信息、媒体与技术技能，包括信息素养、媒体素养、信息交流和科技素养；（3）三是生活与职业技能，包括灵活性和适应性、主动性和自我指导、社会和跨文化技能、工作效率和胜任工作的能力、领导能力和责任能力。各种素养及其相互之间的关系如图5-1所示。①

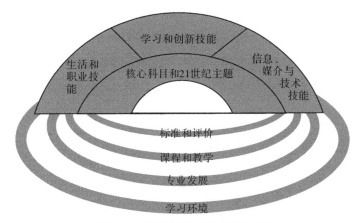

图5-1　21世纪学生技能与支持体系图

2013年，日本国立教育研究所也提出了本国的"21世纪核心能力"框架。与美国有所不同，该框架从作为生存能力的德、智、体所构成的素质与能力出发，要求在凝练学科素养与能力的同时，以"思考力"作为核心，与支撑思考力的"基础力"（语言力、数理力、信息力）和运用知识与技能的"实践力"，共同构成核心素养的三层结构。②（图5-2）

①　张义兵. 美国的"21世纪技能"内涵解读——兼析对我国基础教育改革的启示［J］. 比较教育研究，2012，34（05）：86—90.

②　［日］森敏昭. 21世纪学习的创造［M］. 京都：北大路书房，2015：31—32+133.

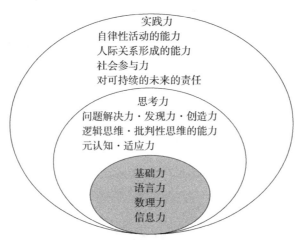

图5-2　日本21世纪学生技能与支持体系

2. 中国学生发展核心素养

为了迎接全球化、信息化时代的机遇与挑战，培养适应社会发展、推动社会进步的时代新人问题，我国亦于2014年正式启动学生发展核心素养研发项目。项目团队经过研究，最终以人的全面发展为核心，把中国的学生发展核心素养确定为3个维度、6个要素、18个基本要点。"3个维度"分别是文化基础、自主发展、社会参与，表现

图5-3　中国学生发展核心素养框架

为人文底蕴、科学精神、学会学习、健康生活、责任担当、实践创新"6个要素"（图5-3），各个要素又可区分若干"基本要点"，由此构成中国学生发展核心素养的内容体系（表5-1）。①

---

① 核心素养研究课题组. 中国学生发展核心素养［J］. 中国教育学刊，2016（10）：1—3.

表5-1 中国学生发展核心素养内容体系

	核心素养	基本要点	主要表现描述
文化基础	人文底蕴	人文积淀	重点是：具有古今中外人文领域基本知识和成果的积累；能理解和掌握人文思想中所蕴含的认识方法和实践方法等。
		人文情怀	重点是：具有以人为本的意识，尊重、维护人的尊严和价值；能关切人的生存、发展和幸福等。
		审美情趣	重点是：具有艺术知识、技能与方法的积累；能理解和尊重文化艺术的多样性，具有发现、感知、欣赏、评价美的意识和基本能力；具有健康的审美价值取向；具有艺术表达和创意表现的兴趣和意识，能在生活中拓展和升华美等。
	科学精神	理性思维	重点是：崇尚真知，能理解和掌握基本的科学原理和方法；尊重事实和证据，有实证意识和严谨的求知态度；逻辑清晰，能运用科学的思维方式认识事物、解决问题、指导行为等。
		批判质疑	重点是：具有问题意识；能独立思考、独立判断；思维缜密，能多角度、辩证地分析问题，作出选择和决定等。
		勇于探究	重点是：具有好奇心和想象力；能不畏困难，有坚持不懈的探索精神；能大胆尝试，积极寻求有效的问题解决方法等。
自主发展	学会学习	乐学善学	重点是：能正确认识和理解学习的价值，具有积极的学习态度和浓厚的学习兴趣；能养成良好的学习习惯，掌握适合自身的学习方法；能自主学习，具有终身学习的意识和能力等。
		勤于反思	重点是：具有对自己的学习状态进行审视的意识和习惯，善于总结经验；能够根据不同情境和自身实际，选择或调整学习策略和方法等。
		信息意识	重点是：能自觉、有效地获取、评估、鉴别、使用信息；具有数字化生存能力，主动适应"互联网+"等社会信息化发展趋势；具有网络伦理道德与信息安全意识等。
	健康生活	珍爱生命	重点是：理解生命意义和人生价值；具有安全意识与自我保护能力；掌握适合自身的运动方法和技能，养成健康文明的行为习惯和生活方式等。
		健全人格	重点是：具有积极的心理品质，自信自爱，坚韧乐观；有自制力，能调节和管理自己的情绪，具有抗挫折能力等。
		自我管理	重点是：能正确认识与评估自我；依据自身个性和潜质选择适合的发展方向；合理分配和使用时间与精力；具有达成目标的持续行动力等。

续表

	核心素养	基本要点	主要表现描述
社会参与	责任担当	社会责任	重点是：自尊自律，文明礼貌，诚信友善，宽和待人；孝亲敬长，有感恩之心；热心公益和志愿服务，敬业奉献，具有团队意识和互助精神；能主动作为，履职尽责，对自我和他人负责；能明辨是非，具有规则与法治意识，积极履行公民义务，理性行使公民权利；崇尚自由平等，能维护社会公平正义；热爱并尊重自然，具有绿色生活方式和可持续发展理念及行动等。
		国家认同	重点是：具有国家意识，了解国情历史，认同国民身份，能自觉捍卫国家主权、尊严和利益；具有文化自信，尊重中华民族的优秀文明成果，能传播弘扬中华优秀传统文化和社会主义先进文化；了解中国共产党的历史和光荣传统，具有热爱党、拥护党的意识和行动；理解、接受并自觉践行社会主义核心价值观，具有中国特色社会主义共同理想，有为实现中华民族伟大复兴中国梦而不懈奋斗的信念和行动。
		国际理解	重点是：具有全球意识和开放的心态，了解人类文明进程和世界发展动态；能尊重世界多元文化的多样性和差异性，积极参与跨文化交流；关注人类面临的全球性挑战，理解人类命运共同体的内涵与价值等。
	实践创新	劳动意识	重点是：尊重劳动，具有积极的劳动态度和良好的劳动习惯；具有动手操作能力，掌握一定的劳动技能；在主动参加的家务劳动、生产劳动、公益活动和社会实践中，具有改进和创新劳动方式、提高劳动效率的意识；具有通过诚实合法劳动创造成功生活的意识和行动等。
		问题解决	重点是：善于发现和提出问题，有解决问题的兴趣和热情；能依据特定情境和具体条件，选择制订合理的解决方案；具有在复杂环境中行动的能力等。
		技术应用	重点是：理解技术与人类文明的有机联系，具有学习掌握技术的兴趣和意愿；具有工程思维，能将创意和方案转化为有形物品或对已有物品进行改进与优化等。

（二）学科核心素养

核心素养主要涉及的是教育目的，是关于培养什么样的人的问题。而学科育人则体现的是怎样培养人的问题。学科核心素养就是培养什么样的人在学科育人路径中的具体体现。

1. 学科核心素养的特点

学科核心素养是核心素养在学科中的体现或具体化，核心素养是学科核心素养的提炼和抽象。与核心素养相比，学科核心素养具有这样几个特点：

第一，学科性。学科是学校课程的基石，每门学科都有其特殊性。学科核心素养是学科本质和教育价值的体现。学科本质乃是一门学科区别于其他学科的根本属性，主要体现在：一是学科的研究对象和基本问题，二是核心的学科概念与范畴，三是基本的学科方法与思想，尤其是学科思维方式，四是核心的学科价值与精神。同时，"每个学科对学生的发展价值，除了一个领域的知识以外，从更深的层次看，至少还可以为学生认识、阐述、感受、体悟、改变这个自己活在其中，并与其不断互动着的、丰富多彩的世界和形成、实现自己的愿望，提供不同的路径和独特的视角、发现的方法和思维的策略、特有的运算符号和逻辑；提供一种唯有在这个学科的学习中才可能获得的经历和体验；提供独特的学科美的发现、欣赏和表达能力。"①

第二，基础性。基础教育的本质就在于它的基础性，在于它能够为学生的终身发展"打下地基"，成为其生命自由生长的"培养基"。核心素养意味着其地位的基础性，是其他素养发展的基础，而学科是基础教育中的基础，是中小学实现人的全面发展的主要路径。基于学科培养核心素养，使学科核心素养融入学生的综合素质之中，是基础教育应该追求的。

第三，发展性。学科核心素养是人应具备的素养，是使人生活得更美好、更有意义、更有发展潜能、更有发展空间的素养，是促进社会健康发展和持续进步的"软实力"，因而不能局限于为了学科学习或为了成为学科后备人才所需要的学科知识技能诸方面。学科核心素养是通过学科教育和学生学习才能获得的素养，需要在不断地学习和成长中逐渐得到提升。

2. 学科核心素养举例

学科核心素养是学科育人价值的集中体现。学科性质及其目标、内容

---

① 叶澜. 重建课堂教学价值观［J］. 教育研究，2002（05）：3—7+16.

体系不同，其所蕴含的学科核心素养也不相同。以生物学学科为例，其核心素养包括生命观念、科学思维、科学探究和社会责任。

（1）生命观念

"生命观念"是指对观察到的生命现象及相互关系或特性进行解释后的抽象，是人们经过实证后的观点，是能够理解或解释生物学相关事件和现象的意识、观念和思想方法。学生应该在较好地理解生物学概念的基础上形成生命观念，如结构与功能观、进化与适应观、稳态与平衡观、物质与能量观等；能够用生命观念认识生物的多样性、统一性、独特性和复杂性，形成科学的自然观和世界观，并以此指导探究生命活动规律，解决实际问题。

（2）科学思维

"科学思维"是指尊重事实和证据，崇尚严谨和务实的求知态度，运用科学的思维方法认识事物、解决实际问题的思维习惯和能力。学生应该在学习过程中逐步发展科学思维，譬如：能够基于生物学事实和证据运用归纳与概括、演绎与推理、模型与建模、批判性思维、创造性思维等方法，探讨、阐释生命现象及规律，审视或论证生物学社会议题。

（3）科学探究

"科学探究"是指能够发现现实世界中的生物学问题，针对特定的生物学现象，进行观察、提问、实验设计、方案实施以及对结果的交流与讨论的能力。学生应在探究过程中，逐步增强对自然现象的好奇心和求知欲，掌握科学探究的基本思路和方法，提高实践能力；在探究中，乐于并善于团队合作，勇于创新。

（4）社会责任

"社会责任"是指基于生物学的认识，参与个人与社会事务的讨论，作出理性解释和判断，解决生产生活问题的担当和能力。学生应能够以造福人类的态度和价值观，积极运用生物学的知识和方法，关注社会议题，参与讨论并作出理性解释，辨别迷信和伪科学；结合本地资源开展科学实践，尝试解决现实生活问题；树立和践行"绿水青山就是金山银山"的理念，形成生态意识，参与环境保护实践；主动向他人宣传关爱生命的观念和知识，崇尚健康文明的生活方式，成为健康中国的促进者和实践者。

学科核心素养是学生在学科学习过程中逐渐发展起来的。学科核心素养的培养，应贯穿于不同学科的教材编写、课堂教学和考试评价之中。

（三）基于学科核心素养的教学观念重构

1. 教学目标：从知识本位向育人回归

核心素养要求教育者关注"教育要培养什么样的人"，基于此目标来勾勒新时代人才培养的规划。这一超越认知发展的内涵，对以知识为中心的课堂敲响了警钟，促成课堂颠覆传统"双基论"的教学目标倾向，实现课堂教学价值目标的理解和超越。教学目标应当体现出全人教育的理念，突破行为主义层面的要求，将情感态度与知识能力都纳入价值考量之中。这不仅契合我国传统文化"教人成人"或"成人之学"的特色育人观，还适应了世界各国对新时代学力与学习面临转型的挑战。那么，追求核心素养本位的教学目标应当是怎样的呢？有学者基于对学科核心素养在知识理解、知识迁移、知识创新3个层面的区分，提出课堂教学"要突破囿于'知识理解'层面的传统教学模式，实现发展学生核心素养的教学目标"。这就要求，一方面，教学目标的设置，要突破"双基论"和"三维目标"的局限，通过挖掘核心素养的学科内涵，对教学目标分层设置，便于教师把握与理解；另一方面，则需要阐明知识在核心素养培养中的地位和意蕴，对知识的理解进行新的诠释，要求教师跳出学科知识和技能的樊篱，关注学科背后的人，为从核心知识向核心素养的过渡提供框架。

2. 教学内容：从全面覆盖到关键少数

基于核心素养的课程改革不再追求细枝末节的事实性知识和面面俱到的结论性知识，转而强调"关键少数"的重要作用，即通过关键少数的突破和发展，带动学生综合能力的整体提升。这种"少即是多"的课程组织原则，具化到课堂教学，必然在学习内容上呈现出"典型取向"：通过典型内容的学习，使学生经历典型的探究过程，尝试典型的学习方法与策略，获得典型的情感体验，最终实现素养的显著提升。①

2017年修订的高中课程标准，对各学科的课程内容和结构都进行了较大幅度的调整，呈现出从追求全面覆盖向选取典型内容转型的趋势。以生物学科为例。该学科的课程设计和实施追求"少而精"的原则，必修和选择性必修课程模块的内容，都是围绕几个大概念予以展开，内容要求基于大概念，即描述具有学科逻辑、符合高中生认知特点的重要概念，形成课程内容框架。大概念包括对原理、理论的理解和解释，是生物学科知识的主干部分。②用大概念构建课程内容框架，淡化了细枝末节的内容，降低了对记忆背诵的要求，强调对重要概念的深入理解，为深度学习留出了更多空间，是课程内容少而精的保障。③

在教学中，教师围绕大概念组织并开展教学活动，能有效地提高教学效益，有助于学生对知识的深入理解和迁移应用，发展学科核心素养。

3. 教学方式：从单向传递到建构分享

21世纪以来，课堂教学的实然状态发生了很大改变。但从备受批评的"满堂灌"到"满堂问"再到"满堂转"，似乎都与人们预期相差甚远。照本宣科、枯燥无味地讲授，肯定不利于学生自主建构，即使教师精心备课并声情并茂地用讲授法授课，表面上课堂更生动活泼了，但其实质依然是从教师的问题（T—Q）到教师的答案（T—A），没有改变学生被动接受知识的事实。随着改革的推进，大力倡导新的教学方式，教师开始以把问题抛给学生去解决为"自主"，以课上小组讨论为"合作"，以补充若干文献材料让学生归纳分析为"探究"。即使如此，教学最终还是要归结到预设的答案上来，并没有通过教学方式的变革，真正培养学生的发散性思维，遑论实践能力和创新精神的培养。

实践活动具有综合性、发展性、情境性，是培育学生核心素养的有效

① 李煜晖，郑国民. 核心素养视域下的中小学课堂教学变革［J］. 教育研究，2018，39（02）：80—87.

② 中华人民共和国教育部. 普通高中生物学课程标准（2017年版）［S］. 北京：人民教育出版社，2020.

③ 刘恩山，刘晟. 核心素养作引领 注重实践少而精——《普通高中生物学课程标准》修订思路与特色［J］. 生物学通报，2017，52（08）：8—11.

途径，也是转变教学方式的重要转向。追求教学方式的实践取向，可从课堂权力下放和倡导任务驱动式学习两个层面展开。首先，要摆脱以教师为中心的观念，在教学活动中赋予学生一定程度的决策权和选择权，例如，让每个学生都能够参与到教学方案的制订和学习活动的组织中来，从自身的真实问题出发逐步探究未知领域，等等。在探究活动中，学生可以根据自己的能力水平和实际需要选择学习方法，自主安排学习进度，并用擅长的方式展示学习结果。

其次，任务驱动是学生实践活动的支点。组织学生在情境中参与学科课题的探究并完成相应的学习任务，任务视其大小难易，可以是专题本身，即研究一个小课题可以视为一个任务；也可以作为研究专题的有机组成部分，循序渐进地出现于专题探究的过程之中。学生在情境中探究问题、完成任务的过程，是建构知识的过程，也是学习成果的形成过程。这些学习成果为学科学习留下了痕迹，成果的数量和质量为表现性评价的实施提供了有力支撑。更为重要的是，成果形成过程离不开同伴之间的合作，成果本身更需要及时交流和分享，这样就倒逼课堂教学不能依赖教师的单向传递，从而加速班级组织向学习共同体的迈进。

4. 教学评价：从学科本位向学生发展本位转变

根据课程标准实施基于核心素养的评价，是教学评价改革的重要举措。这种举措改变了评价关注的重心，强调对学生发展核心素养进行测量和评价，实现对教学行为的有效反馈与指导，引导教育从知识教育走向能力教育，进而走向素质教育，从而实现从知识本位、学科本位向学生发展本位为目标的转变。具体表现为：

第一，优化评价方法和评价手段，发挥评价的导向和激励作用。改变传统的评价理念，避免从单一的、过细的学科知识点角度进行教学评价。重视针对学科核心素养能力的评价，而不是传统意义上的学科知识的评价。运用灵活多样的评价手段，激发学生学习兴趣，通过评价引导学生改变学习方式（学习习惯、学习意识、学习态度、学习品质），倡导主动、探究、合作、自主的学习方法，为发展和提高学生终身学习的能力打好基础。

第二，理解学科核心素养与学业质量标准的关系，凸显对核心素养的评价。学科核心素养是以学业质量标准为基础制定的，是质量标准的具体体现形式，是对质量标准的进一步细化。然而，学科核心素养是个体在学习和教育过程中形成或培养起来的内在品质，是无法直接观测的。学科核心素养通过学生在应对复杂的真实情境、在参与相应的探究活动中所表现出来的能力得以体现，所以关注"学习表现"甚至优先于"卷面表现"。

第三，关注学生的个性差异，要处理好评价与学生发展的关系。高中学生在学习和应用知识的能力水平、学习风格和发展需求等方面差异较大，评价要正视这种差异。明确评价的育人价值，倡导在评价中关注学生的个体差异和发展需求，帮助学生认识自我、建立自信，改进学习方式，促进学科核心素养的形成。为此，教学评价既要有利于促进学生在原有基础上的提高，更要发现学生的潜能和特长，还要了解学生发展中的要求，使评价关注到每一位学生的健康成长和全面发展。

二、学科核心素养与教学方式变革

改革开放40年以来，我国的基础教育改革经历了由重"双基"到突出"三维目标"再到强调"核心素养"三个阶段。特别是进入21世纪以来，这种转变尤其显著。新世纪出启动的新课程改革，令中小学教学改革开始由"双基"本位转向三维目标本位，其进步性体现在将目标由一维（知识-技能）向三维（知识-技能、过程-方法、情感-态度-价值观）进行扩充。三维目标的有机整合，意味着教学改革开始关注学生在学习过程中的情感、方法及其习得。近些年来，由三维目标走向学科核心素养，则是素质教育在课堂教学中的进一步落实。

以学科核心素养为导向的课堂转型，是当下基础教育课程改革的重点。教学方式的改变，则是课堂转型落地的重要环节。中小学课堂教学，必须基于有利于学生发展的长远性、发展性目标，以学科核心素养为"筛子"，甄选出能够提升素养的最佳教学方式，由浅层的、工具性教学转向深层的、人本性教学。

（一）传统教学方式的局限

长期以来，中小学课堂教学停留于以知识为中心的应试诉求，学生止步于为知识而学的表层学习，教学在追求效率的泥潭中几乎是越陷越深，全面发展的育人目标和立德树人这一根本任务难以得到落实。此种教学状况存在着这样几方面的问题：

1. 脱离生活情境

灌输式的知识教学，使得知识脱离学生生活，学生较少进行批判性、创造性思考。这些知识类似于英国教育家怀特海（Whitehead）在《教育的目的》一书中所提到的"惰性知识"，即那些只是记住但在生活里从来不用、也不知道怎么用的知识。为了高效率地追求知识的获得，教师教得辛苦，学生学得疲倦，学生不会令所学知识发生迁移，更不会将之运用于实践之中，以求解释或解决某种问题。其实，教师的教与学生的学是两码事，要使教学变得"有用"，便需要联系真实的情境，让学生明白知识去往哪里，可以用在什么地方，从而切实体会到学习意义之所在。核心素养下的教学，需要回归知识之本真，将知识和生活有机联系起来，让学生能够用所学知识解决真实的生活情境问题。

2. 忽视能力素养

基于有利于考试和升学的考量，教学常以学科知识为中心，学生以接受基于教材的零散的、缺少关联性的碎片化知识为主，缺少思维力、判断能力、表达能力的训练。这种学习仅停留于知识传递过程，知识建构并未真正发生，对于促进学生发展，局限性甚大。以学科知识为本位的教学，培养出来的学生是知识的记诵者；以能力与素养为本位的教学，培养出来的则是问题的探究者和解决者。然而，未来社会期许的教育，不是"记忆答案的教育"，而是每一个人"创造答案的教育"。[①]学科知识为本的教学，再已无法满足未来人才培养的需要。

3. 以教师为中心

中小学的学科知识体系庞杂，课程标准所体现的学科知识体系，显然

---

① 钟启泉. 能动学习：教学范式的转换［J］. 教育发展研究，2017，37（08）：62—68.

难以全部企及。为了使学生尽可能掌握书本知识，教师把有限的时间主要用于教科书内容的教授及其拓展性训练，无暇顾及基于知识的能力培养，学生的差异性需求和个性化发展更是得不到关注。在以效能为导向的课堂教学中，教师更是扮演着掌控者的角色，学生成为被动的接受者。教师主导的课堂，虽然传递知识的效率高，但学生的参与度却很低，更多的是一种被动学习。

4. 学科之间相互割裂

长期以来，中小学教学以分科课程为主，课程又有主科与副科之分。以学科知识体系为课程发展的逻辑体系，那么一定会产生出分科课程；反之，以儿童的发展或是社会的需求为课程发展的逻辑体系，那么一定会产生出跨学科或超学科的课程。[①]分科课程使得学科边界过于清晰，学科之间的内在联系被割裂，必然使得学生解决问题的思路局限于单一学科，不利于学生的整体性思维的发展。

（二）学科核心素养下教学方式的立足点

1. 以学科素养为原点

（1）学科本质——大观念

在知识识记或技能训练中，学科知识是零散的、固定的，学生由于缺少进行深入理解和探究知识的机会，所获得的往往是浅层次能力，而学科观念则是抽象的、联系的、变化的，学科观念超越了学科事实，让学生从"学科专家"的角度进行思考，所以可迁移、可运用，能够用于解决新问题。[②]大观念是随着学科内容螺旋上升，在发展学生建构知识与迁移拓展的能力中形成的，并非一蹴而就。

大观念的"大"，指向的是"学科核心"。国外学者认为，所谓"大观念"，指的是出于课程学习中心位置的观念、主题、辩论、悖论、问题、理论或者是原则等，能够将多种知识有意义地联结起来，是不同环境

---

① 邵朝友. 指向核心素养的逆向课程设计［M］. 上海：华东师范大学出版社，2019：23.

② 张华. 论学科核心素养——兼论信息时代的学科教育［J］. 华东师范大学学报（教育科学版），2019，37（01）：55—65+166—167.

中应用多种知识的关键。①大观念的理解与运用，指向学生的素养形成，学生理解、把握大观念的过程，则是掌握学科框架脉络、深入探究学科本质的过程。教师通过探究与合作的过程，引导学生习得与深化大观念，将知识的模糊感知转为理性思考，从而进行观念的自我构建。此外，学科大观念是持久的。即使学生离校多年后，可能遗忘具体的事实性知识，其所形成的大观念却不易忘记，并能够用来解决真实生活情境中的问题。

（2）跨学科视角——学科群

跨学科基于"完整的人"的角度出发，是培养学生学科核心素养的方向。核心素养下的学科群，可分为语言学科群、数理学科群、STEAM学科群。学科群的结合，保留了各个学科的特征，同时又进行问题的探究。学科群之间并不是随意结合而组成的教学内容，而是基于项目、主题活动、内在逻辑予以切入，致力于在不同学科之间建立内在联系。

2. 以生态课堂为基点

生态课堂把整个课堂作为一个生态系统，强调系统各因素之间的良性互动，关注师生关系，关注各项影响教学效果的条件。②生态课堂重视师生间良好的关系与生生间的交流。同时，在教学方式的选择上，生态课堂非常重视学生的全方面发展，强调尊重他们的个性，培养他们的创造性。

（1）师生关系共依共存

教学活动的顺利开展，需要以师生之间的良性互动为前提。课堂便是一个完整的生态系统。这个生态系统是教师、学生、教学内容、环境等各要素的相互关联、相互作用而形成的，是师生在安全且开放的环境中，围绕教学内容，多维互动的过程，也是学生在教师引导下主动对知识和信息进行自主建构的过程。③在生态课堂中，师生之间、生生之间都会发生多元、多级、多向、多层次和多维度的互动关系，④课堂因而成为教师智慧、

---

① Grant Wiggins , Jay McTighe . Understanding by Design, Expanded 2nd Edition［M］. Association for Supervision and Curriculum Development，2005：66—78.

② 陈睿. 生态课堂的模式构建［J］. 教学与管理，2019（03）：7-9.

③ 高瑞红. 基于生态课堂理念的学校课堂文化建构［J］. 中国教育学刊，2019（05）：107.

④ 岳伟，刘贵华. 走向生态课堂——论课堂的整体性变革［J］. 教育研究，2014，35（08）：99—106+134.

学生主体精神充分展现的场所，可以更好地促进师生的共同发展。

（2）课堂环境民主开放

生态课堂重视生命的完整性、能动性，寄望于学生在课堂民主、开放的生态情境中实现生命的整全发展。民主性的课堂是学生作为课堂主体的精神交流场所，为他们提供发散性思维的舞台，帮助他们挖掘潜能、展示个性。在这样的课堂中，教师在教学中实现生命的价值，满足自我实现的需要；学生享受学习探究的快乐，感受生命的惊喜，积累生命的体验。[①]此类生成性的、具有生命气息的课堂，有助于实现学生各方面的可持续发展。

3. 以单元设计为支点

根据时间跨度与内容范围，教学设计可分为学年教学设计、学期教学设计、单元教学设计与课时教学设计。钟启泉教授认为，单元设计是撬动课堂转型的一个支点，"核心素养—课程标准（学科素养/跨学科素养）—单元设计—课时计划"，是课程发展与教学实践中环环相扣的链环，也是发展学生核心素养的必然路径。[②]一线教师必须基于核心素养进行单元教学设计。核心素养下的"大单元"，并非平时所说的教材内容单元，而是整合结构化的知识与协调课时教学逻辑的学习单元。"大单元"的"大"，指的是基于学科核心素养的大观念、大项目、大任务、大问题的设计。[③]大单元教学以大概念为统领，整合教材单元的学习内容与真实情境，以单元任务为驱动，以单元活动为主线进行教学。

大单元设计的特点表现在：一是大情境，用以链接学生生活与单元教学内容。大单元的教学情境有别于单篇课文教学的情境。传统的课堂中，教法重在导入环节创设教学场景、调动学生的情感进行教学；大单元下的情境，则是在单元学习的内容上创建与学生的生活经验相关的活动，通过具体的活动串联单元内容，使整个教学过程围绕这一教学情境进行。二

① 袁丹，田慧生. 有效教学的生命向度［J］. 中国教育学刊，2013（08）：40—44.

② 钟启泉. 单元设计：撬动课堂转型的一个支点［J］. 教育发展研究，2015，35（24）：1—5.

③ 崔允漷. 如何开展指向学科核心素养的大单元设计［J］. 北京教育（普教版），2019（02）：11—15.

是大任务，即任务导向的深度学习。在单元情境教学中，要让学生真正融入到课堂教学中，就需要让他们主动参与课堂活动，在做中学，在合作中学。大任务指向学生的语言实践活动，强调在"做"中、在探究中掌握和运用知识，提高综合素养。

4. 以网络平台为辅助路径

随着物联网、5G、大数据、云计算等信息技术的发展，以数据化、智能化为特征的新一代信息技术，搭建了支持教学全过程的网络技术平台，为学生学习提供了资源、工具、平台，使得线上线下混合式学习更便捷、更高效，优化了教学环境。

（1）平台优势促教学互动

网络教学是课堂教学的延伸，为传统的教学方式赋能。借助网络平台，课堂教学可实现师生间的互动多元化，可在课堂教学之外的任意时间里跨越空间与场地进行教学。此外，网络平台突破语言与文化障碍，可随时随地获取世界各地的教育资源。借助庞大的信息技术网络，教师可获取学生的学习信息与学习状态，为教师精准教学设计、精准教学决策、精准教学评估等，提供技术支持。

（2）精准推送提高教学效率

网络平台可以提供形式多样的媒体资源，有利于学生便捷获取信息，并提供直观的教学内容。教师可以运用信息技术分析学生的学习数据，可以推送更适宜学生个体的教学资源，最大限度地满足个性化需求，促进创新型人才的培养。

（三）基于学科核心素养的教学策略

1. 学科核心素养与情境式教学

中国教育家叶圣陶先生曾经说过："教育的最后目标却在种种境界的综合，就是说，使各个分立的课程所发生的影响纠结在一块儿，构成个有机体似的境界，让学生的身心都沉浸其中。"学科核心素养的培育离不开情境，因为情境能打通知识与生活，促进学生在情境中感悟思考、交流展示，从而获得真实学习的意义，进而产生学习迁移。所谓情境式教学，就是"择美构境，境美生情，以情启智，把情感活动与认知活动结合起来，引导儿童在境中学、思、行、冶的儿童情境学习范式"。①

【情境式教学设计案例】

基于情境的价值判断和价值选择②

师：改革开放发展到今天，我们在现实生活中面临着许多以前从未遇到过的"两难选择"。

【情境设置】"品牌选择之争"

面对国产品牌与外国进口品牌，我们该如何选择？

网友"早茶月光"：国外品牌手机的质量就是好，国产的东西质量都太差，我家的家电、日用品都是外国品牌！外国品牌——买、买、买！

网友"八月飞火"：西方人欺人太甚，买"洋货"的就是卖国贼！要买就买国货，外国品牌——坚决抵制！

师：面对这样的判断和选择，你赞同谁的观点？谈一谈自己的看法。

【教学反思】

价值判断和选择的特点和标准是本课的教学重点。相应地，在情境探究教学中，提升学生理智、自主、反思等思维品质和行为特征，即理性精神，是学科核心素养的重要维度。学会用辩证唯物主义和历史唯物主义的基本观点分析社会生活中的各种现象，特别是理性判断和辨析一些非理性和情绪化的观点，感悟解放思想、实事求是、与时俱进的意义和价值，从而达成增强理性精神的学科核心素养培育目标。

---

2. 学科核心素养与深度学习

信息时代的到来，要求学生必须改变学习方式，需要更加凸显思维建构与实践探究。学科核心素养下的教学，需要由浅层学习转向深层学习。

深度学习起源于机器学习领域的人工神经网络研究，指的是"学习者以高阶思维的发展和实际问题的解决为目标，以整合的知识为内容，积极主动地、批判性地学习新的知识和思想，并将它们融入原有的认知结构，且能将已有的知识迁移到新的情境中的一种学习。"③与浅层学习不同，深度学习指向高阶思维，包括批判性思维、创造性思维与问题解决能力、学会自主学习与终身学习，以及基于高阶思维的个人成长中的自我认知与

---

① 李吉林. 中国式儿童情境学习范式的建构［J］. 教育研究，2017，38（03）：91—102.

② 邹幸. 学科核心素养立意下的情境探究教学——以"价值判断和价值选择"教学设计为例［J］. 思想政治课教学，2017（11）：25—28.

③ 何玲，黎加厚. 促进学生深度学习［J］. 现代教学，2005（05）：29—30.

自我调整、人生规划与幸福生活，还有社会性发展中的沟通与合作、领导力、跨文化与国际理解、公民责任与社会参与的通用素养。[①]

基于深度学习的教学，可以越过表层的知识符号，挖掘知识背后的逻辑与意义，促进他们自主建构知识与意义体系，并强化他们的自我管理、时间管理、自主性、适应性、执行力。学生在其中，可以感受和体验学习活动全过程，可以从学科专家视角思考学科概念，可以真实地感受种种经验。学生的学科核心素养，便在这种全身心投入的学习活动中得以达成。

【基于深度学习的教学案例】
情绪的管理[②]

统编《道德与法治》七年级下册第四课第二节"情绪的管理"。

核心素养目标：珍爱生命、健全人格、自我管理、理性精神等。

情感态度价值观：通过学习情绪的调控与表达，体会情绪表达对人际关系的影响，感受社会主义核心价值观。

过程与方法：通过创设情境、课堂情景剧表演、师生谈话、现场采访等方式，创设深度学习环境，努力达成教育教学目标。

活动一：现场采访"今天的心情"。

活动二："分享开心事"，学生纷纷联系自身生活，说说最近开心的事。

活动三：观看视频《地铁上的笑声》，启发学生思考"它给我们哪些启迪"。

活动四：学习情绪感染理论，引导学生理解情绪产生的原因。

活动五：学生表演"笑"，教师追问：我们在表达喜悦欢快的情绪时，需要注意什么？

活动六：学生表演"迷你剧场"，教师设置探讨"我们可以自顾自地表达情绪吗"，学生讨论交流情绪表达要注意的问题，教师接着又追问"我们表达不开心，也要注意这些吗"。

活动七：现场采访"这几天有没有不开心的事"，再追问"遇到这些不开心的事，你的感受是什么？消极情绪有什么危害"。

活动八：观看《怒砸豪车》，学生总结调节情绪的方法。

活动九：观看《踢猫效应》，学生探究"面对消极情绪，我们该怎么办？你有哪些

---

① 曾家延，董泽华. 学生深度学习的内涵与培养路径研究［J］. 基础教育，2017，14（04）：59—67.

② 赵永生. 有深度才有素养［J］. 中学政治教学参考，2020（06）：53—54.

成功的经验"，学生自主学习并归纳管理情绪方法。接着，学生学以致用，成功从材料中辨别情绪调控方法。

活动十：学习心理健康教育知识，学生在汇报这些知识在生活中的运用表现后，教师深度追问"开心的情绪需要调控和管理吗"。

活动十一：情绪管理大家谈——表演"安慰悲伤同学"，追问并探讨"我们管理情绪，体现了哪些素质"。

活动十二：学生谈本课收获和体会；教师展示共勉诗，寄语学生。

【教学反思】

实施与思考：七年级为初中起始年级，道德与法治课程的心理健康教育专业性较强，教材难度不高。实际教学从学生发展的角度出发，结合深度教学的实施，在以下方面做出尝试：基于价值引领的教学，基于真实情境的问题教学，基于高质量问题的教学，基于思辨的教学。

3. 学科核心素养与项目式教学

项目式学习基于美国著名教育家杜威（Dewey）的"做中学"思想和建构主义思想，强调根据儿童的需要进行课程设计。项目式学习指向真实世界中复杂且具挑战性的任务或问题，可以促进学生多元化能力的发展，所以为提升学科核心素养提供了可能。

美国巴克教育研究所把以课程标准为核心的项目学习定义为，"一套系统的教学方法，它是对复杂、真实问题的探究过程，也是精心设计项目作品、规划和实施项目任务的过程，在这个过程中，学生能够掌握所需的知识和技能"。[①]项目学习中的项目内容有5个标准，即：核心（centrality）、驱动性问题（driving question）、建设性调查（constructive investigations）、自主性（autonomy）和真实性（realism）。[②]项目式教学强调基于学科或跨学科内容、根据真实世界中具有挑战性的问题设置驱动性任务。在项目驱动下，学生可以进行探究、沟通与合作，深刻理解核心知识与学习历程，并在小组合作中完成具体任务，制作项目作品，由此培养他们的创新性思维，提高他们的解决问题的能力、协作能力。

---

① 美国巴克教育研究所. 项目学习教师指南：21世纪的中学教学法［M］. 任伟译. 北京：教育科学出版社，2008：4—5.

② 杨丽萍，韩光. 基于项目式学习模式的大学英语学术写作教学实证研究［J］. 外语界，2012（05）：8—16.

　　项目式学习的核心在于，学生历经决策整合的思辨过程和实践探究的体验过程而获取知识。因此，与传统教学不同，项目式教学中师生角色发生了重大转变，学生由接受者转为探究者、发现者，教师则由给予者、传递者转为资源的提供者、学习的引导者、促进者。具体来说，项目式教学具有以下特点：

　　第一，提炼学科或跨学科知识，搭建学习情境。项目式学习的首要前提是教师依据学习者的特点和课程标准，将学科知识进行项目式转化，即把原有以学科为逻辑的课程内容体系，改造成为以项目式学习为内在逻辑的一套完整的教学设计系统，从而展开教学。[①]项目式学习需要设计真实的、情境化的问题解决环境，以便让学生学会知识的迁移，并运用所学知识去解决真实世界问题。

　　第二，以学生为中心，设置驱动性问题。学生是探究主体，项目设置需充分考虑学生的经验和兴趣，要把学生的自身经验与未知世界链接起来。学习的内驱力在于解决驱动性问题，在于体验和厘清所学知识的价值和意义。

　　第三，持续性探究实践，进行全程评估。项目式学习的探究历程并非按部就班，而是让学生在复杂情境中进行灵活的心智转换，是一种包含知识、行动和态度的"学习实践"。[②]为保证项目式学习的实施效果，项目式学习需要进行基于问题解决过程的真实性、综合性评价。

　　第四，形成结构化作品并公开展示。项目式学习的最终任务是需要形成产品，但重心并非落于作品本身，而是借由作品形成过程进行经验反思和作品展示过程中进行成果交流。

---

　　① 李志河，张丽梅. 近十年我国项目式学习研究综述［J］. 中国教育信息化，2017（16）：52—55.

　　② 夏雪梅. 项目化学习设计：学习素养视角下的国际与本土实践［M］. 北京：教育科学出版社，2018：13.

　　③ 杨莉，姜雪燕，王慧. "一站一成都"——四川省成都市东光实验小学项目式学习案例分析［J］. 基础教育课程，2019（06）：11—15.

【跨学科项目式学习案例】

"一站一成都"①

　　"一站一成都"是在学校课题"聚焦学生核心素养的双轨道课程建设实践研究"指引下构建的项目式学习。它着眼于成都地铁每一个站台的不同设计，综合了语言、文化和艺术等多方面知识，是来源于生活的实作类项目式学习。

　　一、项目产生——从主题到项目进行倒推

　　（一）方向：办学理念与"天府文化"相遇

　　（二）主题：文化理解与创意表达碰撞

　　（三）项目：项目主题与学生生活邂逅

　　二、项目设计——以终为始全面规划

　　（一）整体设想（二）项目范围（三）项目分解（四）项目架构

　　三、项目实施——基于理解的深度学习

　　（一）明确挑战，角色体验（二）整体建构，综合学习（三）提供帮助，发展思维

　　四、项目评价

　　（一）评价的两个方面（二）评价的两个阶段（三）评价的三种方式

　　【教学反思】

　　通过"为成都地铁站点进行站台文化设计"的项目活动，引导学生认识与理解家乡文化，促进创意表达，从而培育核心素养。文中以案例的形式介绍了项目的产生、设计、实施与评价各环节。

三、学科核心素养与教学管理调适

　　教学管理是学校管理的重要组成部分，包括教学规划管理、教学实施管理和教学评价管理。在教学改革中，教学管理发挥着规范与引导作用。适应"三维目标"向学科核心素养的转向，中小学要正视现行教学管理中所存在的问题，满足不断走向深入的教学改革之需要。

（一）对标学科核心素养，转换教学管理思维

　　1. 拓展教学管理内涵

　　教学管理本来是学校中最重要、最复杂、最高阶的管理。教学管理不只是教学资源的配备和条件保障，也不只是对教师的教和学生的学的激励或约束，更蕴含着教学活动的价值取向和理论设计。实践中，教学管理却常常被片面窄化为对教师的教和学生的学的维持型管理。基于核心素养的

教学改革，是一场全面且意义深远的人才培养改革。面对此种情势，传统的事务主义的管理思路和办法，显然无法承载如此重大的时代使命。基于核心素养的教学改革，必须融入国家和社会发展需要，充分关注和研究教学自身，充分关注学生的学习和成长。因此，与之相适应的教学管理，在情怀眼界、改革步伐、实施平台、能力本领诸方面，理应更大。除了常规的计划、组织、实施、评价等功能之外，教学管理的发生与形塑意义、价值渗透与导向功能、理性判断与学术取向、理论追寻与教学发展等拓展性功能，都需要充分发掘出来，使管理育人的能量不断得以释放，在立德树人过程中积极滋养育人效果。

2. 树立教学管理新理念

在相当程度上，教学管理的价值判断和行动取向，决定着教学改革的走向和成效。当前，中小学还普遍存在着片面地以考分评价学生、以规章制度约束学生的现象。传统教学管理观念的根深蒂固，使诸多改革初衷与愿景难以实现。树立教学管理新理念，不仅仅是对过去行动的修补，也是一种持续的自我否定和自我建构过程，体现着对教学发展趋势的理性认识和创新追求。先进的教学管理理念是在守正中适变、求变的。一方面，基于核心素养的教学改革的众多新思想、新要求，就是教学管理新理念生成的介质，甚至有些指导思想可直接转化为管理理念；另一方面，基于核心素养的教学改革，仍然需要进一步确立和凸显立德树人、学生中心、评价育人、开放协同等先进理念，并促使其在教学实践中发挥主导作用。

3. 增强教学管理的反思性

"卓越"是教学管理的内在追求，何谓卓越的教学管理？人们乐于从"严格""严谨""规范"等方面予以评判，但管理的科学性、合理性和产出效果，往往很少被追问。不少人以为，只要教师的教学上去了，教学管理到位了，学生培养就一定会上水平、上台阶。其实不然。现实中有些司空见惯的问题，如人才培养的同质性、管理办法的相似性、学校办学特色不彰等，值得引起深思。缺乏反思的教学管理容易僵化、失去理性或自乱阵脚。实施卓越的教学管理，就是要把本校的发展历史、现实中的存在问题、未来的发展方向搞清楚，在思想上、在实践中追问"培养什么样的人""为谁培养人""怎样培养人"等基本问题。

（二）构建与学科核心素养适配的教学管理体制机制

1. 以学生发展为中心，创新教学管理体制

在教学管理中，"以学生为中心"已成为教学管理工作展开的重要指导思想和基本依据。在实践中，"以学生为中心"需要学校、教师设法做到：一是理解学生。不要以成年人的看法来臆测儿童的世界，不要片面地将学生的话纳入自己的认知和价值系统，尤其不可根据刻板印象进行过度诠释和武断评价，而是要设法了解学生的意图，以同理心去理解学生的话语和行为；二是尊重学生。由于学生个体在知识基础、学习能力、情感态度、兴趣偏好以及生活经历、成长经验等方面存在差异，学校、教师应充分尊重学生的这种个体差异，将他们的年龄、性别、文化、环境和社会经济背景纳入考虑范围，让每一位学生都能够在尊重、关怀的环境中受到尊重，从而得以健康成长；三是依靠学生。学生是学习主体，只有他们主动参与教学过程并融入教学氛围之中，才能真正实现自主建构。学校、教师应采取有效措施，吸引学生参与教学管理，在参与之中实现自主成长。

2. 以服务教学为中心，完善教学管理机制

一流高质量的教学活动，需要灵活、有效的质量保障体系。教学管理必须以服务教学活动为基本原则，不是为了去"管住"教学，而是设法为教学提供人性化、高水平的服务。只有让师生认同、接纳、配合的管理，才是有效的管理。适应于培养学科核心素养的教学管理，需要发生由"你必须做什么"向"我能为你做些什么"的转变。总之，立足于服务的教学管理，必须时刻把师生的需要和利益摆在第一位，尊重教师作为专业工作者的主体地位和学生作为学习者的自主权。让教师和学生有话语权、善于对话沟通和协同创造，是教学管理应秉持的态度和信念。

3. 以提高教学质量为中心，创新教学管理方法

教学管理方法是实现管理目标的直接行为。不同方法的运用，会产生不同的教学效果。好的教学管理方法，具有凝聚、示范、导向和激励作用，甚至可以在一定程度上弥补体制机制的缺陷；不良方法的运用，则可能导致师生对教学管理体制机制的质疑。在教学管理实务中，经验型管

理、控制性方法的问题最为突出，师生反映较为强烈的"主观随意""不尊重人""烦琐、死板"等，多与此相关。在信息时代，实现教学管理方法创新，推动互联网、大数据、人工智能、虚拟现实等在教学管理中的应用，打造满足学生自主学习、自主管理、自助服务需求的智慧校园，让师生在教学管理信息化中获得便捷、高效、优质、快乐的信息化教学服务，正在成为一种具有普遍性的现实需要。

（三）提升教学管理队伍的能力水平

1. 加强培训交流，提升教学管理者的素养

提高管理人员的整体素质，促使教学管理人员的个人价值取向、行为取向与组织目标不断接近。教学管理者必须致力于教师的教学改进，使之可以促进学生开展有意义的学习，可以创造有利于学生展开批判性、反思性思维的学习环境，可以帮助学生提高正确决策、深度思维与解决问题的能力，可以鼓励他们在活动和交往中学会做积极公民。显然，培养学生的核心素养，对教学管理人员的素养也提出了更高要求。为此，不少地方都开展了针对教学管理的专门培训。譬如，一些地方组织教学管理人员，围绕"校本研修""核心素养""立德树人""学校课程体系重构"及"文化办学"等方面开展培训，见解独到，理念先进，对有效提升教学管理者的素养具有重要意义。[①]

2. 强化教师的教学管理意识和管理协作精神

教师不只是"教"者，同时也是教学管理主体。班主任和科任教师与学生接触最多。实践表明，当教师与学生的学习活动直接接触时，教师其实肩负着"教、育、服、管"等多重角色，教学管理制度体现在课堂教学和课外活动之中，教师就是最重要的管理者。教师对基础教育的政策比较关注、对教学管理制度比较在意、对教学管理问题喜欢思考，便更有利于改进教学活动，营造育人氛围，形成教育合力。学校引导教师关注和参与教学管理，一方面，要强化教学管理者的服务意识，管理者要多接触

---

① 李实. 教学管理面临的困境及改革创新路径分析［J］. 中国教育学刊，2020（S1）：23—24.

教师、走进课堂，积极主动与师生对话，倾听师生呼声。另一方面，还要致力于转变部分教师"教而不管"的观念和习惯，建设和利用教师专业发展平台，把教学管理内容与要求植入职称晋升、岗位聘任等专业发展路径之中。

四、学科核心素养与教学评价改革

2020年6月30日，中央全面深化改革委员会第十四次会议审议通过了《深化新时代教育评价改革总体方案》，首次提出了"改进结果评价，强化过程评价，探索增值评价，健全综合评价"的教育评价原则。教学是人才培养的主渠道，也是教育评价落实的重要载体。在新时代深化教育评价改革的背景下，教学评价同样需要呈现出新时代的新面貌，诸如重视过程评价、强调评价多元化、注重科学化等，使之真正有利于发展学生的核心素养。不过，鉴于学科核心素养的统整性、建构性等特征，对其进行可操作化的评价殊为不易。为此，必须思考和探索学科核心素养评价的困境与路径。

（一）学科核心素养评价的实施困境

1. 知识本位评价思维根深蒂固

知识本位评价思维在中小学教育中可谓根深蒂固，其核心思想是教育评价，就是对知识掌握情况进行评价。这种评价思维的特征在于：首先，以知识评价为本。如果教学教的是知识，那就直接评价知识；如果教学不是教知识，它就将其转化为知识再进行评价。受此种评价思维的影响，基于学科核心素养的教学评价也极易被转化为对学科核心知识的评价，如：以知道多种解题方法替代评价发散思维，以具有创新认识来替代评价创新能力等。其次，基于指标体系实施评价。表现在学科教学评价中，就是将一门学科分解为若干知识点，评价时，要尽量涵盖所有知识点，尤其是重要知识点。事实上，评价方式是多元化的，并非一定要基于完整的评价指标体系来实现。过程性评价、欣赏性评价等，都是重要的评价方式。再次，评价标准具有一致性。为了使评价具有可比性，对不同学生都采用同一标准，凡是不符合或未达到预定标准，都被视为不合格。这种评价就是用同一把尺子去测量不同的学生，学生的差异性、个性被忽略。

2. 学科核心素养难以量化

学科核心素养是学生基于学科学习形成的内在的、相对概括的、稳定的心理特征。与学科知识相比，学科核心素养既不能用文字符号来记录，也难以用文字符号来表现，更无法用书面考试的方法来进行检验。学科核心素养的这种难以量化的特征表现在：

首先，学科核心素养具有一般素养的内在性特征。素养是内在于人的身心结构中的，无法直接感知，只能从人的活动或行为表现中去观察和推断。[①]因此，在教学中，要去评判学生是否具备了某种学科核心素养，仅靠常规考试是不够的。这是因为，考试只能考知识、技能，而知识、技能只是核心素养中最表层的部分。以高中生物学科为例，《普通高中生物学课程标准（2017年版）》中将生物学学科核心素养概括为生命观念、科学思维、科学探究、社会责任四方面。显然，生命观念、社会责任二者都内在于学生的身心结构中，难以外显。对于此类学科核心素养，我们就很难用传统的考试对其进行有效测评，需要从学生的日常学习活动中去观察和推测。

其次，学科核心素养具有鲜明的个体特征。核心素养是在成长过程中慢慢养成的。对于同一班级学生而言，尽管班级所提供的环境是相同的，但由于每个学生的成长经历和信息加工活动都是独特的，学科核心素养在不同学生身上的类型和水平必然存在差异。如：生物课中有关转基因食品安全的内容，旨在培养学生的"社会责任"这一核心素养，但不同学生对同一个社会事件可能有着不同判断，就无法简单地通过考试来做出评价。

再次，学科核心素养还具有跨学科特征。在当下，不同学科都提出了属于自己的核心素养框架，并据此制定了各自的教学评价体系，这在一定意义上有助于体现不同学科的独特价值。然而，学科核心素养并非完全按照学科来加以划分，许多核心素养的培育，往往需要多门学科的合力才能得以实现。例如，生物学、物理学都强调科学思维能力的培养，单独依靠生物学或物理学哪一门学科的教学都是不够的，必须着眼于核心素养在学

---

① 陈佑清. 教学论新编［M］. 北京：人民教育出版社，2011：80—81.

科间的衔接与贯通，通过跨学科方式得以实现。这就对开展基于学科核心素养的教学评价提出了更高要求。

3. 教育者评价素养的缺失

学科核心素养的评价依靠教育者来实施，而基于学科核心素养的教育也才刚刚起步，因此教育者（包括中小学教师和教育教学管理者）对核心素养进行评价的素养不足是显然的。一方面，考试命题人员缺乏应有的评价素养，导致评价形式单一。调查显示，现阶段开展的教学评价方式较为单一，教学评价多拘泥于书面考试的形式，新课改大力倡导的档案袋评价、真实性评价、表现性评价等质性评价方式远未得到普及。①学科核心素养是很难用传统的考试评价方式去评的，它更多地依靠教师对学生教学中的活动表现进行观察与评估。由于评价设计者评价素养的缺失，他们无法设计或正确使用适合学科核心素养评价的方式。在此情况下，基于学科核心素养的评价亦会被他们设计为考试评价，最终无法实现对学生核心素养达成情况的有效评价。另一方面，一线教师缺乏应有的评价素养，对评价内容的理解片面化。基于学科核心素养的教学评价要求教师对评价内容要有全面、深入的理解，比如在生物学科中不仅要关注生物学知识的传授，更要强调对学生生命观念、社会责任等方面素养的培育。然而，受制于应试教育的长期影响，现阶段我国中小学教师多将教学评价的内容局限于确定性的学科知识和技能，不能从整体上把握学生的学科素养。

（二）学科核心素养评价的出路

与传统教学评价方式不同，以核心素养培养为旨归的教学评价具有鲜明特征：一是关注学习者的整体发展，强调根据学习者的发展需求选取评价方式。具体来说，它并不十分注重知识结果的客观性、准确性，而是关注学习者在评价过程中的收获，以及是否能够在真实而富有意义的评价任务中展现思维过程。二是强调评价主体的多样化，教师、学生、重要他人等都可以参与到评价之中。换言之，评价不再局限于教师对学生学习结果的评价，还可以包括学生自我评价和学生个体间的互相评价、重要他人与

---

① 南纪稳. 教师评价素养的现状、问题与提升策略［J］. 教师教育论坛，2016，29（06）：21—24+32.

学生的互动评价等。三是评价方式从单一形式（纸笔测试等）转变为多种方式（标准化测试、表现性评价、过程性评价等）的结合。例如，项目式学习常常采用的一种方式就是，设置真实而富有挑战的实践性任务，根据学生的实际表现给出评定，并通过访谈、文本分析的方式，给予学生质性的文字描述，最终给出学生有针对性的改进建议。

从操作路径看，落实基于核心素养的教学评价可尝试这样几种策略。首先，秉持以评促学、学会自主评价的评价理念，倡导终结性评价、表现性评价、过程性评价等的结合。在不同学习阶段，设法落实来自不同主体、不同视角、不同渠道的评价，一方面激发学生的学习反思，另一方面也有助于创造良性的互动氛围。基于这种评价理念开展评价是复杂的、动态的，因此，教师在与学生一起设计、开发课程单元时，应特别注重设计针对整个过程的评价方案。正式开始实施前，要使学生知晓各阶段的评价内容、评价主体、评价方式等，并深度理解这样设计和安排的意义。唯其如此，才能让学习者理解、重视并积极参与到评价中来。更为重要的是，由于基于核心素养的学习过程是动态的、生成的，所以，师生提前制定的评价方案，必须根据实际情况进行灵活调整，以便使教学评价更好地适应学习、促进学习。①

其次，关注核心素养发展的动态过程。在不同学习阶段，核心素养发展存在差异。通过成长记录真实展示学生在不同阶段的学习作品，可以在某个层面反映学生的学习兴趣、成长经历和进步路径，从而关注核心素养发展的动态过程。为此，教师应尝试给学生建立学习成长档案，适时收集、整理、分析其不同阶段的学习成果，发现彼此的关联与差异，为促进和提升其核心素养提供客观依据。

（三）基于学科核心素养的教学评价策略

基于学科核心素养的评价是一种有效的评价实践。在实践操作中，师生需要围绕"为何评价""评价什么""如何评估""评得如何""如何运用

---

① 李煜晖，郑国民. 核心素养视域下的中小学课堂教学变革［J］. 教育研究，2018，39（02）：80—87.

评价结果""未来如何"六大问题展开。下面以高中生物学科为例,阐述基于学科核心素养的教学评价策略。

1. 为何评价

"为何评价"要回答的是"评价目的"的问题,即评价的价值取向。评价是日常教学中不可或缺的环节,是教师了解教学过程、调控教与学行为、提高教学质量的重要手段。评价应关注学生对生物学大概念的理解和融会贯通,使评价既能促进学生核心素养的提升,又推动教师教学水平的提高,实现评价者和被评价者的"共赢"。

2. 评价什么

"评价什么"要回答的是"评价内容"问题,即学生要学什么和达到什么目标。常见的做法是,参照学业评价标准对应知道什么和能够做什么进行描述,对学生掌握知识与技能、形成相关能力、获得情感体验提出相应要求。教师在开发学业评价标准时,要注意将教学目标转化为评价标准,并以此作为学习标准,只有这样,才能引导深层学习。

高中生物学学业评价标准主要是由评价内容、评价要点、评价指标等构成。评价内容是指待评价的学业内容(即主题内容);评价要点是指对课程标准中的标准进行拆解,以便在深刻领会其内涵和外延的基础上确定教学要点;评价指标是指在学习主题之后,从学科核心素养的不同层面对期望获得的学业成就进行描述,如"生长素的生理作用"的评价指标制定流程见图5-4,"生长素生理作用"的评价指标见表5-2。

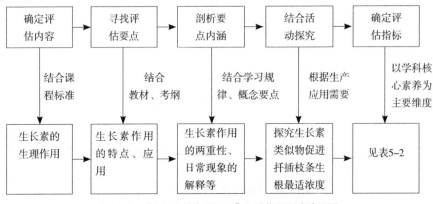

图5-4 "生长素的生理作用"评价指标制定流程图

表5-2 "生长素的生理作用"评价指标

评价内容	评价要点	评价指标	
生长素的生理作用	生长素的生理作用及特点	生命观念	知道生长素是一种信息分子，在植物生长中起调节作用 理解生长素的生理作用具有两重性 解释顶端优势、根的向地性、茎的背地性等自然现象
	生长素生理作用的应用	科学思维	构建生长素生理作用两重性的曲线模型并进行必要说明
		科学探究	设计实验探究萘乙酸促进扦插枝条生根的最适浓度
		社会责任	提出生长素类似物在农业生产中应用的合理性建议

3．如何评价

"如何评价"是指评价技术和方法。当前，评价领域正经历从测试文化到评价文化的范式转型。[1]前者强调结果，旨在测评学生学业成绩，达到选拔人才抑或教育问责的目的；后者侧重过程，提倡通过评价改进教学，促进学习。学者们强调，为实现更有效达成教学目标，教学评价既要关注结果，也要重视过程，呼吁在纸笔测试的基础上整合使用多种评价方法，如表现性任务、档案袋、自我和同伴评价等。[2] 因此，基于核心素养的教学评价，可以对常规纸笔测试、表现性任务、成长记录袋等加以综合运用。从技术上看，常规纸笔测试的结果可通过大数据分析生成针对个人的报告。为减少教师的工作量和学生的精神压力，也可借助"计算机自适应测试"（Computer-adaptive Testing，CAT）和"网络化评估"（E-assessment）等网络评估技术予以实现。

（1）基于学业评价标准的纸笔测试

基于学业评价标准的纸笔测试，可有效衡量学生是否达到相应目标。其构建方法是：依据学业评价标准制定学业评价细目表，再依据学业评价细目表命题。将命制的试题经试测后，根据试测结果进行分析、反馈，然后调整学业评价标准、学业评价细目表和试题（图5-5）。

---

① Ofra Inbar-Lourie. Language Assessment Culture ［M］. Springer US，2008.

② Airasian，Peter W. Assessment in the Classroom：A Concise Approach ［M］. New York：McGraw Hill，1999.

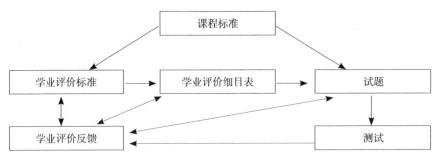

图5-5 纸笔测试评价模式构建示意

学业评价细目表是评价指标、评价内容、难度、题型等要素之间的关联表，是科学规范命制试题的基础和保证。结合国内学者对双向细目表的研究改进，参照其所设计的测验设计框架①，我们拟出"生长素的生理作用"的评价细目（表5-3）。

表5-3 《生长素的生理作用》评价细目表

试卷的总体难度									
知识点	题型	评估目标						核心素养类型	难度
		记忆	理解	应用	分析	评价	创造		
生长素的本质	选择题	√						生命观念	0.9
生长素的作用	选择题	√	√					生命观念	0.8
生长素的作用特点	选择题		√					生命观念	0.7
生长素作用的两重性模型分析	选择题		√		√			科学思维	0.8
	填空题		√	√				科学思维	0.7
生长素作用的两重性实例	选择题		√		√			生命观念	0.7
	填空题			√		√		科学探究	0.7
生长素在农业生产中的应用	选择题			√	√			社会责任	0.8
	探究题					√	√	科学探究	0.5

① 崔允漷，邵朝友. 如何基于标准命题：从双向细目表走向测验设计框架［J］. 上海教育科研，2007（08）：36—39.

考试结束后，教师需要在阅卷之后对数据进行统计分析。传统的认知诊断，主要依靠人工统计或借助于计算机软件（如Excel等）统计，数据样本有限，且难以跟踪记录学生每次考试和作业数据，所以较难精准掌握其中隐含的认知变化及其特征。近年来，随着人工智能技术、大数据技术、数字化学习技术等的兴起，基于学业大数据的认知诊断受到越来越多关注。运用大数据进行认知诊断，具有这样几个优势：一是数据基础庞大，可为个性化认知诊断提供全样本数据；二是智能化程度高，如：有的网络学习平台就融合了人工智能技术，能够自动生成个性化诊断报告；三是学习资源推送智能化，即基于个性化诊断报告生成并精准推送个性化学习资源；四是学习指导个性化，即教师可以根据个性化诊断报告真正落实因材施教。

（2）依托探究性学习设置表现性任务

单一的测量方式，难以描绘内隐的、情境的、综合性的学习，需要与多种评价方式相结合，因为学业成就判断的证据，既来源于测试，也来自于常规的教学活动或特定的学习任务。如《普通高中生物学课程标准》就特别强调"组织以探究为特点的主动学习是落实生物学学科核心素养的关键"[1]，所以，从培养学科核心素养出发，生物课教师在开展常规教学时，必须有机嵌入探究性学习活动，设置表现性任务。

表现性任务不是在教学结束时的一个"外接式附件"，而是学习的完整部分和学习评价的依据。表现性任务的设计以评价目标为导向，建立在知识、技能的基础上，并策略性地融入教学过程之中，经由学生使之整合到教、学、评各环节，由此驱动与促进学生的学习。[2]例如，在"生长素的生理作用"一节中，我们可以将"探究生长素类似物促进扦插枝条生根的最适浓度"的表现性任务设计如下（表5-4）：

---

[1] 中华人民共和国教育部. 普通高中生物学课程标准（2017年版）［S］. 北京：人民教育出版社，2017.

[2] 肖龙海. 表现学习研究［M］. 杭州：浙江大学出版社，2012.

表5-4 表现性任务：探索生长素类似物促进插条生根的最适浓度

> 背景：适宜浓度的生长素类似物可以促进扦插枝条的生根，在农业生产上应用时，寻找最佳的浓度范围具有重要意义。
>
> 任务：选择本地绿化树种或花卉，设计实验探究生长素类似物促进该植物插条生根的最适浓度。
>
> 过程：①以小组合作方式，组织讨论，提出可操作性的实验方案。
>
> ②在预实验的基础上，选择合适的生长素类似物浓度范围，再行细致的正式实验。
>
> ③设计表格，记录实验数据和结果，开展多种形式的数据分析。
>
> ④得出结论，并尝试对本地农林业生产中使用生长素类似物的情况提出建议。
>
> ⑤与其他小组分享成果，并对实验报告进行完善补充。

评价量表是促进学习的工具，教师要聚焦任务中学生应知和应做的内容，它对学生完成表现性任务一般由教师在备课时预先设计好。表现性任务的设计，既要突出教学的重点与难点，又要注意有利于个体学习和小组合作学习的有机结合，做到少而精。为了确保学生能够成功完成任务，在开始行动之前，师生还要一起讨论完成此项任务的成功标准。

学生在接受表现性任务之前，需要教师和学生一起制定评价量表，将学习目标进行多维度、多层次的可视化，这有利于运用"目标—实施—评价"贯通一体的思维来审视教、学、评并提高其成效，[①]让教师更一致、更公正地评定学生学业等级，同时也让学生清楚知道自己的学习状况处在何种位置、该朝着哪个方向或方面去努力。

在教学中，表现性任务的设置可分为两个步骤。一是方案设计。以小组为单位，先独立设计探究计划，再在组内交流讨论，评出组内最优探究计划，然后进行小组交流。为了让合作学习更有效，有时候，需要设计小组合作设计探究计划（表5-5）。二是探究实施。教师提供科学探究过程评价量表（表5-6）作为学生自评、同伴互评的工具，以便帮助学生在自评时保持较为客观的态度，形成正确的自我认知。与此同时，教师还需要记录学生的自我反思。

---

① 曾文婕. 从"教学目标"到"学习目标"——论学习为本课程的目标转化原理［J］.
全球教育展望，2018，47（04）：11—19.

表5-5　小组合作探究计划量表

评价指标	优秀 （8-10分）	良好 （6-8分）	改进 （0-6分）	评价	
				自己	教师
交流讨论	认真倾听，能基于自己的理解积极参与小组讨论，提出合理的观点	认真倾听，尊重他人观点，能参与讨论但无法提出建设性意见	无法集中精力参与讨论，大多数时间游离于小组讨论之外		
时间管理	时刻关注任务进展，并能及时作出调整，提前完成探究计划	小组成员相互协调，按时完成探究计划	无法按部就班推进任务，存在"拖延"现象		
小组成果	探究计划目的清晰、步骤严谨、可操作性强	探究计划存在疏漏，需要在教师指导下经修改后方能实施	探究计划步骤混乱，环节缺失，存在科学性错误		
成果展示	展示探究计划的创新点，能给予他人启发和借鉴	能按照设计的探究计划清楚展示给观众，但缺乏创新性	展示思路混乱，无法清晰表述探究计划，让人难以理解		

表5-6　科学探究过程评价量表

评价指标	未来科学家	科研达人	科研新人	自我反思
实施探究计划	□按操作规范小组合作完成实验 □认真观察实验过程，设计表格并详细记录实验数据	□在老师指导下按照规范小组合作完成实验 □认真观察实验过程，所记录实验数据不够完整	□实验中存在操作失误导致无法完成实验 □没有记录实验数据或数据错误混乱，没有分析意义	
分析现象和数据，得出结果	能用图表曲线等多种形式分析数据，清晰展示变化趋势，得出准确的实验结果	数据表现形式单一，需要在老师指导下展开数据分析，得出实验结果	未能开展数据分析，无法结合数据得出合理的实验结果	

续表

评价指标	未来科学家	科研达人	科研新人	自我反思
得出结论	能基于数据和结果得出实验结论，并能学以致用	能基于数据和结果得出结论，但结论不够严谨，不能学以致用	没有得出任何结论	

（3）计算机自适应评价（Computer-Adaptive Assessment）

计算机自适应评价是计算机根据对考生能力、水平的估计而进行针对性选择试题的评价。也就是，计算机基于等值条件的设计，当考生答对一道题目，便会呈现另一道更难的试题；如果考生答错，就会呈现一道相对容易的试题，以至于使计算机一直持续到能够精准测量考生的学业水平。[1] 譬如：美国SBAC评价体系中，针对每个科目，计算机自适应评价大约有40—65道题目，主要采取如下三种评价题型设计：一是选择反应式题型（Selected-Response Items）。该项目作为评估平台的一部分，将使用"机器评分"（Machine-Scored）方式。所有答案将至少由两名内容专家验证，并根据现场测试反应进行重点检查分析，以确保得分的准确性；二是建构反应式题型（Constructed-Response Items），更复杂的反应式题型评分（如建构反应式题型、表现性任务等）将需要使用人工智能评分；三是技术提升式题型（Technology-Enhanced Items），即作答该项目采取各种反应的功能与形式，如移动鼠标的拖放、热点、绘画、制图绘图和书面回复等，且其中大部分都将自动得分。[2] 在某些测试题目上，还允许学生在线使用字典、词汇表等嵌入式通用辅助工具。

（4）追踪学生长期表现的成长记录袋

为学生创建阅读成长记录袋，是推行过程性评价的有效做法。成长记录袋的主题，可以是某个探究性学习活动，也可以是某个主题的教学内容。例如，"生命系统的信息传递"这一主题在生物学中属于大概念，包含胞内、胞间、种群、群落，以及生态系统中各种信息的类型、传递方式

---

① 陈吉. 美国基于共同核心州立标准的新一代学业评估系统：模型及挑战 [J]. 现代教育管理，2012（03）：116—120.

② Fund R T. Race to the Top Assessment Program [J]. US Department of Education, 2014.

和调节结果等。这一主题下的成长记录袋设计，就可以通过学习进阶，展示不同学习阶段的侧重点，并根据学生能力水平予以适当调整。

成长记录袋一般有这样几个构件：一是封面、目录。"封面"标注学生姓名、年级和学校，拟定自己喜爱的标题，如"甜美的果实袋""成长足迹"等。"目录"可以根据学习内容或时间进程进行编制。二是自序、简介和目标。这些文件可以是表达成长期望或目标，如所要提升的能力、需要阅读的材料、想要参加的活动等，也可陈述活动体会，或为读者提供一些阅读建议等。教师可以事先制定一些目标供学生参考。三是实际的学习记录。重在记录学生的学习进程，可有不同形式，如大事记、思维导图等。四是实物附件。如小论文、模型、自我评估或同伴评估的评估表、优胜卡和表扬信等。为了清晰明了，最好配合这些实物作出简要说明。

4. 评得如何

"评得如何"即"评价质量"，主要指称评价的有效性（Validity，即效度）和可靠性（Reliability，即信度）。一般来说，有效性与"评价什么""如何评价"有关，而可靠性与"评价效果"有关。评价的信度要求努力保持测验结果的一致性、稳定性和可靠性。教师需要反思和辨明一系列问题，以提高判断的信度，如：是否有足够的信息对特定学生的学习做出确切的判断？收集信息时是否给所有学生以平等的机会去展示学习？另一位教师是否可能得出相同的结论？[①]评价的效度在于判断学生在科目内容领域的精通度或成就水平，需要尽可能准确测评到学生的掌握程度。

基于对英国、澳大利亚、美国等国家或地区的相关案例分析可见，要想提高评价质量，需要特别注意这样几方面：（1）教师应有明确的标准去描述不同方法所收集到的证据，以及学生所达到的水平。同时，在解释这些证据时，应向学生提出下一阶段的学习要求；（2）应通过专业培训，帮助教师按程序去确保评价的可靠性。培训应该以那些将要被采用的标准和在实践中出现的问题为核心；（3）通过教师专业共同体促进教师对学习目标以及评价标准的理解；（4）建立一个精心设计的任务库和评分标准，更

---

① Earl L, Katz S. Rethinking Classroom Assessment with Purpose in Mind［M］. Winnipeg: Manitoba Education, Citizenship and Youth, 2006: 58.

好地帮助教师对学生的学业成绩做出判断；（5）当教师和终结性评价使用机构已变得依赖于外在考试时，便需要更长时间去建立对教师判断的信心和提高教师运用动态评价的能力。[①]

5. 如何运用评价结果

基于学科核心素养的评价，可以将结果数据提供给多个层面的教育群体，以满足不同评价的目的，使之能充分运用相应的数据信息来改进教育、教学和进行教育决策。主要包括：

第一，为教师、家长和学生层面的教育群体提供反馈。通常地，教师、家长都希望通过评价得知类似信息，如："我（我的学生或儿童）进步了吗？""下一步我（我的学生或儿童）该怎么做？"等。实践中，教师利用评价信息作为教学前馈、将评价标准作为学习标准时，应明确告知学生具体的知识内容和学习标准是什么，以及如何将这些知识和技能运用到实际生活中，以免学生猜测教师的评价重点，从而随意应付；依据评价报告，家长可以做出相应的家庭教育决策，如给予儿童适度鼓励、考虑儿童是否需要额外辅导等；对学生来说，通过外部提供的参考证据，可以更好地了解自身情况，发展元认知，并有针对性地规划下一阶段的学习活动。

第二，为校长、顾问、课程主任等层面的教师群体提供差异化学习指导。差异化学习不仅是教学活动和学习活动中的因材施教，还有评价活动的差异化。此外，他们也可借助评价提供的信息，回答"这名教师的教学情况如何？""这名教师对学生的学习有帮助吗？""应该如何分配学校的教学资源来达到效益最大化？"等问题。

第三，为学区教学主管、政府官员、立法机关等政策制定者建言献策。他们可以根据评价的信息配置教育资源、制定人事政策、搭建专业平台等。

6. 未来如何

"未来如何"即"基于学科核心素养的教学评价未来的发展趋向"，

---

① Harlen W, Black P J, Daugherty R , et al. The Role of Teachers in the Assessment of Learning［J］. UK: Assessment Systems for the Future Projects（ASF）Assessment Reform Group, 2006: 347-364.

主要集中在评价内容的拓展和评价主体的多元化上。就目前的评价现状来看，无论是以考试为手段，还是以日常作业为途径，评价内容更多关注的是学生对事实性知识的掌握程度、知识广度，以及评价结果的可比性，而较少顾及批判性思维、创新能力、解决问题能力等高阶思维能力，这是教学评价在未来需突破的地方。同时，教师评价占据主导地位、学生自评仍存在流于形式等弊端也需要加以克服。未来的教学评价，应该给予学生自评和互评以更深层次的关注。

第六章

终身发展取向的生涯教育课程开发

生涯教育源于一场顺应社会需求的教育运动，并逐渐发展成为一种透过对学校、工作、家庭、休闲与社区角色的整合，帮助个人获得生涯发展能力，促进终身发展的教育形态。广泛、深入推进生涯教育，不仅可以促进教育向生活世界的回归，推动学校优质发展，而且能够激发学生的学习动机，引导他们去构建生涯的意义，使其核心素养和综合能力得以提高。因此，自20世纪70年代起，生涯教育便开始了由人境媒合向终身发展的逐渐转变。

一、生涯教育的基本任务与价值取向

人的生涯发展伴随终身，生涯教育应系统贯穿于人生的不同阶段。中小学生涯教育是个体生命历程和生涯发展中不可或缺的重要一环。中小学生处在不同发展阶段，其身心特点不同，阶段性的教育目标各异，因而生涯教育的任务不尽相同。并且，与人境媒合取向相比，终身发展取向的中小学生涯教育，有着不同的价值取向。

（一）中小学生涯教育的基本任务

人的生涯发展伴随终身，生涯教育应系统地贯穿初等教育、中等教育、高等教育各阶段。按照美国职业生涯规划师唐纳德·E. 舒伯（Donald

E.Super）对生涯发展阶段及其任务的划分，在生涯发展的成长、探索、建立、维持和衰退阶段，生涯发展各有侧重。小学生、初中生、高中生的身心发展阶段不同，自我概念建构程度不同，生涯发展所面临的问题也不同。因此，不同阶段对生涯教育的需求也有所不同。因此，中小学生涯教育的开展，要根据不同阶段学生的身心发展和生涯发展状况，以学生为中心，有侧重地满足相应阶段的生涯发展需求，并为人生的下一阶段奠定基础。

1. 小学阶段生涯教育的基本任务

根据舒伯的生涯发展理论，儿童进入学龄期，便处在了生涯发展的成长阶段。在此阶段，儿童对自己和未来生活充满好奇又钟爱幻想，自我概念尚未建构成熟，对外部世界的探索尚未全面展开。同时，小学生还要经历幼小衔接和小初衔接两次转变。因此，在小学阶段，生涯教育应根据小学生的身心发展状况和特殊情境，立足生活，帮助儿童开展生涯觉醒，不仅要关注生涯发展的价值导向作用，重视小学生健康心理品质的形成，同时还应给予其多样的生涯探索机会，激发潜能、培养兴趣、陶冶情操。

（1）重视价值引导，关注人生观、世界观、价值观的启蒙

20世纪90年代，第六届国际生涯教育研讨会对生涯教育做出了如下界定："生涯教育即终身教育，其实质是贯穿人一生的全过程的教育……不仅注重知识技能教育，而且特别重视人格培养……希望人们在改造社会的同时改造自己，从改造自己的成功经验中使他人受到启发，产生彼此合作的信念、信心，最终达到自己解放自己的目的，使自在的人变成自为的人，使被动的人成为主动的人。"[①]生涯教育实质上也是立德树人教育工作的重要部分，在小学生的价值观尚未建立、可塑性极强的教育阶段，不仅要根据小学生的身心发展情况安排生涯教育任务，还要发挥价值导向作用进行生涯发展启蒙和价值引导，使学生为树立正确的人生观、世界观、价值观做准备。

在此学习阶段，要在生涯教育的过程中引导儿童正确认识时间的意

---

① 孙一峰. 生涯教育——来自第六届国际生涯教育研讨会的报告［J］. 甘肃教育，1997（Z1）：22—24.

义及其与人生发展的关系，形成时间管理意识，掌握初步的时间分配和管理方法，并对未来的学习和社会生活产生憧憬与幻想。同时，亦应引领儿童正确理解金钱的功能、本质和意义，形成能够合理使用和储蓄金钱的能力、诚信的品格、乐于助人的宽阔胸怀和公益慈善意识。此外，在生涯教育课程中也应当突出"劳动"的意义与价值，针对近年来一些儿童不会劳动也不想劳动的问题，生涯教育要与劳动教育一同，让儿童在价值观初步形成的阶段，正确认识劳动对生涯发展的重要意义和作用，树立正确的劳动观，不仅会劳动，更要爱劳动，从而能够热爱生活、贡献社会。进一步，我们也要重视生涯教育中的生命教育元素，能以正确的态度看待生涯发展中会面临的生命诞生与消逝，敬畏生命、尊重生命、珍惜生命，不仅关注人类社会，也要关注大自然的生命循环。

（2）关注健康心理品质的形成

小学生涯教育课程除了要发挥价值引导的德育作用，还应结合心理课程，关注小学学习生活期间健康心理品质的形成和人格的健康发展。

小学生自入学以后，日常活动的中心更多地从家庭转移到学校生活当中来。如果生涯教育课程能够帮助儿童顺利解决该阶段的心理发展危机，形成相应的健康心理品质和能力，那将对其未来的生涯发展产生积极影响。

根据美国心理学家爱利克·埃里克森（Erik Erikson）的心理社会发展理论，小学阶段儿童面临着解决勤奋感与自卑感相对应的发展任务。在儿童开始小学阶段的学习体验后，如果他们能够获得适当的鼓励和成就感，则将会更好地养成较为勤奋的学习习惯，更好地在未来的生涯发展中以积极的心态探索自我、探索社会。反之，则将对勤奋产生质疑并形成自卑感，在未来的生涯发展中缺少自信和动力。

因此，在小学教育阶段，生涯教育要关注儿童健康心理品质的形成，特别是培养自信心和养成抗挫能力。在刚入学的幼小衔接阶段和即将步入初中的小初衔接阶段，通过生涯发展活动和学校仪式，让儿童能够更快适应新生活、新环境和新任务；在整个学习阶段，通过生涯课程中的自我探索部分，引导儿童正确认识自己的优缺点，增强自信心和抗挫能力，进而化解勤奋感与自卑感相冲突这一发展困境。此外，在生涯课程的社会探索部分，还要通过不同的社会环境探索单元和主题，将共情能力、责任意识融入其中，使儿童能够成为身心健康发展的"全人"。

（3）开展生涯探索，激发兴趣与潜能

从小学阶段开始，丰富多样的校园活动便把多元的社会面貌开始展现在儿童面前。针对小学生好奇心强、想象力丰富等特点，该阶段的生涯教育应抓住机会，引导儿童开展丰富的生涯探索，激发兴趣与潜能。具体来说，第一，结合多样的学术课程，引导儿童尽快适应且理解各学科和未来社会生活的联系，激发生涯发展意识。一方面，在理解学科意义的基础上开展学习能够激发其学习动机、形成良好的学习态度，另一方面，儿童也能初步思考某学科、某社会领域与未来生涯发展的关系，形成初步的生涯探索和生涯规划意识；第二，兴趣和潜能是个人未来生涯规划的重要参考因素之一。了解自己的兴趣和潜能，也是一种必不可少的生涯发展能力。儿童在小学阶段开始接触各学科领域，培养兴趣、潜能至为关键。生涯教育要在儿童生涯探索和学科学习的基础上，引导儿童发现自己的偏好和优势，并与自己的未来发展产生联系。如果儿童能将自己的兴趣潜能与未来的职业选择、生活模式选择等关键问题结合起来，那么，他们的幸福感、成就感便会有所提升，个体也更有可能获得良好的生涯发展体验。

2. 初中阶段生涯教育的基本任务

初中学生正处于身体与心理飞速变化的青春期，同时要面对初中与小学课程设置、教学方法、人际关系变动的巨大挑战。从少年到成年过渡这一关键时期，生涯教育要特别关注青春期自我概念的形成，帮助儿童适应和理解初中学习、生活的意义，以及与未来生涯发展的关系。此外，还要通过各种实践活动与融合课程，给学生提供多样的生涯探索机会，并在此过程中重视其生涯发展能力的提升，为进入高中阶段进行生涯决策作准备。

（1）聚焦青春期自我概念（self-concept）的建构

舒伯的生涯发展理论强调自我概念的建构。他指出，自我概念是人对自己在兴趣、能力、价值观念以及人格特征等各方面的认识。[①]初中阶段的儿童要面临角色同一性与角色混乱的冲突。在此阶段，儿童面对身体和心理的变化，开始思考自己到底是谁，自己到底扮演什么角色，以及未来要扮演什么角色等生涯发展问题。因此，为引导儿童更顺利地解决人格发展的阶段性冲突，更好地为未来生涯做准备，生涯教育课程一定要关注青春期个体自我概念的建构。具体包括：

第一，关注儿童自我认识、自我悦纳能力的形成，引导他们以发展的眼光看待自己。对于处在青春初期的初中生而言，他们的自我认识、自我悦纳能力尤为重要。如果没有对自我进行较为客观的认识，无法接受自己的不足之处，那么，他们在课程学习、人际交往和未来生涯规划方面，便可能产生自卑感、无力感，甚至产生逃避心理，他们的自我概念建构便可能出现偏差。第二，引导儿童理解自我与他人的关系。处在青春初期的儿童，具有既向往独立又极度依赖的特点。他们希望早日脱离成人的约束，步入"自主时代"，但其独立思考和判断能力尚未完全成熟，因此又有着较强的从众心理，特别容易受到同辈群体的影响。因此，在这一特殊时期，生涯教育要特别关注儿童的理性思考和批判能力，要引导他们学会理解自我与他人之间的关系，理解自我与同辈群体之间的关系，理解自我与家庭之间的关系，使之能向自信、独立的社会个体方向发展。第三，引导学生理解自己在社会生活当中所扮演的多重角色及其任务。在不同的空间领域，初中生扮演着儿童、学生、休闲者等多重角色，如何在角色之间灵活转换，并理解不同角色的任务和责任，是初中生涯教育的基本任务。例如，引导初中生在家庭生活中，如何处理好与父母（或监护人）之间的关系，学会与父母（或监护人）进行有效沟通；尝试着去理解为什么要接受初中教育，为什么未来要成为工作者，为什么要成为终身学习者，等等。

（2）解读初中学习生活与生涯发展的关系

儿童刚进入初中阶段，必然面临小升初过渡阶段的适应问题。若不能

---

① 林幸台，田秀兰，张小凤等. 生涯辅导［M］. 台北：台湾空中大学，2003：41.

顺利适应崭新的初中生活，轻则将影响其该阶段的生活、学习态度，重则可能会出现厌学、辍学等的现象。因此，初中阶段的生涯教育，要帮助学生理清初中学习生活的意义及其与未来生涯发展的关系，助力其尽快融入新的教育环境之中。

首先，入学之初，应结合入学仪式，给新生上好第一节生涯发展课程，让学生以积极的心态面对即将到来的变化。同时，在接下来的生涯课程和班会课程中，要引导学生深入理解初中教育的特点、意义及其与未来发展的关系，还要为学生提供可以借鉴并具实操性的适应方法，进行心态调整和情绪放松，进而能够正式进入初中学习状态和融入新的社交环境，确立初中学习生活的目标。此外，生涯教育课程还要帮助学生将曾经的学习经历进行梳理，引导学生对关键人物、关键事件、挫折经历等进行回溯，在回溯过程中重新厘清对初中学习生活的期待，进一步将当前的学习生活与未来的生涯发展和人生理想相连接起来，最终以积极的态度进入到新的学习、生活之中，并为未来的生涯发展做准备。

（3）提供多样生涯探索机会，重视生涯发展能力提升

初中生要面临初中升高中这一重要的生涯选择问题。因此，该阶段的生涯教育还要在引导学生建构自我概念的基础上，通过更加深入的生涯探索活动，发展其生涯发展能力，从而为关键的生涯选择做准备。

初中阶段的生涯探索活动，更要注意与社会接轨，更多地融入专业体验和职业选择方面的内容。在社会实践中，教师可组织学生参与志愿活动获得多样的职业体验，如图书管理志愿者、交通管理志愿者、博物馆讲解员等。有实践基地的学校，要为学生提供平时教学活动中所缺少的生涯体验活动，让儿童根据自己的兴趣，对陶艺、编程、餐饮等进行自主选择。每学期的生涯课程，应设置实地调查单元，发展学生发现问题、解决问题的能力。在引导学生进行生涯探索的过程中，要有目的、有计划地培养合作能力、人际交往能力、生活适应能力，并设法将这些能力发展目标融入生涯探索活动之中。同时，针对初中生相对紧凑的课程设置和升学压力，还要在日常的生涯教育课程中关注时间管理能力、目标管理能力、情绪管理能力、抗压能力和自省能力等。

3. 高中阶段生涯教育的基本任务

高中生涯教育肩负多重任务，不仅要引导学生做好高中生涯规划，获得面向未来的生涯规划体验，还要帮助其认识成年生活角色及其社会责任，确立正确的价值观、人生观、世界观，并在整个学习过程中，提升自我认识，完善自我建构。

（1）理解高中教育的意义及其与生涯发展的关系

接受高中教育是个体生涯发展的重要组成部分。理解高中教育的意义，知晓高中教育与自身生涯发展的关系，是高中生能够适应高中学习生活、完成高中学习任务，并能利用高中教育所学促进自身生涯发展的前提。

首先，高中生涯教育要帮助学生厘清高中阶段要学什么、做什么，明白高中阶段的学习和生活将对未来产生什么影响，从而以积极正向的态度看待高中阶段的学习和生活。高中生涯教育要让学生理解高中教育的内涵与意义，理解接受高中教育不仅仅是为了完成"双重任务"（为升学做准备、为就业做准备），同时也是为综合素质的全面提高和终身发展进行积累。

其次，高中生涯教育要帮助学生认识各种学校活动和不同学习领域的目标、内容、特点、发展路向等，引领他们了解学习内容与自我生涯发展的关系。这样，不仅让学生对三年的学习有所认知，从而积极、合理地进行学业规划，同时还能将各学科学习与自己的兴趣、爱好、能力等相联系，从而综合考量当下的生涯选择问题（选修课程、高考科目选择等）和长远的生涯发展路向（职业发展方向、生活形态等）。这是高中生涯教育的重要任务，也是使生涯教育课程与其他学科课程相互协调、融合，共同促进学生综合发展的关键之所在。

（2）认识成人的多重生活角色及其社会责任

国内学者曾对当下普通高中的教育任务进行剖析，认为除了传统的双重任务以外，高中教育还担任着公民教育的任务。[①]高中学龄的学生处于成

① 石中英. 关于当前我国普通高中教育任务的再认识［J］. 清华大学教育研究，2015，36（01）：6—12.

年前期，即将过渡为成年公民。高中生涯教育要特别关注学生从未成年公民向成年公民角色转变的发展过程，引导学生认识多重成年生活角色及其社会责任。

成长为成年公民是一个生理发展过程，更是一个身份认同过程。只有完成身份认同和身份转换，才标志着个体从生理到心理的真正"成年"。未成年人与成年人的差异，重点集中在所扮演社会角色及其所承担责任的差异。高中生涯教育的重要任务之一，便是搭建一架从未成年过渡到成年公民的桥梁，使学生了解各种成年社会角色（如工作者、配偶、父母等），并明确成年后将要面临的社会期待，特别是所要承担的社会责任。这样，一方面可以帮助学生做好准备，逐渐接受并适应成年公民的身份，避免适应性困难；另一方面，也能帮助学生认识自身未来的生涯发展任务和方向，并将其与个人的兴趣、能力等相联结，开展未来生涯发展的初步构想与规划。

（3）提升自我认识，完善自我建构

高中生仍然面临着自我同一性和角色混乱的冲突。青少年很难完全避免角色混淆，有鉴于此，也有学者将这一时期称之为由儿童转变而带来的狂飙乱动的时期。[①]从生涯发展的角度来看，如能顺利解决自我同一性与角色混乱的冲突，个人的生涯发展态度就更为正向、积极，生涯发展路径也会更清晰；若不能解决，则个体的生涯发展将缺乏自信和导向，由此可能陷入混乱、无头绪的状态。生涯教育帮助学生提升自我认知、完善自我建构，是促进其自我同一性发展的途径之一。高中生涯教育必须关注个体自我认识与建构的内容，通过各种形式的生涯教育活动与课程，让学生自我概念的各方面，如人格特质、兴趣、能力、性格等，并尝试着进行分析与解构。不仅要引导他们对当下的自我深入认识，还要对过去的自我进行回溯，对未来的自我进行畅想，获得自我同一性，进而帮助学生明晰未来生涯发展的路向，获得积极的生涯发展态度。

---

① ［美］弗农. 生涯发展的理论与实务［M］. 吴芝仪、朱克尔译. 台北：扬智文化，1997：233.

（4）做好高中生涯规划，获得面向未来的生涯规划体验

高中生涯教育的重要任务还包括协助学生做好高中生涯规划。这不仅涵盖该阶段的学业规划、职业规划，也要将眼光放长远，让学生获得一种面向未来的生涯规划体验，为终身发展做准备。

首先，高中生涯教育应引导学生对三年的学业予以规划。一方面帮助他们将自己的学习和生活整理得更具目标性、更有节奏感，让他们可以通过三年的学习、生活，尽可能在思想道德、文化科学、劳动技能、审美情趣和身体心理素质等各方面获得发展，使高中教育得到预期的教育效果；另一方面，还能协助学生解决即将面临的高考之后的生涯选择难题，使学生在了解高中学业内容与要求、自我特质与期待的基础上，提前为高考后的生涯选择做出较为充分的准备。

其次，高中生涯教育还应引导学生进行职业规划。职业规划并不与学业规划相冲突，两者是相辅相成的关系。在生涯教育的引导下进行职业规划，并不意味让学生放弃接受继续教育的机会，而是让学生在学习未来职业发展相关的文化知识、伦理道德、必备技能的基础上，形成具有前瞻性的职业发展观念与职业规划能力，从而为其未来的职业发展道路在意识和能力上做好双重准备。同时，在职业规划尝试中所习得的知识、能力与态度，也与高中学业学习相通、相融，进而促进高中生的全面发展。

此外，高中生涯教育还要借助学生进行生涯规划的实践机会，使其获得面向未来的生涯规划体验。高中生涯教育不仅要帮助学生进行选择与规划，更重要的任务是使学生通过规划体验，增强生涯自我管理的意识，获得有利于终身发展的基本能力，能够在一生的生涯发展中，依靠自己的选择能力、规划能力、实践能力、终身学习能力，进行生涯自我管理和自我调控。

（二）生涯教育的终身发展取向

生涯教育的源头可以追溯到20世纪初期的职业辅导，经历了由职业辅导至生涯辅导，再到生涯教育的演进过程，呈现出从人境媒合（person-environment fit）到终身发展的价值转向。"人境媒合"指将人与外部环境进行匹配媒合作为指导思想和追求目标的媒合理论（matching theories）与实践

做法。总体而言，人境媒合取向的生涯教育，以完成个体与环境的匹配为目的；而终身发展取向的生涯教育，则关注个体从出生直至死亡的、全面的、动态的生涯发展历程，以培养学生在生涯发展各阶段所必备的生涯发展意识和能力为目的。

生涯教育从人境媒合向终身发展的价值转向，以生涯教育理论的发展与演变为基础。其中，特质因素论是最早且最为典型的人境媒合取向的生涯教育理论。而于20世纪70年代发展而来的生涯发展论，则成为生涯教育理论向终身发展转向的开端。此外，新兴的生涯建构论亦进一步推进了终身发展取向生涯教育的成熟与完善。

1. 生涯教育的主要理论

生涯教育的起源可以追溯到20世纪初的职业辅导，且在很长时间内是对职业辅导的沿袭。生涯教育理论从特质因素论到生涯发展论、生涯建构论的变化，呈现出生涯教育的发展历程与演进趋势。

（1）特质因素论——生涯教育理论之肇始

最早的生涯教育理论，是由美国波士顿大学教授帕森斯·弗兰克（Parsons Fronk）于20世纪初所提出的特质因素论。1909年，帕森斯出版了《职业选择》（Choosing a Vocation）这一著作，在世界范围内第一次运用了"职业指导"（vocational guidance）这一术语，系统阐述如何选择职业这一问题，以帮助社会青年了解自我特质与职业，以及人职匹配的职业选择方法。这是特质因素论形成的标志。所谓"特质"（trait）或"因素"（factor），主要指一个人的能力（包括一般智力、学业成就、工作技能等）、职业、兴趣和人格特质。特质因素论从人与工作适配的观点衍生而来，以人的特质与因素为出发点，以生涯决定为主要内容。

该理论的基本假设可概括为三项核心要素，即"个体""职业""个体与职业间的关系"。该理论指导下的生涯教育，也主要从这三方面展开。首先，清楚理解自己的能力、资源、限制、及其他素质；其次，要知悉职业成功的必备要件与环境、优劣点、补偿、机会与远景；第三，将二组事实进行理性结合。①特质因素论有利于在实践中进行具体操作。也正是因此，特质因素论从出现开始，一直到20世纪70年代都十分盛行，得到社会的广泛关注与应用。

（2）生涯发展论——生涯教育理论之集大成者

随着研究深入，学者们逐渐认识到生涯不是一种静止状态，而是一个动态过程。因此，生涯教育应当关注生涯的长期发展，以及不同发展阶段的发展特性与任务。其中，以舒伯的生涯发展理论为代表。

舒伯突破单一差异心理学的理论界限，融合现象学、心理学、社会学等学科内容，是生涯发展理论的集大成者。其主要主张包括：

第一，自我概念（self-concept）的达成。舒伯发展理论中所强调的自我概念指的是人对自己在兴趣、能力、价值观念，以及人格特征等各方面的认识。②换言之，自我概念就是指个人看待自己以及看待自我境况所形成的概念。舒伯认为，生涯发展相关的自我概念，虽然仅仅是整体自我概念的一部分，但却是建立一个人在一生中将依循的生涯形态的驱动力。③可以说，一个人的生涯发展程度，直接受到个人自我概念建构的影响。

第二，生涯阶段性发展。舒伯将人的生涯发展分为成长、探索、建立、维持、衰退五个阶段，并指出各阶段应完成的生涯发展任务，学者们将其称为"循环"（cycling）（表6-1）。后来，舒伯对此进行了补充修正，在"循环"（cycling）的基础上，提出"再循环"（recycle），亦有学者称之为小循环（minicycle），指人们的生涯发展的阶段与顺序是具有弹性的，每个人在某个发展阶段都包含阶段内的生涯循环发展（表6-2）。

舒伯生涯发展阶段论的贡献，不仅在于其划分了不同发展阶段及其对应的生涯任务，更重要的是，该理论强调了生涯的发展性，拓宽了生涯的"长度"。这意味着，生涯发展不仅存在于职业选择时期，更是贯穿人的一生。

---

① Parsons Frank. Choosing a Vocation [M]. Boston: Houghton Mifflin, 1909: 5.

② 林幸台，田秀兰，张小凤等. 生涯辅导 [M]. 台北: 台湾空中大学，2003: 41.

③ ［美］弗农. 生涯发展的理论与实务 [M]. 吴芝仪，朱克尔译. 台北: 扬智文化，1997: 39.

表6-1　舒伯划分的生涯发展阶段及任务①

生涯发展阶段	生涯发展任务
成长阶段 （出生—14岁）	经历与重要他人的认同结果发展自我概念； 需要与幻想为此一时期最主要的特质； 随着年龄增长，社会参与及现实考验逐渐增加，兴趣与能力亦逐渐重要。
探索阶段 （15岁—24岁）	在学校、休闲活动及各种经验中，进行自我检讨，角色试探及职业探索。
建立阶段 （25岁—44岁）	寻获适当的职业领域，并逐步建立稳固的地位：职位、工作可能变迁，但职业不会改变。
维持阶段 （45岁—退休前）	逐渐取得相当地位，重点置于如何维持地位，甚少新意；面对新进人员的挑战。 任务：维持既有成就与地位。
衰退阶段 （退休后）	身心状况衰退，工作停止，发展新的角色，寻求不同方式以满足需要。 任务：减速、解脱、退休。

表6-2　生涯发展阶段任务的循环与再循环②

生涯发展阶段 年龄	青年期 14-25岁	成年初期 25-45岁	成年中期 45-65岁	成年晚期 65岁以上
成长期	发展实际的自我概念	学习与他人建立关系	接受自身的限制	发展非职业性的角色
探索期	从众多机会中学到更多	寻找心仪工作的机会	确认该处理的新问题	选个合适的养老地点
建立期	在选定领域中起步	在一个永久性的职位上安定下来	发展新技能	做一直想做的事
维持期	确认目前的职业选择	使职位稳固	执着自我以对抗竞争	维持风趣
衰退期	从事嗜好的时间渐减	减少运动活动的参与	专心于必要的活动	减少工作时数

---

① 林幸台，田秀兰，张小凤等. 生涯辅导［M］. 台北：台湾空中大学，2003：43.

② Donald E. Super. A Life-span, Life-space Approach to Career Development［J］. Academic Press，1980，16（3）：282-298.

第三，生涯彩虹论。舒伯所提出的生涯彩虹论，不仅拓展了生涯的长度，也从宽度上拓展了生涯的内涵。舒伯认为，人在其一生发展中除了担任工作者的角色之外，还担任着子女、学生、休闲者、公民、工作者、持家者等角色。这些角色在不同时期登上人生舞台，彼此之间相互交织、相互影响、相互配合，共同构成了人的整个生涯。舒伯由此勾画出一个人的生涯彩虹模型（图6-1）。

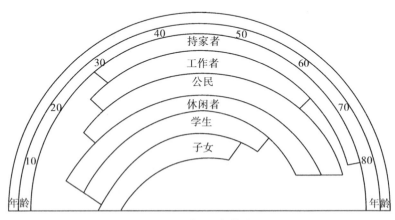

图6-1　生涯彩虹模型

在生涯彩虹图中，横轴代表横跨一生的"生活广度"（life span）；外圈曲线与横轴构成的封闭空间，被称为"生活空间"（life space）。不同时期的不同生活角色，占据了不同大小的生活空间。生涯彩虹图不仅将生涯的内涵从单一的职业生涯观点中拓展开来，还具有实践指导意义。个体可以利用生涯彩虹图来记录、规划或澄清自我的生涯发展状况，并依此做出调整。

（3）生涯建构论——生涯教育理论之新兴发展趋势

随着后现代主义的兴起，建构主义思想逐渐影响到生涯教育领域。生涯建构论认为，生涯教育的目的不仅局限于使人敬业乐群、忠于职守，进而更关注通过对自我的洞察、理解与澄清来建构生涯意义。以美国东北俄亥俄大学教授萨维卡斯（Savickas）的生涯建构理论为代表发展出叙事取向的生涯咨商观念与技术。

萨维卡斯认为，生涯教育应该融合建构论的观点，引导学生通过建构、解构、重构的过程，进入个人内心世界，对自我有较为深刻的洞察，从而最终建构出生涯意义乃至生命意义。他十分强调个体主观生涯（subjective career）的建构。主观生涯即与客观生涯相对。客观生涯是一种客观存在，包括个体从求学到退休所从事的一连串角色、事件等；主观生涯则是通过个体对客观生涯的回忆、反思、分析，对知觉、情感、态度等进行统合建构而来。因此，萨维科斯的生涯建构论关注人对自己生涯故事的回溯，期望通过叙述赋予个体生涯发展一定的生涯意义。萨维卡斯进而提出引导学生建构生涯意义的三个步骤，即：一是通过生涯小故事建构生涯；二是对这些小故事进行解构，并将其重构为同一性的叙述（identity narrative）或生活写照（life portrait）；三是共同构建下一阶段真实世界中的行动意向。[①]在此过程中，个体必然会遭遇不同信念、价值观的冲突。如何认识、澄清、处理这种冲突，最终达成统合，勾画出自己的生涯发展道路，建构出自己的生涯意义，是生涯教育应当关注的重点。

个人建构理论的创始人凯利（Kelly）还提出，个人的生涯建构有着不同层次，分别有统辖建构、从属建构、边缘建构、核心建构。生涯教育最高层次的目标就是核心建构，这种建构属于个人内心较深层的特质，他人不易观察，甚至个人本身也不一定有所觉察，却可能是个人长久以来所珍视的价值信念，甚至蕴含着个人内心深处的自我存在意义。[②]

2. 生涯教育价值取向的转变

特质因素论、生涯发展论和生涯建构论作为典型代表，呈现出生涯教育由人境媒合转向终身发展的趋势。这种价值转向主要体现在生涯教育目的、教学内容、着眼点和教育方式四大方面。

（1）教育目的：从成"才"到成"人"

20世纪初，人境媒合取向的生涯教育顺应着当时的经济与产业结构转型而生，旨在解决社会青年的就业问题。此时的生涯教育更倾向于使人成为劳动力市场所急需的"才"，而非全面发展的人。

---

① Mark L. Savickas. Life Designing：A Paradigm for Career Intervention in the 21st Century［J］. Journal of Counseling & Development，2012，90（1）：13–19.

② 林幸台，田秀兰，张小凤等. 生涯辅导［M］. 台北：台湾空中大学，2003：59.

随着教育需求的变化，仅仅以使人成为就业者为目的的生涯教育，已无法满足个体与社会的期望。生涯教育逐渐开始从使人成"才"向使人成"人"转变。在此转变下，生涯教育不仅重视职业选择的结果，同时也关注选择的动态过程，以及该过程可能涉及的各方面影响因素；并通过自我概念的建构和不断重构，增进"现实我"与"理想我"之间的一致程度，从而达成个人的自我实现。自我概念建构与自我实现达成是一个综合调适过程，与生理自我（外貌、体征等）、道德自我（价值观、人生观等）、心理自我（对自我价值与能力的评价等）、家庭自我（家庭价值感、胜任感等）、社会自我（与他人交往中对自己价值、能力的看法等）息息相关。因此，终身发展价值取向的生涯教育，不仅将各种生活角色与情境的影响因素融入生涯教育，而且十分注重与之相关的各种能力与素质的培养，逐渐发展成为一种全人教育。它符合当今所倡导的"以人为本""以学生为本"的时代精神与价值追求，反映着生涯教育未来的发展趋势。

（2）教学内容：从职业选择到终身发展

随着生涯内涵的扩展，生涯教育价值取向的转变，其教学内容从传授职业选择策略为主，转向为生涯的终身发展。

生涯教育从20世纪初的职业辅导演化而来，因此，职业内容一直以来都是生涯教育的核心元素。在早期人境媒合取向的生涯教育理论中，职业选择几乎是其所关注的唯一内容，其他非经济角色的发展却缺乏关注。特质因素论作为典型代表就预设了如此前提："一个人在选择职业上只有一个'正确'的目标，即只有一种职业是适合自己从事的；而且每一种工作只需要单一类型的人来从事。"[1]这种取向的生涯教育是以职业选择为着眼点的静态理论。它主要围绕职业选择期和初入职场调适期所发生的生涯问题而展开，将个人特质和职业之间的联系定义为一种静态匹配关系，不涉及长远目标及内容，忽视了个体发展和社会发展的复杂、动态过程。

正因为人与社会复杂的动态变化，仅解决一时的职业选择难题，远不能满足个体和社会的需要。因此，生涯教育开始关注人从幼儿时期一直到

---

① Michael F Miller. Relationship of Vocational Maturity to Work Values [J]. Academic Press, 1974, 5（3）: 367-371.

退休后一生的生涯发展状况。舒伯架构了贯穿终身的生涯发展阶段及其相应的生涯发展任务，强调人的发展性，丰富了生涯教育教学内容，将生涯教育从一种短暂的职前教育扩展为终身教育。此外，舒伯的生涯发展理论和萨维卡斯的生涯建构论所强调的自我概念建构，囊括对过去的省视，建构自我概念，对当下情况的检视，重构自我概念，同时还强调对未来的展望，以及对自我概念的不断调整。由此，生涯教育的教学内容，也从职业选择逐渐扩展到了人的终身发展。这是当今终身学习社会对教育提出的必然要求，也是一个人获得可持续发展的正确方向。

（3）着眼点：从社会需求到个人与社会兼顾

人境媒合取向的生涯教育对个体差异性的强调，最终仍是为了使劳动力能够满足职业的需求，实质上更偏重于社会价值（职业结构需求）的实现，而个人的兴趣、价值取向、人格成长与改变的过程并没有得到足够关注。随着人文主义思潮的复兴，生涯教育也逐渐转向对个人需求的关注，开始注重平衡社会需求与个人需求的关系。舒伯的生涯发展理论不仅从社会角度出发，考虑人作为社会劳动力所要满足的社会经济需求，也从个体角度来探索人在一生中所要扮演的非经济角色的内涵。建构主义指导下的生涯教育，则在舒伯所提出的自我概念的基础上，更加深入地对生涯意义的建构进行研究，强调生涯发展如何使人的一生更加完满、有意义。生涯教育价值取向的此种转变，是人的和谐、全面发展理想在教育领域的显著体现，符合现代教育演进的趋势，即：生涯教育不仅关注社会的发展，更应关注人的发展，不仅满足其现实的需要，更应满足其未来发展的需要，满足个人与社会可持续发展的需要。

（4）教育方式：从被动接受到主动探索

人境媒合取向下的生涯教育，虽然涉及测验自我特质以及了解不同职业需求的内容，但实质上是一种被动接受模式，即个体特质因素的测验结果与哪一职业需求相匹配，则就以此职业为起点，开展自己的职业生涯。个体在职业选择中，很难真正发挥主观能动性。

与此不同，终身发展取向的生涯教育，非常重视个人的主动参与和建构，更加关注个体自我力量（I-power）的发挥。泰德曼（Tiedeman）等认为，"每个人都具有自我力量或是自我改善的潜能……基本上每个人都是一个科学家，应用并观察朝向个人内在的智慧结晶。"①由此，生涯教育不仅指向对外部世界的了解和对自我特质的检测，更强调对内在潜能的挖掘，以及自我管理意识与能力的培养，最终希望能够通过生涯教育，使学生成为具有自我指导能力的人。由此，主动探索逐渐成为生涯教育的重要教育方式。这种主动探索方式意味着，一是秉持发展论的重要精神，希望通过学生主动参与自我概念重构的过程，挖掘潜能，规划适合自己的生涯发展道路，以此取代先前单靠测试与职业分类而被动接受的生涯教育模式，避免单方面的武断强加，二是强调培养学生的自我管理能力与意识。总之，终身发展取向的生涯教育，更强调通过个体的自我建构和相关能力的发展，形成较为积极的生涯发展态度，能够有意识地调整、规划终身的生涯发展。

二、生涯教育课程的开发原则

要做到生涯教育自人境媒合至终身发展的转向，课程开发是关键。课程必须立足终身发展视角，坚持生涯教育与价值教育的统整，使之符合生涯发展的不同阶段的特点，并强调自我概念的建构与重构。

（一）实现生涯教育与价值教育的统整

生涯教育课程开发应当将价值教育整合其中，这既是生涯教育向终身发展取向转变的必经之路，也是生涯教育落实立德树人这一根本任务、发挥全方位育人作用的必然要求。

价值教育（value education）围绕"价值"展开，却并不完全等同于价值观教育或道德教育，而是一种囊括道德教育、价值观教育、公民教育、人格教育的整合性教育。其根本目的并不在于使人掌握某种学科知识或某项职业技能，而是在于丰富人性，完善人格，充盈人生意义，增进人生幸福。②这与生涯教育的整合性、连贯性特征以及全人教育、终身教育的追求

---

① ［美］弗农. 生涯发展的理论与实务［M］. 吴芝仪，朱克尔译. 台北：扬智文化，1997：51.

② 邱琳. 人的存在与价值教育［J］. 教育研究，2012，33（05）：42—47.

不谋而合。一方面，价值教育需要渗透在具体的教学活动当中，而生涯教育课程则正为价值教育提供适合的载体；另一方面，生涯教育要做到从人境媒合至终身发展的转型，则必须汲取价值教育的养分。

具体而言，价值教育对生涯教育向终身发展的转向可以提供三方面帮助。首先，价值教育的融入，使生涯教育超越个体与职业、或与高校匹配的层面，上升到建构生涯意义上来。有学者指出："价值教育就是这样一种旨在引导和促进人们反思自身发展方式、原则或方向并不断加以重构的教育。"[①]通过价值教育的融入，改变老师、学生、家长和社会的诸如"生涯教育就是找工作""生涯教育就是填志愿"的人境媒合观念，使生涯教育从指导学生"活下来"转向为引导学生学习"如何活得有意义"。其次，价值教育的融入，可以使生涯教育不仅是一种为劳动力市场分配劳动力的手段，而更是一种引导学生主动进行价值辨析，探讨如何发展生涯，以何种方式发展生涯的教育。在价值观念多元化的当下，个体如何去分析、判断、选择价值观念，影响着个体生涯发展的路向。这有赖于价值教育对学生价值理性的培养。再次，价值教育在生涯教育的融入使教育对象从人境媒合取向下的"物"，变为活生生的"人"。价值教育能为学生作为独立的个体进行自我建构提供积极的引领和导向，从而促进生涯意义的达成和生涯终身发展境界的提升。

（二）符合生涯发展的阶段性特点和需求

生涯教育课程开发还需要符合各学段生涯发展的特点，切实满足学生的生涯发展需要。教育部关于《全面深化课程改革落实立德树人根本任务的意见》就明确指出："要增强适宜性，各学科的学习内容要符合学生不同发展阶段的年龄特征，紧密联系学生生活经验。"

以高中生为例，根据舒伯的生涯发展阶段理论，个体将在18岁面对人生的第二个转型期，即向立业期的转向。转向前，生涯探索期的生涯发展状况则极为关键。14—18岁的青少年正处于生涯发展关键的探索期。在这一时期，他们需要通过体验与尝试，对自己的能力、性格、性向等予以探

---

① 石中英. 价值教育的时代使命［J］. 中国民族教育，2009（01）：18—20.

索。高中生涯教育课程必须遵从探索期的生涯发展特点及需求，为学生提供必要的探索机会，不仅涵盖对自身的探索，也要囊括对外部真实环境的探索。

依据哈佛大学教授埃里克森（Erikson）的心理社会发展理论，处于生涯转型期与成年过渡期的高中学龄少年，正面对角色混乱危机。如若没有适宜的引导，学生非常容易因准备不足而过度焦虑，并选择逃避问题，反而又加重了角色混乱危机。因此，高中生涯教育课程要引导学生认识现实我与理想我，并协调自我与社会的关系，注重对自我概念的建构与重构。以此为基础，才能进一步让青少年分析、综合考量自身发展状况和社会需要，做出适宜的学业规划、职业规划等，避免盲从、自暴自弃、过度焦虑和逃避心理的出现，使之度过角色混乱危机，较为顺利地进入成年阶段和生涯发展的正式建立期。

（三）立足终身发展视角

生涯教育课程开发还要立足终身发展视角，将生涯教育从人境媒合向终身发展取向的转变落到实处。

人境媒合取向生涯教育的特征之一，就是在个体进入社会之时依照特质分类，将个体分配到相应的工作岗位中去。随着全球化、信息化社会，以及"以人为本"思想的发展，追求人与环境简单媒合的生涯教育已不能满足个体和社会的需要。当下，生涯教育无论是从理论上还是从实践上，都需要将终身学习、终身教育融入其中，使学生、家长、教师能够认识到生涯终身发展的意义。

一方面，生涯教育课程要涉及生涯终身发展的内容。第一，要在"生涯"概念的内涵与意义部分，强调生涯的终身性，改变以往"生涯"即"职业"的刻板印象；第二，要让学生了解当今学业生涯、职业生涯等的变动性，认识到只有不断学习、提升、改变，才能适应当下的变动社会，达成人生意义；第三，课程不仅要帮助学生解决学生当下的生涯选择难题，更要着力于培养学生终身受用的生涯发展能力，使之能在具备良好生涯发展态度的基础上，进行贯穿终身的生涯自我管理与发展。

另一方面，课程在帮助学生解决当下面临的生涯选择难题（考试科目选择、大学专业选择、职业选择）时，要注重终身发展意识的培养。特别是要在课程中强调，学业选择或职业选择，并非"一次定终身"，个体应在生涯发展过程中不断自省、汲取经验，重构自我概念，调整生涯发展状态，投入到生涯的终身发展中。

此外，生涯教育课程本身也要紧跟时代变动步伐。教育部《关于全面深化课程改革落实立德树人根本任务的意见》指出："要增强时代性，充分体现先进的教育思想和教育理念，根据社会发展新变化、科技进步新成果，及时更新教学内容。"生涯教育与社会生活息息相关，这种特性更要求生涯教育课程必须及时更新，且具有前瞻性，将最新的生涯发展理念及资源传递给学生。

（四）重视自我概念的建构与重构

生涯教育课程的开发要重视自我概念的建构与重构。自我概念的建构与重构，是学生能够走上适宜自己的生涯发展道路的基础，也是赋予个体生涯发展以意义的前提。这里强调的自我概念，并不是指人境媒合取向下对学生特质的心理测试结果，其区别在于这样两方面：第一，人境媒合取向生涯教育对学生特质的测试以教师为中心，学生作为被测试者，只是对测试结果全盘接受认可，并依此被分配到相应的岗位中；而终身发展取向所强调的自我概念建构，则以学生为中心。学生作为认识自我的主体，注重向内求索而非被动接受；第二，人境媒合取向下对学生特质的测试是一种静态的自我认识，注重对当下特质的检测；终身发展取向的生涯教育，虽然也运用心理量表测试等方法来让学生了解自己的兴趣、能力、价值观等，但只是将此作为一个自我认识过程，而非生涯定向的唯一依据。更重要的是，终身发展型的生涯教育强调引导学生领悟自我认识的方法和途径，使其在今后的生涯发展中能主动自省反思，进行自我概念重构。

因此，在生涯教育课程开发中，要将自我概念建构的内容作为课程和生涯教育教学的重点，引导学生对自我兴趣、能力、价值观进行探索；其次，课程要强调自我概念重构。有学者认为："每一个生涯困境或转衔阶段都是建构生涯自我的良机，自我是个人与社会交互的产物，因此在面对社会变迁所带来的冲击时，个人更不能忽视这股势力对个人的影响。"①这意味着，自我概念必须随着个体与社会的不断交互活动，及时予以调整或重构。因而，生涯教育课程要将自我概念的建构与重构贯穿始终，使之逐渐养成自我反思的习惯。

三、学生生涯发展能力指标体系的构建

要使生涯教育走上终身发展的道路，必须建立相应的生涯发展能力指标体系，因为生涯发展能力指标体系既可引导生涯教育实践向终身发展取向转型，又是开发生涯教育课程标准、编写生涯教育教材、评价生涯教育效果的直接依据。

许多国家和地区都十分重视生涯发展能力指标体系或框架的建构并加以修订、完善，以此指导生涯教育的实施，譬如，美国教育部2004年重新修订的NCDG（National Career Development Guidelines）框架，新西兰教育部2009年修订的《新西兰学校生涯教育与指导》（Career Education and Guidance in New Zealand Schools）文件，英国生涯教育与指导协会2012年所颁布的ACEG（Association for Careers Education Guidance）框架，我国台湾地区2012年修订的《国民中小学九年一贯课程纲要重大议题（生涯发展教育）》，等等。这些文件对生涯发展能力进行了梳理与分类，对我国大陆地区生涯发展能力指标体系的建构，具有参考意义。结合大陆生涯教育发展的实际情况，在建构学生生涯发展能力指标体系时，应注重生涯反思能力的养成，关注终身学习意识与能力的培养，以及生涯自我管理能力的提高。

（一）强调生涯反思能力

学生生涯发展能力指标体系的建构，要特别强调将反思能力纳入其中。孔子提倡"吾日三省吾身"，孟子提倡"反求诸己"，都强调对自我品德、行为的追问与反思。反思能力是人终身发展的核心能力。只有通过不断反思，个体才能全面、正确地认识自己、他人与社会，并调适自我与

---

① 林幸台，田秀兰，张小凤等. 生涯辅导［M］. 台北：台湾空中大学，2003：281.

不断变动着的外部世界的关系。

《美国生涯发展指导框架》（National Career Development Guidelines Framework，简称NCDG，2004年版本）提出三大学习领域——个人的社会发展领域（Personal Social Development，简称PSD）、教育成就与终身学习领域（Educational Achievement and Lifelong Learning，简称ED）；生涯管理领域（Career Management，简称CM），以及与其相对应的11项生涯能力发展目标。其中，生涯反思能力是指标中的核心能力之一，渗透在每项目标的具体指标中，贯穿整个生涯发展指导框架。该框架的每项指标都根据布鲁姆（Bloom）的分类，分为3个学习阶段进行分述：知识的获取阶段（Knowledge Acquisition），简称为"K"；应用阶段（Application），简称为"A"；反思阶段（Reflection），简称为"R"。由此形成一个螺旋上升的发展框架。以第三大领域（生涯管理领域，CM）的第一项目标"创立并管理达成生涯目标的生涯规划，CM1"为例，框架为该目标提供了5项具体指标，且每项指标都分为知识的获取（K）、应用（A）和反思（R）3个发展阶段。（表6-3）

表6-3　NCDG框架Goal CM1相应指标及其含义①

领域	目标	指标	指标含义
CM 生涯管理领域	Goal CM1 创立并管理达成生涯目标的生涯规划	CM1. K1	认识到达成生涯目标的生涯规划是一个终身的过程。
		CM1. A1	能举出自己是如何运用生涯规划策略来达成生涯目标的。
		CM1. R1	评价自己的生涯规划策略是否很好地促进了生涯目标的达成。
		CM1. K2	描述如何形成一项生涯计划（例如步骤、内容等）。
		CM1. A2	形成一项生涯计划以达到自己的生涯目标。
		CM1. R2	分析自己的生涯计划并作出调整，以反映一种持续的生涯管理需要。
		CM1. K3	确认自己短期和长期的生涯目标（例如学业、就业和生活形态等）。

---

① Association N. National Career Development Guidelines（NCDG）Framework. 2009.

续表

领域	目标	指标	指标含义
CM 生涯管理领域	Goal CM1 创立并管理达成生涯目标的生涯规划	CM1. A3	讲述自己为达到短期和长期生涯目标所采取的行动（如学业、就业和生活形态目标等方面）。
		CM1. R3	再次检验自己的生涯目标并按需作出调整。
		CM1. K4	确认管理自己生涯所需要的技巧和个人特质（如机动性、自我效能、确认趋势与变化的能力、灵活性等）。
		CM1. A4	说明生涯管理技巧和自我的个人特质（如机动性、自我效能、确认趋势与变化的能力、灵活性等）。
		CM1. R4	评价生涯管理技巧和自我的个人特质（如机动性、自我效能、确认趋势与变化的能力、灵活性等）。
		CM1. K5	认识自我以及工作世界的变化对生涯规划的影响。
		CM1. A5	举例说明自己和工作世界的变化是如何使自己调整生涯规划的。
		CM1. R5	对将自我变化和工作世界变化整合到生涯规划的工作进行评价。

NCDG框架在三大领域的十一大能力目标下的每项指标中，都明确强调了反思的学习阶段，与学习、应用等环节结为一体，循环互补，贯穿整个生涯发展过程。

在建构生涯发展能力指标体系时，应当注意将生涯反思能力纳入指标体系。不仅要有意识地引导学生对过去的生涯发展进行反思，更要注重培养学生自主反思的能力，还要关注反思后的整合过程，不断建构自己的生涯及其意义。

（二）聚焦终身学习意识与能力

从20世纪初至今，政治领域、经济领域、文化领域和科学技术领域都发生了翻天覆地的变化。要想融入和适应复杂、动态的社会环境，就要注重终身发展，使自我不断更新、发展与完善。因此，在建构生涯发展能力指标体系时，还需强调终身学习与发展的意识和能力，促进学生的终身发展。

在《美国生涯发展指导框架》（NCDG）2004年版本中，一项重要的生涯发展能力目标即是"参与持续终身学习，提高在多样且变动的经济环境中发挥作用的能力（ED2）"。该目标分为7项知识指标、7项应用指标和7项反思指标，如表6-4所示。

这七大块，共21项指标，实质上可以分为两大类。第一类包含指标K1到指标R3，主要从整体上强调终身学习的重要性，唤醒个人终身学习、独立学习的意识与态度；第二大类包含指标K4到R7，主要指出个体实现终身学习所需要的相关知识与能力，特别强调个体终身学习可参与的非正式学习途径和类型，并将其与正式学习经验相整合等。

两类指标的设置，体现了终身学习从认识层面到实践层面的不断深入。在传统的生涯发展模式中，个体仅在一定期限内扮演学习者角色。随着社会的变迁、知识的淘汰与更新，以及人类寿命的延长和闲暇时间的增多，个体需要且必须要将扮演学习者的角色延长至一生。因而，提高个体的终身学习意识与能力，成为现代人生涯终身发展的重要前提。个体如何通过终身学习促进生涯发展，如何对学习者生涯进行规划，如何通过终身学习协调学习者、工作者、父母、公民、退休者等角色的关系，理当成为生涯教育所要关注的重要内容。

表6-4　NCDG框架Goal ED2相应指标及其含义[1]

领域	目标	指标	指标含义
ED教育成就与终身学习领域	Goal ED2参与持续终身学习，提高在多样且变动的经济环境中发挥作用的能力	ED2. K1	认识到经济变化要求个体在整个生命历程中获取并更新知识和技能。
		ED2. A1	说明终身学习是如何帮助你在多样且变动的经济环境中有效发挥作用的。
		ED2. R1	判断自己是否已具备了在多样且变动的经济环境中所必要的知识和技巧。
		ED2. K2	认识到将自己视为一个学习者将影响自己的身份。
		ED2. A2	展示作为学习者是如何影响自己的身份的。
		ED2. R2	分析特定的学习经历是如何影响自己身份的。

---

[1]　Association N. National Career Development Guidelines（NCDG）Framework. 2009.

续表

领域	目标	指标	指标含义
ED教育成就与终身学习领域	Goal ED2参与持续终身学习，提高在多样且变动的经济环境中发挥作用的能力	ED2. K3	认识到成为独立学习者的重要性及该学习将要承担的责任。
		ED2. A3	证明自己是一个独立学习者。
		ED2. R3	评估自己作为独立学习者表现如何。
		ED2. K4	描述从一个学习层次过渡到下一个层次所必要的知识和技能。(例如，初中到高中，高中到大学)。
		ED2. A4	展示从一个学习层次过渡到下一个层次所必要的知识和技能。(例如，初中到高中，高中到大学)。
		ED2. R4	分析自己的知识和技能是如何影响自己从一个学习层次过渡到下一个学习层次的(例如，初中到高中，高中到大学)。
		ED2. K5	认识当下适合于你的学习机会类型(例如，两年制或四年制学校、技术学校、学徒制、军事网络课程，在职培训)。
		ED2. A5	展示你是如何为当下参与的教育做准备的。例如，两年制或四年制学校、技术学校、学徒制、军事网络课程、在职培训。
		ED2. R5	评估自己是如何参与到当下的教育当中来的。例如，两年制或四年制学校、技术学校、学徒制、军事网络课程，在职培训)。
		ED2. K6	认识特定的教育或培训项目(例如，高中生涯课程，大学专业课程，学徒计划)。
		ED2. A6	阐明所参与教育或培训项目(例如，高中生涯课程，大学专业课程，学徒计划)如何帮助自己在多样且变动的经济环境下有效地发挥作用。
		ED2. R6	评估所参与的特定教育或培训项目(例如，高中生涯课程，大学专业课程，学徒计划)对自己在多样且变动的经济环境下有效地发挥作用的影响。
		ED2. K7	述有助于终身学习的非正式学习经验。
		ED2. A7	展示自己所参与的非正式学习经验。
		ED2. R7	纵观整个生命历程，从而评估你是如何整合正式和非正式学习经验的。

（三）关注生涯自我管理能力

建构学生生涯发展能力指标体系，除了要强调终身学习的意识与能力，还要关注面向未来的生涯自我管理（self-management）能力，从而让学生毕业后仍能够积极自主发展、拓宽自己的生涯之路。

所谓生涯管理，即"个人主动的、有意识地参与行塑其生涯，并承担为达成目标所进行之有关活动与选择的责任"[①]。生涯管理能力则是指个体用来发展和管理生涯的相关知识、技巧和态度，使个体能够深入了解自己、主动参与生涯规划，实现终身的生涯发展。人们需要用一生去发展这些能力，学校教育则是培养生涯管理能力的重要起点。正是关键生涯管理能力的提升，学生才可能做到"可持续发展"，获得令人满意且富有意义的人生。

新西兰教育部在2009年所出台的《新西兰学校生涯教育与指导》（Career Education and Guidance in New Zealand Schools）中，便阐明了生涯管理能力的重要意义。该文件认为，生涯管理能力包含一系列帮助学生成功管理人生、学习和工作的知识、技巧和态度，且这些能力指标能够为学校的生涯教育项目提供设计框架与思路。[②]该文件将生涯教育需要培养的生涯管理能力分为三大能力群，即：发展自我意识能力群、探索机会能力群、决定与行动能力群。三大能力群又各分为三部分内容（表6-5）。

该框架对我国学生生涯发展能力指标体系具有借鉴意义。首先，我国生涯教育发展尚处在起步阶段，发展学生自我意识是帮助学生关注生涯发展并逐步深入认识自我的前提，同时也是能做出适宜生涯选择的基础。以高中阶段为例，高中生急需进一步解决角色混乱与同一性冲突的问题。在此阶段，他们会在学校、家庭、社区中搜寻外界对自己的评论，并从多种途径来探索、发现自己的特长与不足，最终形成自我概念。如何帮助该高中生合理地接纳自己在与他人互动中所获得的反馈，并将之与自我认知相

---

① Lorraine Sundal Hansen, Tennyson W. Wesley. A Career Management Model for Counselor Involvement [J]. Journal of Counseling & Development, 2014, 53（09）: 638-646.

② New Zealand Department of Education. Career Education and Guidance in New Zealand Schools [J]. Career Services for Ministry of Education, 2009: 7.

统合，且能用批判的眼光及时予以自省与重构，是生涯教育的重要内容。其次，在当今社会，高中生着实应当掌握寻求生涯发展机会的能力。这是现代公民需要掌握的基本能力。譬如，如何利用学校、社区资源探索生涯发展道路，如何获取并利用可靠的生涯讯息，等等。此外，高中生面临亟待解决的生涯发展问题，需要他们做出合理的生涯规划与选择，因而选择与决策能力也是生涯发展能力的重要指标。但这并不意味高中生涯教育就是为了让学生做出一个或几个重要选择，而更是从终身发展的角度出发，让学生在生涯规划与选择的过程当中学会应对变化、承担责任，并获得管理生涯发展的经验。

表6-5 《新西兰学校生涯教育与指导》所建构的生涯管理能力框架[①]

能力群	生涯管理能力
发展自我意识 (developing self-awareness)	a. 建立并维持积极的自我概念。 b. 与他人积极有效地互动。 c. 生活中的成长与变化。
探索机会 (exploring opportunities)	a. 参与终身学习以达到生活与工作目标。 b. 有效地查找与使用信息。 c. 理解工作、社会和经济之间的关系。
决定与行动 (deciding and acting)	a. 做出提升生活与生涯的决定。 b. 做出学习与生涯规划并进行回顾。 c. 采取适当行动来管理自己的生涯。

四、生涯教育课程标准的拟订

生涯教育课程是一门蕴含育人意义的课程，与学生发展核心素养存在内部联结。制定生涯教育课程标准及内容，可结合中国学生发展核心素养，构建系统的课程目标体系，为课程开发和教材编写提供导向，不仅使生涯教育更具生命力，也能使生涯教育真正融入学校整体教学工作，与其他教育活动融为一体，共同发挥全方位教育效果。

---

① New Zealand Department of Education. Career Education and Guidance in New Zealand Schools［J］. Career Services for Ministry of Education，2009.

（一）联结中国学生发展核心素养

生涯教育不等同于求职教育，而是一种具有道德意蕴的综合性全人教育。生涯教育所欲培养的生涯发展能力，与学校教育落实立德树人的目标相辅相成。如果能够在生涯教育课程标准中，将生涯发展与学生核心素养相结合，则可使生涯教育更富有生命力，并有利于统筹教育合力。

2014年9月13日，《中国学生发展核心素养》总体框架正式发布。框架将中国学生发展核心素养划分为文化基础、自主发展、社会参与三个方面，表现为人文底蕴、科学精神、学会学习、健康生活、责任担当、实践创新六大素养，并具体细化为十八个基本要点。[①]这些基本点均可与生涯教育课程目标相结合并体现在课程标准中，对生涯教育实践开展起到引导与规范作用（表6-6）。

表6-6　生涯教育目标与学生发展核心素养联结对照表

三大方面	六大素养	核心素养基本点	生涯教育目标
文化基础	人文底蕴	人文情怀	认识生涯发展的内涵与意义等。
		审美情趣	认识自己的兴趣与偏好，建构积极的自我概念等。
	科学精神	批判质疑	能独立自主地做出生涯选择及规划； 能积极主动进行生涯反思； 能多角度、全面地认识自我与外部世界等。
		勇于探究	能够积极主动探索生涯发展道路、解决生涯难题等。
自主发展	学会学习	乐学善学	认识高中教育内涵及意义，养成积极的学习态度； 具有终身生涯发展意识与能力等。
		勤于反思	善于反思、重构自我概念； 善于从生涯发展经历中汲取经验等。
		信息意识	具备搜索、整理、利用有效生涯讯息的能力等。
	健康生活	珍爱生命	理解生命与生涯发展的意义等。
		健全人格	具有积极的生涯发展态度； 善于调整生涯发展心态，调节心理状态等。

---

①　核心素养研究课题组. 中国学生发展核心素养［J］. 中国教育学刊，2016（10）：1—3.

续表

三大方面	六大素养	核心素养基本点	生涯教育目标
自主发展	健康生活	自我管理	能够依据自身情况进行生涯自我规划； 善于合理分配时间与精力等。
社会参与	责任担当	社会责任	了解作为公民、工作者等社会角色的权利与义务； 明白生涯选择的意义及其承担的相应责任等。
		国际理解	了解全球化趋势及其对生涯发展的影响等。
	实践创新	劳动意识	了解作为劳动者的意义与责任； 合理处理劳动与休闲之间的关系等。
		问题解决	能够发现面临的生涯发展问题； 选择合适的策略、利用相应的资源解决生涯难题等。
		技术运用	了解并利用网络生涯发展工具等。

（二）构建系统的课程目标体系

生涯教育课程不仅向学生传授相应的生涯发展知识，更希望借此培养学生较为良好的生涯发展态度，以及受益终身的生涯发展能力。作为地方课程或校本课程，生涯教育由教育学、心理学、社会学、伦理学等学科交叉、综合而成。因此，生涯教育的课程开发与教学实践，对教师的专业水平要求较高。制定较为系统、具体，且有可操作性的课程目标，为学校和教师提供具体抓手，十分必要。

课程目标应依照《国家中长期教育改革和发展规划纲要（2010—2020）》和《教育部关于全面深化课程改革落实立德树人根本任务的意见》等文件，强调生涯终身发展的核心目标，避免走上人境媒合取向的老路。总体而言，生涯教育课程应当致力于帮助学生认识人的生涯发展及其影响因素，获得与生涯发展相关的基本能力，并帮助学生运用这些能力开展对个人与生活环境的探索，实践生涯选择与规划。最终，培养他们形成宏观且具前瞻性的生涯态度与信念，使之逐渐成长为善于自我反思、自我管理，具有较强适应力且懂得终身学习的现代公民。

1. 借助课程目标，落实终身生涯发展理念

生涯教育课程标准要明确相关的知识目标、能力目标和情意目标，形

成较为系统、完整的目标体系，实现学生生涯发展能力的提高，以及价值教育的融入。

在知识目标层面，要明确生涯的内涵与意义，让学生对生涯及生涯发展有较为全面的认知；其次，学生要认识到自我概念的重要性，不仅要了解自我概念的内涵、影响自我概念的因素，还要意识到自我概念对个体生涯发展将产生的重大影响；再次，引导学生对有关生涯角色的类型、责任及相应的生活形态进行认知，包括各种生活角色及职业角色。并且，还要知悉当下社会变迁发展对个体生涯发展所提出的要求等。

在情意目标层面，生涯教育课程要围绕具有前瞻性的生涯态度与信念，以及终身学习与发展的意识两大目标展开。首先，要学生体会生涯发展的重要性，激发他们参与生涯发展的动机和信心，使学生形成良好的生涯发展态度；其次，在引导学生建构并重构自我概念的过程当中，要注意引导学生正确看待并接纳自己，以良好的心态进行自我提升和自我概念的重构。再次，要结合价值教育帮助学生厘清和修正生涯发展观念以及重要价值观。同时，还要引导学生体会生涯发展中与他人、社会互动合作的意义，譬如良好人际关系的重要性、性别平等观念等等。此外，更要将生涯的终身发展观念贯穿在课程始终。

在能力目标层面，课程目标的设置既要为解决当下的生涯选择难题做准备，也要致力于为学生长远的生涯发展培养相关技巧与能力。首先，反思能力的提升应当成为生涯教育课程贯穿始终的核心目标，这是学生进行自我概念重构的基础能力，同时也是培养学生批判质疑、勇于探究、乐学善学、勤于反思等核心素养的必然要求；其次，要将终身学习的能力纳入其中，并与生涯发展结合。同时，还要提高学生解决当下日益迫近的生涯发展难题所需要的生涯发展能力，诸如察觉生涯问题能力、选择与规划能力、生涯决策技巧、时间分配能力、压力调控能力、生涯讯息获取能力等，帮助他们顺利过渡到下一个教育阶段和成长阶段。

2. 依据生涯发展顺序，细化课程目标

生涯教育课程按照生涯发展的内在顺序，可分为三大模块：自我觉察、生涯觉察、生涯发展实践。三大模块紧密相连，体现出一个从初步认识问题到深入探索问题、从认识问题到解决问题、从内向外再向内的发展过程，形成较为系统、全面的生涯发展内容体系。

（1）以自我觉察为起点

自我觉察部分主要围绕自我概念建构与重构进行展开，这是生涯发展的"地基"。只有通过自我觉察，学生对自己的能力、价值观等才能有较为正确、全面的认识，形成积极的自我概念和生涯发展态度，才有可能避免盲目从众，真正做出适于自己的抉择。这一内容可围绕澄清生涯发展历程、自我概念重构，以及角色与生活形态三个层次依次展开。这三个层次从关注自我的层面，逐渐放宽视野，开始关注自我以外的生涯环境，并从"心理自我"过渡到"社会自我"。以高中为例，可包含6项知识目标、6项情意目标和5项能力目标（表6-7）。

具体来看，首先，我国完整的生涯教育系统还未形成，学生缺乏主动建构自我概念的经历。因此，课程可引导学生回溯生涯发展经历，通过叙述对自己生涯发展产生重大影响的事件或个人，重新对自己的生涯予以澄清。在此基础上，教师可引导学生对人生各个阶段的生涯发展，以及各阶段不同的生涯发展重点和任务进行了解。其次，自我概念的重构内容则可以让学生在对生涯发展初步回顾的基础上，进一步重新认识自我。教师可通过讲述，利用相关的心理量表、测验，引导学生以正面的态度接纳自我，形成较为积极的生涯发展态度与信念，从而积极参与未来的生涯发展，并主动进行自我反思和重构自我概念。再次，长期以来对生涯内涵存在片面理解，学生常将其等同于职业角色发展。因此，还应让学生了解各种生活角色的内容，比如，学生、子女，以及未来将要扮演的配偶、工作者、退休者等角色及其要承担的义务和责任。同时，要进一步引导学生了解各角色之间的关系、如何分配各角色间的比重，以及不同的分配方式下不同的生活形态。此外，还要普及男女平等观念，消除性别刻板印象，让学生对性别和生涯发展的关系具有正确认识。

表6-7　自我觉察部分内容标准

课程模块	目标维度	具体目标
自我觉察	知识目标	1. 了解个人成长历程与生涯发展的关系。 2. 知道个体在兴趣、人格、价值观等上存在差异，深入了解和认识自己的兴趣、人格、价值观等。 3. 了解各学科的特点及发展任务，知道学科学习与自我兴趣、人格、价值观的关系。 4. 认识工作者、学生、公民、父母、子女等多种生活角色的含义、角色之间的关系，及所要承担的责任。 5. 了解不同生活角色对社会所作的贡献。 6. 了解自我概念对生涯发展的影响。
	情意目标	1. 体察构建自我概念的重要意义。 2. 正确面对自己的长处与不足。 3. 确认并欣赏个人的兴趣、能力。 4. 养成自我反思的习惯。 5. 尊重个体在兴趣、人格、价值观等方面存在的差异。 6. 形成男女平等的性别观点，消除性别刻板印象。
	能力目标	1. 觉察并发展自己的长处及优点。 2. 客观面对自己的缺点及不足，并进行积极的自我改善。 3. 觉察自己的兴趣与能力，并学会利用和创造条件，发展自己的兴趣与能力。 4. 进行自觉反思，积极建构自我概念。 5. 根据他人反馈重构自我概念，学会处理生活角色之间的冲突。

（2）以生涯觉察促深入

在学生对自己有较为全面认知的基础上，围绕各种影响生涯发展的外部因素展开，是生涯教育由内部走向外界的重要衔接阶段。同时，学生只有对外部生涯世界进行探索，并结合反思过程将其与自我概念相联结，才能走上满足自我需要，且适应外部环境的生涯之路。以高中阶段为例，生涯觉察部分可根据实际情况，主要从高中教育、高等教育、职业发展这三个层次循序渐进加以展开，可包含6项知识目标、6项情意目标和7项能力目标（表6-8）。

表6-8　生涯觉察部分内容标准

课程模块	目标维度	具体目标
生涯觉察	知识目标	1. 认识高中教育的意义与生涯发展的关系； 2. 认识大学教育的意义与大学设置概况； 3. 了解不同的职业类型及其要求； 4. 了解高中各学科与不同行业需求之间的关系； 5. 了解社会发展新趋势及其所产生的重大影响； 6. 理解终身学习的内涵及其生活意义。
	情意目标	1. 养成积极的高中学习、生活态度； 2. 感受教育与职业及其对个人生活形态的重要意义； 3. 对个人未来的升学与职业发展抱有合理的期待； 4. 尊重各种类型的工作者及其劳动； 5. 形成和保持与他人互助合作的积极生活态度； 6. 养成积极关注社会变动与发展的习惯。
	目标	1. 辨别各行业对能力的不同需求； 2. 能将扮演各种生活角色或职业角色的需求，与学科学习内容相联系； 3. 学习查询、归类、整理、提取生涯相关信息的能力； 4. 学习如何与人沟通、互助与合作； 5. 能觉察自己与他人的人际互动状况； 6. 能维系良好的人际互动关系； 7. 培养应对社会复杂变迁的适应能力。

　　首先，课程要引领学生了解当下高中教育的内涵、任务与意义，思考其对未来的高等教育和生涯发展所产生的长远影响，理解高中教育的重要性，从而形成良好的高中生活学习态度。在此基础上，引导学生尝试进行高中阶段的生活学习规划，并初步考虑高考科目选择等重要问题。其次，从高中教育视角延伸到高等教育视角后，课程则主要围绕高等教育与生涯发展的内容展开，让学生了解高等教育的内涵、任务与意义，以及相应的高等教育生涯发展资讯，如高校类型、科系设置、不同专业及其相应的生涯发展之路等。再次，从职业生涯视角出发，社会需求与职业生涯的内容也不可或缺。通过引导学生了解不同的职业类型及其要求，使其将之与自我概念相联结，形成对未来职业生涯的初步构想。尤其需要让高中生理解当下不同职业类型背后的社会需求，使其意识到只有坚持终身学习、终身

发展，才能适应不断变动着的现代社会。

（3）以生涯发展实践求升华

生涯发展实践部分主要围绕生涯选择与规划展开，重在教授及培养学生解决生涯问题的知识、态度与能力。以高中为例，首先，要关注生涯资源的搜集与处理内容，譬如，生涯资源包括哪些类型，可以通过何种途径搜集，以及如何进行筛选、整合，等等。课程可通过学生亲身的搜索实践，以获取的生涯资源为起点，引领其与自我概念和生涯境遇相联系，逐步开始制定自己的生涯目标。同时，鉴于每个人在不同阶段都会面临一系列生涯选择难题，因此，与生涯选择相关的生涯决策技巧，也是重要的课程内容。学生需要了解选择与决策对生涯发展的影响，并学习如何去发现生涯问题、定义生涯问题、解决生涯问题的方法。只有这样，学生在遇到生涯选择时，才不至于惊慌失措、盲目从众。此外，生涯发展实践部分还要在自我觉察和生涯觉察的基础上，在将自我概念与外部生涯世界相联系的前提下，进行生涯发展实践的演练，拟定短期和长期的生涯发展目标，并规划相应的行动计划和方案。同时，课程还要关注高中学生生涯发展中易遇到压力管理、时间管理等问题。同时，还可依据学校实际情况，组织学生进行生涯发展的模拟演练，如模拟高考志愿填写、模拟高考科目选择、模拟招聘现场等，从认识问题层面发展到解决问题的层面，培养生涯发展能力。基于此种考虑，我们可以构建出生涯发展实践部分的指标体系，该指标体系包含5项知识目标、5项情意目标和5项能力目标（表6-9）。

表6-9　生涯发展实践部分内容标准

课程模块	目标维度	具体目标
生涯发展实践	知识目标	1. 了解自我概念对生涯抉择的影响； 2. 了解高中阶段所面临的不同生涯发展路径及其前景； 3. 了解高中阶段不同的升学途径与方法； 4. 了解大学与职业生活之间的关系，以及不同行业所需要的专业背景和知识、能力等； 5. 了解合理分配财力、物力、时间、信息等的不同方法、策略。

续表

课程模块	目标维度	具体目标
生涯发展实践	情意目标	1. 关心自己的学习和生涯发展情况； 2. 能适宜对待因学业选择和生涯规划所带来的压力； 3. 养成积极向上的学习、生活态度； 4. 树立积极、健康的工作与生活价值观； 5. 具有解决学业问题、生涯问题的信心和勇气。
	能力目标	1. 觉察自己所要面临的生涯问题，并尝试着寻求可能的解决方案； 2. 觉察自己的时间分配与利用状况，对高中阶段进行合理选择和规划； 3. 掌握搜集、提取、利用生涯资料的方法，并能使之与个人情况作出适当联结； 4. 反思自己选择与规划的历程，掌握做出适宜选择和规划的方法、策略； 5. 掌握排遣压力的技能、技巧。

综上言之，依照生涯发展从认识到实践，从内向外再向内的发展顺序，将终身发展取向生涯教育课程目标予以细化，可为学校开发生涯教育校本课程提供导向，也向教师的生涯教育教学提供指导，起到"抓手"的作用。

3. 把握课程目标及教学资源，根据实际编写教材

教材编写是生涯教育课程开发的核心环节。编写教材要从课程标准出发，全面把握课程目标，并依据各生涯教育需求，结合本校、或本区域的实际情况，整合各方面的教学资源，使教材富有针对性和实践意义。

生涯教育教材的编写需要做到这样几方面。首先，教材需围绕课程总目标和三维目标，有逻辑、有层次地建构教材框架，体现终身发展的生涯教育理念及目的，提供生涯发展知识，培养生涯发展态度与信念，提高生涯选择与规划能力，进而全面提升整体素质，促进终身发展。其次，教材编写要整合教学资源，充分搜寻和挖掘来自课堂内外各种渠道、各种类型、各种形式的教育资源，并将其整合、利用。而且要联系家长、校友、社区团体及社会人士，建立合作机制。再次，作为校本教材，还要从实际出发，根据本地区、本校特色、学生特点，以及实际发展状况编写教材。

可将本地区的特色产业、经济发展趋势、教育发展状况等内容融合到生涯觉察内容中；可将本校的校风、校训等德育内容，与生涯发展结合起来，贯穿始终，使生涯教育课程更具育人意味；可结合本校的传统活动，在教材编写中为学生提供更多的生涯实践机会，使其最终能够解决实际生活中所遇到的生涯问题。同时，教材还要为学生自主学习和自我反思留有余地，使学生在学习之后，能从自己的生活经验出发，主动感悟、反思，重构自我概念。

五、生涯教育要素的统筹与整合

终身发展取向的生涯教育，不仅在于帮助学生解决当下的生涯发展问题，更关注个体的终身发展，旨在提高学生指向生涯发展的综合素质，具有综合性的育人效果。有鉴于此，生涯教育课程要注重与其他学科相配合，借助人文学科的独特优势，从自然学科中寻找相关联结点，从而统筹各学科的生涯教育要素，提高学生综合运用知识、解决问题的能力。

（一）结合学科课程，形成生涯教育网络

生涯教育与其他学科相配合，可以形成较为完整的育人网络，能够在生涯教育的显性课程之外，通过主题活动等形式，对学生进行熏陶。正如有的学者所言，"学术与生涯发展的相互融合，消解当前学习生活与为未来成人生活做准备的二元对立，进而为学生可持续发展、终身幸福与完满生活奠定基础。"[①]

首先，生涯教育课程与其他学科课程可通过培养学生发展核心素养的共同目标，进行学科之间的渗透与融合，这样不仅使学生的关键品格与能力得以提升，并能巩固生涯发展的相关能力与技巧。其次，与其他学科教育进行协调配合，从而激发学生的学习动机，使学生能够综合各学科所学习到的知识与能力解决实际生活中遇到的生涯问题。再次，将生涯教育与各学科教育相联结，可引领学生从生涯发展视角重新审视自己的学习生

---

① 申仁洪. 论基础教育课程的生涯发展特性［J］. 教育理论与实践，2007（07）：49—52.

活，积极、自主地根据实际情况对学习生活进行预想和规划。同样重要的是，这种融合还可使终身发展的生涯教育理念渗透在学科教学之中，改变学生将"考上大学"视为高中教育的唯一目的这一应试观念，转而将其视为一种达成生涯发展的途径和方法，不仅有利于生涯教育的价值转向，也有利于改变单一的功利主义的学习价值取向。

以高中语言与文学领域中的语文科为例。语文科除了致力于语文素养的提高之外，其价值教育意义可与生涯教育相联结。首先从课程理念角度来看，《普通高中语文课程标准（实验）》中指出："高中语文课程……应增进课程内容与学生成长的联系，引导学生积极参与实践活动，学习认识自然、认识社会、认识自我、规划人生……应注重应用，加强与社会发展、科技进步的联系，加强与其他课程的沟通，以适应现实生活和学生自我发展的需要。"①一方面，高中语文课程理念强调了"认识自我""自我发展需要""规划人生"，这与生涯发展中的"自我概念""选择与规划"内容的关联甚密。同时，其学科理念也涉及规划整个人生和全面发展的价值追求，与生涯不谋而合。另一方面，"认识自然""认识社会""加强与社会发展、科技进步的联系"等理念，亦可成为与生涯教育统整的联结点，使学生在语文学科的学习中，以隐性熏陶形式，进一步加深对外部生涯世界的了解，并与自我的生涯发展联系起来。

从课程目标来看，高中语文课程目标与生涯教育目标亦存在可统筹、可连接之处。高中语文致力于学生发展的五大方面，即："积累·整合""感受·鉴赏""思考·领悟""应用·拓展""发现·创新"，都存在这种可统筹、可连接之处。譬如，在思考与领悟层面，思考与领悟是贯穿整个语文教学始终的重要目标。《普通高中语文课程标准（实验）》指出："通过阅读和思考，领悟其丰富内涵，探讨人生价值和时代精神，以利于逐步形成自己的思想、行为准则，树立积极向上的人生理想……养成独立思考、质疑探究的习惯，发展思维的严密性、深刻性和批判性。"②一方面，这与学生在生涯发展中所必需的反思领悟能力紧密结合。学生的反

---

① 教育部. 普通高中语文课程标准（实验）［Z］. 2003.
② 教育部. 普通高中语文课程标准（实验）［Z］. 2003.

思意识和能力除了要在生涯教育课程中得以引导，更是需要通过各学科的学习养成独立思考和主动自省的习惯，从而能够不断重构自我概念，调整生涯发展状态；另一方面，语文科在思考·领悟层面有关树立人生理想、探讨人生价值的目标，与生涯教育引导学生建构生涯意义的努力，也可互相补充，使学生的生涯发展不仅停留在安身立业层面，更在精神上得以满足。又如，在发现·创新层面，高中语文课程欲培养学生探究意识和发现问题的精神，以及对未知世界探异求新的兴趣。这亦是个体生涯发展所必需的精神和态度，与培养学生积极生涯发展态度与信念的目标十分契合，对处于生涯关键探索期的高中生来说更是关键。

除了语文、历史等文科课程以外，数学、科学、技术等理科课程都可以本学科为出发点，与生涯的终身发展理念相结合，形成全方位的生涯育人网络。以数学为例。高中数学课程注重个体的理性思维和智力发展，与生涯教育就有相通互融之处。首先，数学科目非常注重培养学生的观察能力、抽象概括能力、反思能力、数据处理能力等。而观察能力又是学生能够对内部自我以及外部的生涯环境进行主动、准确观察的前提，而抽象概括能力、反思能力等，则是个体进行自我评价、自我反思、重构自我概念所要具备的关键能力。此外，数据处理能力也是生涯发展的核心能力之一，如何在信息爆炸的社会搜集到有效的生涯发展信息，如何对这些信息进行归纳处理，都可以在数学课程中得到锻炼和实践。其次，《普通高中数学课程标准（实验）》指出："数学课程应适当反映……数学对推动社会发展的作用，数学的社会需求，社会发展对数学发展的推动作用……应帮助学生了解数学在人类文明发展中的作用，逐步形成正确的数学观"。[①]

因此，生涯教育与数学课程可以通过"社会"这一中间因素紧密结合起来。通过引导学生认识数学对个人与社会发展的作用，让学生了解以数学为基础的相关专业、职业在未来的生涯发展方向，知晓数学对个人生活所带来的影响，从而让学生不仅对当下的数学课程有更深入认识，也能够依此对未来的生涯发展之路进行预想和规划。

---

① 教育部. 普通高中语文课程标准（实验）［Z］. 2003.

总之，终身发展取向的生涯教育，要注重其他学科进行弹性统合，从各领域、各学科所蕴含的生涯教育因素出发，形成育人网络。

（二）联结仪式和活动，营造生涯发展氛围

除了学术课程以外，生涯教育还可与学校的仪式活动、综合实践活动等非学术性课程相连接，共同营造校园的生涯发展氛围。例如，在初中阶段，学校可在学生入学之初，结合入学仪式，给新手上好第一节生涯发展课程，让学生以积极的心态面对新环境。同时，还利用主题班会、团队活动等，发展学生的生涯自我认知水平。在入学初期，引导学生在班会课上思考新的学习阶段所面临的任务和责任，给未来一年的自己写一封信。这个写信的过程，其实就是生涯发展的价值澄清和自我认知的过程，也是制定生涯发展目标的实践经验。一年之后，再次举行系列生涯发展班会课，将学生给自己写的信重新返还，让他们结合当前的生涯发展情况，对比曾经的目标与规划，厘清一年的生涯发展状况，然后再通过班会课，引导学生进行深入反思，进而展开自我概念的重构。

心理辅导也是生涯教育可统筹的非学术性课程因素。心理辅导活动可与生涯发展相结合，引导学生学习自我认识的途径和方法，了解性格、气质等对个人的影响。同时，在每学期，都可以引导学生绘制属于自己的生涯发展蓝图，并通过团体辅导、个别指导等，让学生与自己对话，深入了解自己的兴趣、爱好、价值观等，再结合生涯教育课程的自我探索模块，进行自我概念的建构与重构。

同时，生涯教育也可融入在学校的综合活动之中，如社团活动、文化节活动等。生涯辅导教师和社团指导老师可在学生的社团选择和社团活动中进行指导，让学生结合自己的兴趣爱好进行选择实践，并在这一过程中，让学生体验如何进行时间管理和人际交往。在社团活动过程中，教师有意识、有计划地组织开展与社团有关的生涯探索活动，譬如，邀请各社团领域的知名人士到社团开展面对面的交流活动，引导学生利用社团活动进行外部社会的生涯探索。又如，校园文化艺术节也可与生涯教育相结合，给学生提供更多的模拟体验，如跳蚤市场、义卖活动、模拟招聘、时间管理大赛、金钱管理大赛等，通过不同活动主题，激发不同的生涯发展

能力。再如，学校可依据实际情况开展职业岗位体验活动，把图书管理员、后勤管理员、餐饮管理员等职位定期轮流向学生开放，给有兴趣的同学提供体验机会。

（三）整合校外资源，丰富生涯教育内涵

学校、家庭和社会的统合力量对于生涯教育来说十分必要。开展生涯教育课程不仅是学校教育的任务，同时也是社会和家长的共同责任。终身发展的生涯教育需要协同更多校外力量，通过对资源的整合，向学生提供丰富的探索、体验、交流机会，以及社会现实的生涯资料，让学生在体验中不断反思，重构自我概念，提高生涯发展能力。

实质上，为学生提供必要的实践体验机会是一种"双赢"。它不仅能贯彻知行合一的原则，满足生涯发展的需求，还能为社会企事业单位提供前瞻性的人才储备，实现社会资源的优化配置。其具体要求包括这样几方面：

1. 整合社区资源

结合社区，提供本地准确且有时效性的生涯发展讯息，为有生涯兴趣的学生提供专业咨询、指导，并鼓励学生积极参与社区活动，使他们在实践中提高生涯发展能力。同时，整合社会各领域的资源，为学校开发生涯教育课程和开展学校各项活动，提供观摩、体验、服务的机会。并且，通过这些机会，让学生可以与不同领域的领袖或工作者们进行深入交流，为他们提供不同工作岗位上的角色榜样。

2. 有效利用校友资源

不仅要"走出去"，还要"请进来"，为学生提供针对性指导。生涯教育的"请进来"，不仅可以邀请各领域企事业单位代表与学生进行交流、宣讲，更需要利用好校友资源。与本校学生成长环境、学习环境较为相似的校友介绍生涯发展经验，能够使学生获得最贴近的生涯实践指引，这是从其他途径中得不到的。学校应当建立较为完备的校友联系平台，定期邀请不同生涯发展路向的校友进行专题讲座或交流指导。通过与校友的交流、互动，让学生从与自己最为相近的前辈身上获得生涯发展经验，如同"照镜子"一般地进行反思和重构，有利于他们开展更为合理的生涯

规划。

3. 利用来自学生家庭的生涯发展资源

首先，学校要主动邀请学生家长参与生涯规划教育活动。利用各种家校合作机会，将终身发展取向的生涯教育理念传递给家长，让家长了解自身在子女生涯发展中所扮演的重要角色，并鼓励他们共同开展生涯教育活动。教师特别是班主任要定期与学生家长保持联络，一方面是确保家长了解学生的最新生涯发展状态与问题，以保持家校力量的协调一致；另一方面，借此机会加深对学生的家庭背景和生涯发展实际状况的了解，以便更好地进行个别咨询与辅导，令生涯教育落实到每位学生的生涯发展需要上。其次，家长要借助自己所拥有的资源和优势，帮助学校推动生涯教育的落实，譬如，提供生涯体验机会，或作为演讲者、导师进行宣讲、辅导等；介绍某一领域的工作与生活，讲述生活角色所不为人知的幸福与艰辛。同时，老师要积极与家长沟通、配合，关注学生生涯发展能力的提高，以及生涯问题的自由决策，和他们一起民主、平等地讨论学生的生涯发展问题。

第七章

学校改进中的学校文化建设

学校文化是打造学校特色和品牌、驱动学校持续稳定发展的力量源泉，是促进资源优化整合、培植学校价值观、构建共同愿景与学习共同体的精神动力。学校文化是学校发展的灵魂与基石，学校文化建设的最终目的是改进学校文化以此提高学校的整体效能，使学校朝着有利于学生健康成长与教师专业成长的方向发展。本章从学校文化建设的专业性、学校文化管理、校长的道德领导等维度深度剖析与阐释学校改进中的学校文化建设及其丰富的教育教学实践。

一、学校文化建设的专业性

布置和装饰校园、开展丰富多样的校园活动，是学校文化建设的具体体现。但这些仅仅是学校文化建设的外显形式。若局限于此，学校文化建设就成为一种缺乏内在生命力的基建行为和教育活动形式。学校文化建设是一种具有极强专业性的活动，只有遵循教育规律，彰显育人特征，从启智、立德、健体、尚美立场着眼，方可收到教育成效。

（一）对学校文化的理解

探讨学校文化建设问题，首先要厘清文化、校园文化、学校文化等核心概念的基本涵义及其相互关系。

1. 学校文化

从词源上来看，文化源于拉丁文cultura，本意是为敬神而栽培、耕种农作物，后来逐渐演变为对品德与教养能力的培育和陶冶之意。英国文化人类学家爱德华·伯内特·泰勒（Edward Burnett Tylor）在1871年出版的《原始文化》一书中，对"文化"一词进行了多重限定："文化或文明，就其广泛的民族学意义来说，是指一个复杂的整体，其中包括全部的知识、信仰、艺术、道德、法律、风俗以及作为社会成员的人所掌握和接受的任何其他的才能和习惯的复合体。"①

早在西汉时期，我国就出现了"文化"这个整词，其本义为"以文教化"，意即品格的教化与德性的修养。张岱年、程宜山在合著的《中国文化与文化论争》一书中，将文化定义为："文化是人类在处理人和世界关系中所采取的精神活动与实践活动的方式及其所创造出来的物质和精神成果的总和，是活动方式与活动成果的辩证统一。"②《辞海》从广义和狭义两个层次来解释"文化"，广义上是指"人类社会历史实践过程中人民群众所创造的物质财富和精神财富的总和"，狭义上是指"社会的意识形态以及与之相适应的制度和组织机构"③。尽管古今中外学者们在不同语境下对文化有着不尽相同的理解，却也揭示出一些共同特征，即：都承认文化是人类创造的，以人为核心、以人的生命发展为基础，是人类在长期的历史发展过程中积淀产生的成果。

（1）校园文化

学校文化的研究起始于"校园文化（Campus Culture）"，1986年4月，上海交通大学召开第十二届学代会，竞选学生会主席的学生代表将积极推动校园文化建设作为竞选旗帜。④1990年4月，我国召开了全国校园文化首届理论研讨会，当时理论界将校园文化的概念界定为课余校园活动与校

① ［英］爱德华·伯内特·泰勒. 原始文化［M］. 连树声译. 上海：上海文艺出版社，1992：1.

② 张岱年，程宜山. 中国文化与文化论争［M］. 北京：中国人民大学出版社，1990：2.

③ 孙星. 南京市A小学学校文化建设的个案研究［D］. 南京：南京师范大学，2015.

④ 张学书，曲士培. 台湾校园文化［M］. 太原：山西教育出版社，1999：29.

园精神，使校园文化的研究基本上局限在社团活动、校园环境和艺术教育上。①随着对校园文化研究的深入持续推进，校园文化的外延不断扩展，渐渐地，人们将校园文化的研究拓展到涵盖范围更广的学校文化研究之中。

（2）学校文化

现代人类学之父沃勒（W. Waller）于1932年在其《教育社会学》（The Sociology of Teaching）中最早使用了"学校文化（School Culture）"一词。他指出，"学校文化形成的来源之一是年轻一代的文化，之二是成人有意安排的文化。前者是由学生群体中的各种习惯传统、价值观念以及受影响而产生的情感心理和表现行为等构成。后者则代表了教师的成人文化，由教师群体的各种习惯传统、规范准则、价值观念和心态行为等组成"，是"学校中形成的文化"②。20世纪70年代后，学校文化的这种基于工具理性的定义，受到了很多学者的批评与抨击，很多学者采用民族志、诠释学、组织学等方法，将学校文化研究的视角转移到学校本身。盖瑞·菲利普斯（Gary Phillips）把学校文化定义为基于学校人际关系、协作和共同体的"信念、态度和行为"。③在国外，一些学者在人类学家克里福德·格尔茨（Clifford Geertz）等人的文化观基础上，提出了几种代表性的学校文化观：一是把学校文化看作是"学校群体成员的做事方式"；二是把学校文化看作是由信仰、价值、传统等构成的"内在实体"；三是把学校文化视为学校群体成员的价值取向、信仰、态度、行为方式的一种表征；四是认为学校文化即学校群体成员共享的经验、集体感、归属感、荣誉感和团队精神。

国内学者也从不同视角对"学校文化"做出了界定和阐释。郑金洲在《教育文化学》一书中，把"学校文化"定义为"学校中全体成员或部分成员习得且共同具有的思想观念和行为方式等。"④张东娇认为，"学校文

① 陈海燕. 学校制度文化建设的个案研究［D］. 金华：浙江师范大学，2009.

② 范国睿主编. 多元与融合：多维视野中的学校发展［M］. 北京：教育科学出版社，2002.

③ 牛志娟. 转型性变革背景下学校文化的转型与重建［D］. 上海：华东师范大学，2008.

④ 郑金洲. 教育文化学［M］. 北京：人民教育出版社，2000：76.

化是学校全体成员共同创造和经营的文明、和谐、美好的生活方式，是学校核心价值观及其指导下的行为方式与物质形式的总和，包括精神文化、制度文化、行为文化和物质文化。精神文化称为办学理念体系，包括核心价值观、校训、育人目标和办学目标、校徽、校歌等元素；制度文化、行为文化和物质文化合称办学实践体系，包括教师文化、学生文化、课程文化、课堂文化、管理文化、环境文化。"[1]

综上所述，本研究认为，学校文化是从属于社会文化中的亚文化，是学校在发展过程中，经长期积淀而成的、学校全体成员共有共享的价值观念体系、物质风貌，以及与价值观念相一致的准则规范和行为方式，包括精神文化、制度文化、行为文化、物质文化四个方面。

2. 学校文化的分类

对于学校文化所包含的种类和内容，可以从两个角度对其进行划分：一是根据在组织共有属性的基础上，对其所承载的文化类型进行划分；二是依据学校的不同组成部分，对其所包含的文化内容与表现形式进行划分。

（1）组织共性

一般来讲，按照由浅入深、由表及里的标准，将学校文化划分为深层的精神文化、中层的制度文化和浅层的行为文化、表层的物质文化四个层次。[2]

①精神文化

精神文化是观念层面的学校文化，是学校全体成员在教育教学实践和学校发展进程中共同认可、信奉的价值观念，集中反映学校作为育人组织的本质特征和精神风貌，包括校本核心价值观、学校团队精神、学校形象等方面的内容，并通过物质文化、行为文化、制度文化得以体现。精神文化是学校文化的核心和灵魂，是推动学校稳定发展、落实学校改进的观念

———————
① 张东娇. 西方文化分类逻辑对中国学校文化研究的启示［J］. 比较教育研究，2017，39（08）：72—77.
② 盛振文，李建，徐会吉. 发挥文化在民办高校竞争优势构建中的作用［J］. 中国高等教育，2016（09）：35—37.

导向和精神动力。

具体来说，校本核心价值观是学校精神文化的核心之所在，是学校全体成员在教育管理实践和教育教学实践中所倡导并奉行的价值信念和追求目标，通过教育理念、育人目标、校训校风等得以体现。校本核心价值观体现着学校组织成员对学校使命的深刻理解和把握，是学校生存和发展的精神支柱，对学校全体成员的行为具有导向和示范作用。学校团队精神是对学校各种价值观念的高度凝练和总结，具有相对稳定性。团队精神一旦形成，便将产生强大的凝聚力和向心力，成为学校全体成员共同追求和实现教育理想、谋取学校发展的精神动力。学校形象则是指外界对于学校的总体印象，集中表现在学校的校风、教风、学风等方面，彰显了学校的办学特色和师生的综合素质。良好的学校形象具有双重作用。对内而言，可以提升师生对学校的归属感、自豪感，增强身份认同；对外而言，有助于打造学校特色品牌，形成集中辐射效应，提升学校的文化品位与知名度。

②行为文化

行为文化是学校全体成员在实现教育目标过程中所表现出来的外在活动或外显行为，以及活动或行为背后所隐喻、渗透的观念、心理、价值等文化形态的总和。行为文化是学校全体成员的精神风貌的外在体现，是精神文化、制度文化的外在体现和动态表达。

从行为文化主体角度，可以把行为文化分为学生行为文化和教师行为文化。学校文化建设的目标，就在于促进良好行为的形成和发展，使学校的核心价值观、团队精神得以充分展现。

③物质文化

物质文化由硬件要素和硬件中所蕴含的软件要素组成，它不仅表现为一种有形的实体文化形态，又体现了蕴含其中无形的价值内核。其中，硬件要素包括学校建筑样式与布局、地理位置、校园生态、人文景观、基础设施等，软件要素包括由物质载体所彰显出的办学理念、校本核心价值观、办学目标等。

物质文化为学生成长提供了良好的条件和环境，承载并渗透着学校的价值追求。让学校中每一处的物质实体"说话"，是环境育人的最高境界，都可以从物质实体表层挖掘出深层的精神文化。正如著名教育家苏霍姆林斯基所言："教育艺术在于不仅要使人的关系、成人的榜样和语言以及集体里精心保护的种种传统能教育人，而且也要使器物——物质和精神财富能起到教育作用。依我们看，用环境，用学生自己创造的周围情境，用丰富集体生活的一切东西进行教育，此即教育过程中最微妙的领域之一。"①

④制度文化

制度文化是学校制度和学校文化相融合的产物，是调节学校内部关系、维护学校正常运转的文化样态，主要包括学校组织体系和学校管理制度两方面。学校组织体系是为了实现学校目标、管理和指导育人活动、维护工作秩序而设置的组织机构及其相互关系。基于组织职能去设置组织机构，形成一个分工合理、运转灵活的组织运转体系，能够保证学校任务的高质量完成和学校目标的顺利实现，避免出现的职责不清、推诿扯皮等不良问题。

学校管理制度是学校以条文形式对学校全体成员所必须遵守的准则、规范所作出的强制性规定，包括人事聘任制度、教学管理制度、班级管理制度、后勤保障制度、考评与晋升制度、奖惩制度等，以规章、条例等形式出现。完整的学校管理制度，既要体现对常规的教育教学行为、管理行为的规范、约束、限制，也要体现对有利于促进学校目标更好达成的行为的倡导、激发、鼓励。

（2）组织个性

依据学校作为育人组织所包含的文化内容与表现形式，可以把学校文化划分为课程文化、学生文化和教师文化。

①课程文化

课程文化是指在教育教学活动中所传递或表达的信念、行为和价值观体系。课程是语言符号、知识技能、礼仪风俗、价值观念等载体，是基于教育价值与功能、教育目的与目标而对诸种文化形态进行的选择、提炼、

---

① 孙星. 南京市A小学学校文化建设的个案研究［D］. 南京：南京师范大学，2015.

组织和表达，通过课程体系、课程标准、教科书、课程评价等得以体现。譬如，教科书作为重要的文化载体，必须以传递社会主流文化为旨趣；其编写和使用，必须符合学习者的学习特征，必须遵循教学作为特殊的交往活动的一般规律。又如，学校实施校本课程开发，必须以校本核心价值观为指引并以此进行课程统整，要在课程开发过程中，有意识地把诸种教育要素与学校价值体系紧密结合，并使之具有内在一致性。

②学生文化

学生文化是学生群体所特有并共享的价值观念和行为方式，属于学校文化的亚文化范畴，其核心是共同认可并遵循的价值观。学生的学习、生活环境具有相对稳定性，一旦共享的价值观得以形成，将有利于发展学生个体的价值判断和选择能力，有利于培养他们的实践能力和创造精神，有利于提升他们的公共意识和社会责任感，从而持久而深刻地影响着他们的终身成长和终身幸福。

班级活动和学生社团活动是学生文化的直接体现。如果把班级、校园看做是滋养学生文化的"土壤"，那么，班级活动、学生社团活动与课程开发、课堂教学一样，都是重要的"耕种行为"。多种"耕种行为"的交织，令学生文化不断得以生成和创新。其中，班级活动是学生文化的常态表征，学生社团活动则彰显学生文化的鲜明特色，乃至成为学校特色发展的标识。学校文化建设必须尊重学生的主体性，充分发挥学生的主动性、创造性。

③教师文化

教师文化是对教师的教育教学行为、生涯规划、工作方式、生活方式及其所蕴含的价值观念等的总称。在实践中，教师文化主要通过教师的教学态度、教育方式、管理风格、教育期望、专业成长期望以及同事关系、家校交往方式等得到反映。国外学者从教师专业合作关系的角度，把教师文化分为离散型文化、巴尔干型文化、强迫型文化、自愿合作文化等四种。[1]从促进学生成长出发，教师文化建设应以建立新的教师权威观为出发

---

① 马玉宾，熊梅. 教师文化的变革与教师合作文化的重建［J］. 东北师大学报（哲学社会科学版），2007（04）：148—154.

点，尊重和关心学生，平等地与学生进行沟通和交流，致力于建立关怀-指导型师生关系。

通常地，人们探讨学校发展问题，致力于学校文化建设，多在组织共性上着墨，从物质文化、制度文化、精神文化、行为文化上着力。

（二）学校文化建设的意义

1. 促进学校发展，打造育人特色品牌

学校文化是现代学校发展的决定性因素和根本驱动力，学校文化建设是学校得以持续发展的关键，是推动学校提升核心竞争力、谋求兴旺发达的必由之路。学校文化建设中所共享的价值观念、基本假设、行为方式，发挥着价值整合、行为规范、情感激励、资源整合的作用，引领着学校的变革与发展。建设能体现教育根本精神的优质学校文化，是提高以学校文化为基础的学校核心竞争力的有效途径，有利于深度挖掘学校文化底蕴与文化特色，并推动学校朝着个性化、特色化方向发展，进一步扩大学校的影响力，打造品牌学校。

2. 凝聚共识，塑造全面发展的人

学校文化的重要功能之一是凝聚，即凝聚人心、凝聚共识、凝聚力量，令学校全体成员在认同校本核心价值观的基础上，自觉维护和建设学校制度文化和行为文化。这种凝聚功能，能够促使师生形成稳定、强健的向心力和凝聚力，时刻调整和指导教师和学生的思想观念和行为方式，促进全体师生自觉进行自我约束、自我监督、自我管理和自我服务。同时，学校文化又是占据重要地位的一种隐性课程，表现出一种无形的教育力量，潜移默化地影响着学生的道德品质、思维方式和行为举止，以积极温馨的教育氛围净化学生的心灵，激发学生的积极性与主动性，促进学生的个性发展与健康成长，塑造全面发展的人。

3. 引领教师专业成长，推动教师队伍建设

教师是提升教育教学质量的最关键因素，是教育教学改革的中坚力量。学校文化深深影响着教师的工作方式、职业发展、教育观念。在实践中，学校文化建设大致有两种价值取向，即：基于学生发展的价值取向和基于学校发展的价值取向。无论何种取向，学校文化建设的最终指向必然

是通过促进教师的专业发展来提升教育质量，达成学校目标，全面发挥学校作为专业组织的功能。

优质的学校文化，强调教师之间进行积极的沟通和对话，鼓励彼此之间的支持与合作，注重有效引导并促进教师专业发展，努力推动教师队伍建设，促进教师群体作为学习共同体的形成。

（三）学校精神文化的提炼与表达

精神文化是学校文化的内核，在学校文化建设中起统率和引领作用。如何提炼与表达学校精神文化，使校本核心价值观在形式上得以彰显、在实质上得以体悟，是价值驱动型学校改进在顶层设计上的一大难点。

1. 学校精神文化的提炼

学校精神文化的提炼是对学校精神所进行的凝练和表述过程。它以人们对教育理论和实践的认识为前提，基于人们对教育理念、办学实践、教育期望进行教育哲学层面的探索和总结。一般而言，学校精神文化的提炼，需要经过以下三个步骤：

（1）在文化事实中发掘教育哲学意涵和提炼校本核心价值观

采取教育叙事的研究方法，让熟悉学校发展历程的教师或是对校史有所研究的教育专家担任学校精神文化的提炼者。提炼者在尊重学校文化事实的基础上，通过阅读与校史相关的著作、讲述学校特色故事的方式，深入发掘办学特色及其文化底蕴。故事叙述主要围绕以下关键性问题集中展开：你认为对学校贡献最大的人物有哪些？在学校发展过程中你最难忘的事情是什么？你最大的收获是什么？访谈完毕后，将叙述者口述的内容整理成文本，将零碎的故事补充完整。把精加工后的学校故事陈述给教师、学生听，鼓励他们围绕类似这样几个问题进行探讨：听完我们的学校故事后，你有什么启发？哪个故事留给自己的印象最深刻、最难忘？最后，发动师生讲述一个他们自己感觉印象最深的学校故事。在整合学校故事和师生印象的基础上，统计提炼出重复率最高、使用率最频繁、最能表达学校精神的关键词。然后，对这些关键词予以系统化，并追寻、发掘或赋予其教育哲学层面上之意义。最后，在进一步明晰这些关键词的深层含义的基础上，吸收和借鉴相关成果，提炼出校本核心价值观。

（2）统整学校精神文化，使之逻辑化

在明确学校教育哲学和核心价值观的基础上，推动构建学校精神文化体系。学校精神文化体系包括办学目标、育人目标、校歌、校训等。其中，校歌、校训是学校精神的准确表达和高度凝练。运用指代意义准确而丰富的关键词或语句，对校歌校训进行承载，对于学校精神文化的积淀和传承，尤为关键。

（3）学校精神的锤炼与展开

学校精神是学校文化的灵魂，他不仅表征为具有教育哲学蕴涵的校本核心价值观，更体现为富有个性特色的校园精神。所以，学校精神文化的提炼，不仅要尊重事实，更要超越事实，要在体现教育哲学蕴涵的校本核心价值观牵引下，引申出与其相一致的价值观念、宗旨使命等，由此使之得到丰富和完善，并贯穿于学校的章程条例、规范准则之中。

2. 学校精神文化的表达

（1）体现与时俱进的学校价值观

学校价值观是学校的灵魂，是全体学校成员的共同信念，决定着学校发展的方向和品质。现代学校在孕育校本价值观的过程中，应注意突出学校个性，其根本点在于学校全体成员的践履。学校价值观包括校本核心价值观（如人本的价值观、发展的价值观、面向未来的价值观等）和具体的办学目标（办学定位、发展理念、育人模式等）。[①]学校管理者应当尽可能发动全体师生共同参与，把握时代发展的脉搏，集思广益，不断完善和丰富学校价值观，并且基于校本核心价值观，对学校价值体系及时更新、升级，达到与时俱进的重构。

（2）将塑造学校精神的各类活动常规化

坚持不懈地开展各类塑造学校精神的教育活动，是保证学校精神深入人心的关键举措，如通过学校日常的仪式活动，包括新生入学教育、成人礼、毕业典礼等活动形式，渗透和弘扬学校精神，注重活动的实效性，精心设计，使学校精神真正落实到师生的自觉行动中去。学校还可以构建基

---

① 徐璐. 新课程背景下（中学）学校文化建设的现状与完善策略研究［D］. 苏州：苏州大学，2008.

于地方特色和学校特色的校本文化，传递和弘扬学校精神。

（3）塑造楷模，促进学校精神内化

学校在不同发展时期，或多或少都会涌现出了许多先进分子，诸如三好学生、学习标兵、学科带头人、骨干教师等。这些先进分子的价值观念和行为方式，是学校精神的集中体现，此种精神指引下的思想和行为，应是全体学校成员学习的榜样。学校应加大对这些优秀先进分子的宣传力度，传播其卓越事迹，把学校精神内化在每一名学校成员的思想和行为之中，从而真正发挥学校价值观对师生的规范和引领作用。

（4）精心设计并物化学校标识

学校标识包括校徽、校旗、大型活动logo等，是学校形象视觉识别系统的基础要素之一。学校标识代表学校实体，表达独特含义，突出个性特征，被视为学校精神文化的第一表达。标识的设计，可分为具象类和抽象类。[①]具象类标识通常以具体事物来表达学校精神的丰富内涵；抽象类标识则通过使用抽象的符号或图形来表现，以此激发人们的联想或想象。师生应是学校标识的设计主体，这些标识是在凝聚学校全体成员共识的基础上自主设计和建构出来的。

（四）校园环境建设

校园环境体现一所学校的整体风貌，是学校文化的名片。校园环境建设的内容包括学校建筑与布局、校舍内部的陈设布置、校园景观设施以及校园基础设施等。

1. 学校建筑与布局

建筑是凝固的音符。"学校建筑也负有教育的使命，它可以有多种造型艺术形式，象征某种精神和理想，在一定程度上可以陶冶身心，涵养性格。"[②]学校建筑不仅需要体现艺术性，更要体现教育特征，彰显教育意义。同时，学校建筑是学校精神文化的载体。为建筑命名，寄寓深刻意义，也是学校文化的传承和发扬。

---

① 张东娇. 论学校文化管理策略［J］. 中小学管理，2010（09）：46-49.
② 赵中建. 学校文化［M］. 上海：华东师范大学出版社，2004：329.

2. 校舍内部的陈设布置

校舍内部的陈设包括室内桌椅摆放、室内外墙壁、走廊墙壁的布置与装饰、橱窗的设置与利用等。师生是学校文化建设的最大受益者。在校舍内部的陈设布置上，学校文化建设除了考虑学校卫生学的一些基本要求（温度、采光、通风等）之外，还要尽可能保障布局合理、美观大方、格局优雅、环境优美。

3. 校园景观、设施

校园景观包括自然景观和人文景观，包括校园绿化、雕塑、板报、长廊等。校园的景观、设施，不仅起到美化校园环境的作用，更应彰显学校精神，令学生可以在自觉的体悟和不自觉的熏染中接受教育影响。

4. 校园基础设施

校园基础设施包括图书馆、实验室、操场、食堂、体育馆等基础设施。当前，学校基础设施建设，应彰显校本核心价值观，体现育人宗旨，并尽可能创造条件，提升基础设施的品质，满足学校优质发展的需要。

二、学校文化管理

学校管理体制机制建设，涉及学校系统中各组成部分、各环节的运行轨迹和活动方式，是保证组织目标得以顺利达成的关键，是发挥和提升学校效能的根本保障。学校文化管理是以人为中心，把学校管理中的价值要素作为管理的中心环节，以价值管理来促进学校发展的管理模式，它尤其注重尊重人的价值和尊严，发掘人的潜能，设法满足人的多层次需要，力求实现人的全面、和谐发展。因此，在文化管理的视角下探讨学校管理体制机制建设，具有非常重要的意义。

（一）文化管理的内涵与特点

在传统意义上，学校管理主要有经验管理和科学管理两种模式。不同管理模式在管理机制上有着不同特点。经验管理模式是指凭借管理者的经验和权力进行管理的一种方式。该模式主要特点就是重视校长的经验、阅历、能力。校长的治校经历、应对各种复杂学校事务的处理能力，在很大程度上决定了一所学校的发展方向。此外，经验管理模式缺少理论预设，更多的是通过经验的积累来指导学校管理实践，缺乏科学性和前瞻性。

科学管理模式起源于泰勒的科学管理理论，该模式非常注重管理效率的提升，强调管理的标准化、规范化、制度化。科学管理模式提高了学校管理的理性化程度，但其强制性、规范化的规则和制度，过分强调标准化，忽视了人的主动性和灵活性。在这种管理模式下，学校更像一台被严格控制的高速运转的机器，忽视了人在管理中的主体地位，不利于教师和学生的自主发展。

两种传统的学校管理模式，或者强调校长的权威性，或者强调学校组织的层级性、规范性，往往过于注重管理之于组织成员的规范、控制、约束特性，却缺乏对人性的深度理解和把握。学校教育的终极目标是促进和实现人之为人的发展，这种管理模式必然与教育的本体性价值相背离。有鉴于此，人们开始在教育管理实践中逐渐认识到，必须克服传统管理模式之弊端，构建出一套注重价值引领、以切实发掘人的潜力为己任、充分彰显人性的学校管理体制机制。学校文化管理由此应运而生。

学校文化管理强调在深刻理解和掌握规范的基础上，全体组织成员对组织规范的自觉遵守，并将组织规范内化为自觉行动，强调个人的组织责任和主观能动性、创造性。它是在保留传统管理模式合理成分的基础上，对经验管理模式和科学管理模式的一种超越。

1. 文化管理的内涵

文化管理（Cultural Management）一词，最早出现在美国管理学家泰伦斯·狄尔和麦肯锡管理咨询公司顾问阿伦·肯尼迪（Terrence E. Deal & Allan A. Kennedy）于1982年合著的《企业文化——企业生活中的礼仪与仪式》（Corporate Cultures：the Rites and Rituals of Corporate Life）一书中。[1] 美国著名的管理大师彼得·德鲁克（Peter F. Drucker）就曾提出，文化管理作为一个有力的杠杆，可以指导人的行为，帮助职工更好地从事自己的工作，是提高生产力的关键。

对于文化管理的涵义，虽然不同学者有着不同表述，但在强调文化管

① 张东娇. 学校文化管理［M］. 北京：教育科学出版社，2013：28.

理必须"以人为中心""以实现人的价值"这种根本特性上，都是极为一致的。譬如，有学者认为，"文化管理就是'人化管理'，就是以人为出发点，并以人的价值实现为最终管理目的的尊重人性的管理。"[①]与此相近，相关学者也有着大致相近的表述，"'文化管理'以人为中心，以人为出发点，强调'以人为本'，关心人、理解人、尊重人、培养人，在满足人的必要物质需要的基础上，尽量满足人的精神价值需要，以人的价值实现为最终管理目的。"[②]因此可以说，文化管理就是通过学校文化引领学校发展的管理模式，包括：基于校本核心价值观进行顶层设计；运用学校价值体系建构学校管理体制机制并促进其运行；通过价值管理，使校本核心价值观贯穿于教学活动之中，并用以激发和激励师生的思想和行为；从学校文化建设视角发掘和整合教育资源（人力、物力、财力、时间、空间、信息），实现师生作为教育主体的价值创生和自主发展；等等。

2. 文化管理的特点

相对于经验管理、科学管理，文化管理具有如下几个特点：

（1）文化管理的核心是以人为本

"以人为本"是文化管理最根本、最核心的特征。所谓"以人为本"，就是从人的本质出发，肯定人的价值和尊严，尊重人，关怀人，充分调动人的积极性和创造性，把个人价值的实现和人的全面、和谐发展作为管理的终极目的。有学者因而把文化管理称之为"3P"管理，即：从人出发（of the people）、依靠人（by the people）、为了人（for the people）。[③]首先，"以人为本"最直接的体现是"以学生为本"，教育对象是学生，教育服务的对象也是学生。因此，一切教育行为都必须尊重学生的年龄特征和身心发展规律，尊重学生在教学中的主体地位，以满足学生发展需要为出发点，此谓教育之根本。其次，强调教师在学校管理活动中的主导地位。相对于校长而言，教师扮演着被管理者的角色；相对于教育对象来说，教师又是学校管理的主体之一。管理者应在理解教师的双重

① 孙鹤娟. 学校文化管理［M］. 北京：教育科学出版社，2004：39.
② 陈永明. 教育领导学［M］. 北京：北京大学出版社，2010：140.
③ 田文娟. 文化管理视野下学校管理机制的研究［D］. 天津：天津师范大学，2008.

角色的基础上，给予每一位教师以双重关怀，既关心教师的个体需求、职业规划与专业发展，最大限度地保障教师的权益，又鼓励教师进行校本研究和团队研讨，推动构建教师学习共同体，使学校管理井然有序、高效运转，致力于学校管理目标的顺利实现和圆满达成。

（2）将管理中的软要素置于主体地位是文化管理的重要特征

在管理活动中，诸种管理要素区分为"硬要素"和"软要素"。"软要素"是针对传统管理模式中的物本主义而言，它重视人的情感、思维和人与人之间的关系。管理学者沃特曼就认为，"管理要素可以分为结构、制度、战略、风格、员工技能、共同价值观，其中，结构、制度、战略是硬要素，其他都是软要素。"[①]相应地，国内学者把学校文化管理包括七个要素，即：科学超前的理念、具有发展力的机制、主流价值认同、多元价值观的存在、学术力、学术自由空间、特色定位。[②]这些方面均可称为学校管理的"软要素"。传统管理模式注重制度、战略、物质等硬要素，是以技术驱动为主的刚性管理模式。与此不同，文化管理则重视人的价值观、团队精神、道德品质、人际关系等软要素，是以心理驱动为主的柔性管理模式。

当然，文化管理注重软要素并不意味着对硬要素的忽略，而是致力于发挥软要素的引导作用，以此做到软硬结合、刚柔并济。

（3）文化管理是理性和非理性的统一

理性管理强调设置严格的规章制度条例来达到限制、约束的目的，将生产过程统一设定为标准化程序，力图运用科学的方法和唯理、唯物的思维，将一切事务标准化、程序化、规范化，以此最大限度地提高管理效率。科学管理模式的根本错误就是物本主义，陷入了"工具人"和"经济人"假设的误区，把人当作追求最大经济利益的工具。而非理性因素是指意志、观念、情感、价值判断与价值选择。学校文化管理既要激发培养人的理性精神，也要充分关注非理性因素的影响，把理性因素与非理性因素

---

① ［美］托马斯·彼得斯，［美］罗伯特·沃特曼. 追求卓越：美国优秀企业的管理圣经［M］. 戴春平译. 北京：中央编译出版社，2001.

② 孙鹤娟. 学校文化管理［M］. 北京：教育科学出版社，2004：49-55.

有机统一起来。

（4）文化管理是个体价值观和群体价值观的整合

价值观管理是学校文化管理的核心，学校文化管理旨在促进个体价值观与群体价值观相融合，从而构建学校的组织价值观，并依靠组织价值观的引导，实现个体价值观和群体价值观的整合。[①]学校价值观是学校对自己的办学宗旨、办学目标、未来发展规划的根本定位与评价尺度。学校文化管理就是，一方面，要尊重个体的价值与需求，保障个体的权益，激发个体的潜能，促进个体最大限度地实现自身价值；另一方面，建立共同愿景，整合个体价值观和群体价值观，充分调动个体的积极性和创造性以实现组织目标，从而达到"双赢"，实现个体利益和社会利益的统一。

（二）学校文化管理的层次

根据国内学者的相关研究，学校文化管理可分为四层，由低到高依次是：第一层次是身份认同，第二层次是共同愿景，第三层次是契合组织，第四层次是品相定格。[②]

1. 第一层次：身份认同

身份认同即师生对自身所处地位的认可和接纳。学校中每个师生的身份定位，源自学校中其他师生及社会对其身份的定位，并在个体内心与自身意义世界的身份相比较。若二者相一致，就称之为身份认同或认同身份。[③]

在学校文化管理中，师生的身份认同的主要特征在于：其一，恪守本分，承担自己身份应该履行的职责和使命，这是身份认同最显著、最典型的表征；其二，热爱自己的工作。学校组织成员和作为教育主体的角色，是师生身份认同的基本特征。对于教师来说，表现为热爱教育事业，对待本职工作一丝不苟、以身作则、严于律己，有强烈的责任感和事业心，不断更新教育教学观念，积极参加教育改革发展实践，勤奋敬业，承担责任；尊重关心每一位学生，积极与学生进行沟通交流，致力于构建温馨的

---

① 孙鹤娟. 学校文化管理［M］. 北京：教育科学出版社，2004：49—55.
② 付全新. 学校文化管理的理论与实践探索［D］. 武汉：华中师范大学，2014.
③ 同上。

关怀型师生关系，让每一个儿童感受到爱和温暖。对于学生而言，表现为主动关心同学，愿意做老师的助手；为班级建设献言献策，为班集体建设积极行动；以学校为荣，注意自己的行为举止，维护学校形象等等。

2. 第二层次：共同愿景

"共同愿景"英文为Shared Vision，本意是大家共同分享的、共同愿望的景象，由景象、价值观、使命和目标等方面构成。共同愿景一旦形成，便会产生巨大的凝聚力，激发强大的驱动力，孕育无限的创造力，不断促进组织的良性运转与内生式发展。美国组织咨询师查理·基佛（Charlie Kiefer）曾说过："尽管愿景能激发热情，但建立愿景的过程并不迷人。"[①]要构建组织的共同愿景，必须设法做到：其一，高度关注个人愿景，尊重满足个体需要，使得个人愿景可以汇聚、凝结为学校的共同愿景。管理者尤其是校长要善于发掘，善于凝练，要把教职工心灵深处的共同意向发掘出来，善于对特级教师、高级教师、优秀班主任等多年积累的教育教学经验进行凝练，善于把老师们的奉献精神、教学风格等凝练成学校文化，以求进一步构建学校的共同愿景。其二，更加关注共同愿景的交流与分享。愿景的源头其实并不重要，它得到分享的过程才至为关键，因为其与组织员工的个人愿景相联系、相沟通之前，组织愿景尚未得到凝聚，因而还不是真正的共同愿景。所以，学校文化管理应当加强组织的共同愿景与个人愿景的联系和沟通，促使个人对共同愿景的领会更加独到且深刻，激发鼓励个体对共同愿景给予更多的关注，以至于从内心予以认可和接纳，最终同化为个人的组织信念和奋斗目标。

3. 第三层次：契合组织

契合组织指个体根据学校的办学目标与发展规划，设计并制定自己的努力方向和奋斗目标，并辅之个体的主动性与积极性顺利地达成目标。契合组织的特点在于，一是主动为实现学校目标和共同愿景而努力，二是全身心地投入到自己的工作和学习中去。[②]

① ［美］彼得·圣吉. 第五项修炼：学习型组织的艺术与实践［M］. 张成林译. 北京：中信出版社，2009：213.

② 付全新. 学校文化管理的理论与实践探索［D］. 武汉：华中师范大学，2014.

契合组织是凝聚组织成员力量的动力源泉，处于此层次的成员已经能够将组织的共同愿景自觉贯彻到个人日常生活之中，推动组织高效运转、蓬勃发展。同时，师生自觉契合组织，能够增强其荣誉感、归属感和职业幸福感，有助于人生价值的实现。所以，学校文化管理应首先积极满足师生的合理需求，主动契合组织成员，以此促进师生与组织的契合。其二，积极营造关怀型的人际氛围，使师生之间可以进行"零距离"的沟通和交流，增强学校全体成员对学校的认同感、归属感和亲密感，促使师生主动契合学校。树立正能量的师生榜样，调动全体成员的积极性，不断增强其身份认同，促使组织成员在追求成为榜样的过程中，自觉契合组织。

4. 第四层次：品相定格

品相定格是指全体师生长期在学校文化的浸润下，潜移默化地受到影响并形成特定的文化气质的过程。品格定相具有这样几个特征：一是师生习惯性认同、采纳学校的决策；二是师生的文化品相和气质，代表着学校的整体气质和精神风貌，是学校文化的缩影；三是这种品相和气质一旦被确定，就很难更改，在持续的传承过程中得以承续，从而影响一代又一代的师生。

学校文化管理应注重发挥具备优秀学校文化品相的师生的引领作用。这样，既可以缩短优质学校管理的成熟周期，又可以大大降低学校管理成本。学校的这种精神气质落实到新入职教师的身上和新生的教育活动之中，可以增强新教师或新生对学校的文化适应感和归属感。比如，学校可以开展类似"青蓝工程"的师徒结对活动，由熟悉学校文化、经验丰富的骨干教师担任新入职青年教师的指导老师，发挥骨干教师的传帮带作用，便有利于促进青年教师快速地适应学校环境，在专业成长上获得长足进展。所以，学校管理者应在具有学校特色的宗旨理念、办学目标、价值体系、文化内核的积极引导下，致力于培养和塑造学校全体成员的健康、积极的文化品相。

（三）文化管理下的体制机制建设

1. 建设原则

（1）教师优先原则

教师是教育教学活动的承担者，肩负着教书育人的崇高使命，是推动教育事业发展与教育改革前进的核心力量，也是学校文化管理中最难获得和最难替代的生产要素。教师是学校发展的第一资源，学校的管理与发展的重中之重，就是教师队伍的优化与教师专业成长。教师的专业性和不可替代性，决定了文化管理下的学校体制机制建设，必须把教师专业发展放在优先位置。

（2）价值引领原则

校本核心价值观是学校文化的核心，是学校办学理念与实践的凝聚与升华，不仅是教育功能与教育理性的综合表达，而且彰显了学校教育追求的终极目标。健康、积极的校本核心价值观，为学校全体师生提供了共同愿景，影响着师生的行为方式、思想观念、道德品质，是学校改进和学校发展的重要保障。学校文化管理就是要通过凝聚和塑造具有强大驱动力的校本核心价值观，实现对学校全体成员的价值引领。所谓价值引领，就是在学校改进中，发挥价值观对教育教学活动和管理行为，对教师专业成长、对学生全面发展的指引和带动作用。其根本点在于价值观对教职工作为主人翁的正面导向、精神激励、潜力激活和创造性发挥。因此，价值引领机制的设计，应积极满足师生的合理需求，鼓励师生在物质需求得到实现的基础上，积极、主动地追求高层次的精神需求，完善和丰富人性，努力实现由"小我"到"大我"的超越。

（3）公平民主原则

公平、民主往往与偏私、集权相对应。经验管理的根本特性在于"人治"，"人治"重在易于集权，亦更易于偏私和不公；科层管理强调制度化、科层化，集权式管理是其根本特征。文化管理则是一种人本化、公平化的民主式管理，公平民主是其内在特征和本质要求。公平民主原则强调师生是学校的主人，秉持学校的事情应由全体师生做主的原则，尊重师生作为组织成员的主体地位，鼓励师生积极参与学校管理，强调对师生的主动性、积极性、创造性的激发，体现了现代学校管理的基本精神和演进趋势。

2. 职能转变

学校组织机构是管理机制构建和运行的基本条件。推动学校组织机构转变职能，是实施学校文化管理、提高学校管理效能的关键之所在。

（1）变学生管理为学生管理与指导

为了更有效地服务学生的发展，并把教育学生"成人""成才"作为学校管理的根本出发点，学校应该把以前作为管理职能部门的学生管理机构，调整为学生管理与指导机构，亦即熟知的"学生管理与指导中心"。通常地，该机构下设管理中心、指导中心、服务中心、活动中心。管理中心负责思想品德教育和学生的日常行为管理，以及问题行为的处理；指导中心主要负责学生的心理咨询与辅导、人格指导、生活指导、生涯指导等；服务中心主要为学生的学习和生活提供必要的帮助和支持，及时解决学生遇到的实际困难和问题，如医疗服务、后勤服务、教学服务等；活动中心主要负责学生的课外活动和社团活动，提供相应的活动硬件支持和专业教师指导。学生管理机构的调整及职能转变，充分体现了以学生为中心的教育发展理念，可以更好地满足学生的个性化需求，真正达到服务学生的目的。

当然，鉴于许多学校的寄宿性质和较大乃至超大规模，后勤服务及其保障职能应当与学生管理及指导区分开来，通过保留或设置专门的后勤保障部门行使与之相关的专门职能。

（2）变教务管理为教学管理和教研与课程开发

深化基础教育改革要求学校必须提高教学研究能力。不过，从现实看，多数学校原有的教研组织多以各年级的学科教研组或备课组为单位，其教研活动对学科的整体把握和综合实施上存在缺陷。为了减少层级关系，淡化科层色彩，推动学校组织朝着专业化方向发展，学校需要改教务管理部门为教学管理处和教研与课程开发中心，教学管理侧重课程规划与实施、教学质量检测、学籍管理、考务管理，教研与课程开发中心侧重校本课程开发、校本教研。跨年级、跨学科的教研与课程开发部门，通过跨年级的学科教研和跨学科的联合教研，能够较好地提升校本教研的针对性、专门性、实效性。

（3）推行"走班制"与年级组改革

未来充分尊重学生的主体地位，满足不同层次、不同类型学生的学习兴趣与发展需求，改革传统的班级授课制、推行"走班制"正在成为一种新的教学组织形式。在"走班制"下，学生可以根据自己的兴趣、能力和水平，选择适合自身发展的班级进行"流动学习"，不同班级教授的课程内容不同，学习要求也不同。"走班制"赋予了学生充分的学习自主权，可以满足学生的多元发展需求，促进学生的自主发展。同时，还可将年级组与教研组双轨运行模式改为以年级组作为管理实体的运行模式，把教育教学的重心移至年级组，减少管理层次。不过，年级组和学科组的这种扁平化改革，必须基于顶层设计，并在学校层面予以统筹。

（4）成立教科研与教师发展机构

建立一支高素质、教育科研实力雄厚的教师队伍，是学校发展的内在需求。现实地看，多数学校仍以教研组为依托开展科研工作，科研始终处于教研的从属地位。为了缓解教研管理与教科研之间的矛盾，学校有必要成立教科研与教师发展中心，致力于加强教科研系统建设、提高教师科研素养，以科研指导教研，促进学科建设和教学改革，并通过教科研提升和教师发展平台建设，增进教师之间的交流与合作，进而推动教师学习共同体建设。

3. 机制转换

实现学校管理体制转换是实现文化管理的必然要求，具体包括以下几个方面的内容：

（1）将学校制度转换成为共同的价值观

学校制度通过设置一系列强制性的条例规章对个体的行为进行限制和约束，而学校文化管理强调管理中的软要素，将外在的规范制度内化为个体的自觉行动，将学校制度转换成为学校全体成员共同的价值观。学校价值观是学校文化管理的灵魂与核心，是维系学校平稳运行、协调发展的力量源泉和关键支撑，潜移默化地影响着学校全体成员的行为方式与意志品质。文化管理通过发挥软要素的作用，让师生自发地遵守学校制度，最终达到自我约束和自我管理。这种约束和管理并非是外部行政力量的干预和驱使，而是组织成员内心对学校文化的全面认可与接纳。师生长期处在学校文化环境的浸润下将会使这种共同价值观演变为个体内心的坚强意志，促使个体自觉将规范贯彻践行在日常行为中，并以更高的道德标准来严格要求自己。

（2）把长官意志转换成为学校组织成员的共同意志

传统管理模式赋予管理者领导和管理的双重角色，强调管理者的权威和集中领导，通过控制、组织调配人员来完成计划，同时实施和制定多种手段措施和变革来确保管理目标的实现。这种集中管理在一定程度上挫伤了教师的积极性和创造性。而文化管理是一种有情感温度、更符合人性的民主管理，强调尊重人、发展人、塑造人，即管理者把权力下放到学校管理团体、专业团队，由各团体、团队集体讨论制定学校各种相关政策，管理者只在决策过程中发挥指导、咨询和参谋作用。这种管理模式可以激励组织成员更加自主地审视自己的工作，容易创设团队和组织的共同愿景，激发他们的工作潜力和工作热情。

（3）把硬管理转换成为软管理和硬管理相结合的管理

传统管理模式把战略、制度等硬要素放在首要地位，忽视了对价值体系、道德规范等软要素的关照。文化管理注重发挥软要素在学校管理中的引领作用，同时与硬要素相互结合、优势互补，更好地促进学校整体效能的提升。同时，还应明晰软管理和硬管理在管理中的定位，硬管理为软管理的实施提供了坚实的制度保障，软管理发挥着导向和带动作用，从而将学校的规章制度转化为组织成员内心的自觉行动。

（四）学校文化管理的趋势

1. 导向机制的转变：以校本价值观为核心

以下案例是N省E中学基于"立本"的校本核心价值观。该校在"敦品励学，和谐发展"办学理念的指引下，落实立德树人这一根本任务，以构建校本德育体系、完善育人体制机制、开发校本德育课程、提高德育活动有效性为抓手，通过改革学校德育管理体制、提升教师德育能力、构建和谐型学校伦理生态，从而推进学校的改革和发展，增强竞争力，扩大影响力，形成"立本教育"特色的实践探寻，具有独创性、新颖性的特点。校本核心价值观作为学校文化管理的基石和核心，是整个管理机制运行过程中的重要组成部分，体现了学校的教育哲学和办学宗旨。当前学校文化管理应发挥校本核心价值观对学校全体成员的凝聚与引领作用，表现出朝气和活力，体现以人为本、自由发展的精神理念，促使师生将这种学校精神内化为自身的理想信念和价值追求，共筑师生成长的精神家园，促进管理效能和组织效能的提升以及学校改进目标的顺利实现。

[案例] N省E中学"立本教育"实践探寻

（1）校本核心价值观："立本"——从教育的本真出发，回归教育的本源，皈依教育的本质，以推动人的全面、和谐发展作为教育之根本。

（2）办学理念：敦品励学，和谐发展

（3）培养目标：立本教育以立德树人为教育事业之根本，以促进学生和谐发展为教书育人之根本，旨在提升学校发展的自主内生能力，培养明仁、尚实、弘毅、善群的现代公民。

（4）实践路径：活动牵引、课程浸润、制度撑持、文化滋养

（5）实践抓手：构建校本德育体系、完善育人体制机制、开发校本德育课程、提高德育活动有效性

校本核心价值观具有双重旨归，在对内学校文化管理中发挥着精神导向与价值引领的作用，在对外学校特色品牌建设过程中发挥着理念识别和形象塑造的作用，只有建立在学校共享价值观体系和全体成员共同的心理契约的基础上，同时具有鲜明的个性特征和时代特色，校本核心价值观才能真正发挥对学校内部能量的导向与重组。此外，注重校本核心价值观的渗透与内化，将校本核心价值观管理作为一项持续改进的长期工作在教育教学实践中加以贯彻落实，以此推动学校的内涵式发展与可持续性改进与创生。

2. 校长负责制的深化：民主化

校长是学校改进的核心和关键。实行校长负责制是落实学校办学自主权与实现学校管理目标的最基本要求，也是学校管理体制机制运行中的重要内容。首先，校长应当更加注重德育管理上的专业领导。校长对于学校的领导，首先是教育思想的领导，其次才是行政上的领导。[①]校长应从青少年的态度、情感、价值观的形成、强化、改变、提升的特征和规律出发，分析校情、校貌，确定德育改革方向，把握德育工作侧重点，组织专

---

① 陈晨. 中小学价值观管理模式建构研究［D］. 杭州师范大学，2015.

业力量制定科学、可行的方案，建立和健全有效的德育工作运行机制，从而"带领大家做正确的事"。同时，校长应明确学校的文化主位性，不过分依赖于外部权威或消极等待外力，[①]基于自己的专业判断促进学校文化的自主内生。其次，教师是学校改进中最直接的推动者，也是持续改进的动力，更是根本的依靠力量。如何使顶层设计变成可行方案，把可行方案化作实际行动，令实际行动产生预期效果，都有赖于全体教师的积极支持和主动参与。如何让教师感受到、体验到"学校改进事关重大"，并与自己的利益（绩效待遇、专业成长、职业幸福感等）息息相关，从而齐心协力、精诚协作，把"我们自己的大事"办好，既考验校长的专业领导力和管理智慧，也考验学校管理团队的敬业精神和专业能力。再次，积极调动教职工代表大会、学生代表大会、家长委员会等正式和非正式组织参与到学校文化管理中来，通过多方利益相关者力量的集结，不断拓宽民主管理的渠道，切实增强学校的教育效度和管理效能。

3. 内部组织机构的设置：扁平化和综合化

学校组织结构是保证学校管理体制得以平稳运行、达到良性循环的基本条件。在传统的科层式管理模式下，信息的沟通和指令的传达通过层层转述到达教师个体，这种间接的传达方式，没有充分关注到教师的需求和想法，不能很好地发挥教师的自主性、积极性、创新性，难以在组织成员中引起共鸣，凝聚共识。且传统科层式管理模式下的学校组织结构层级多，信息传达速度慢，导致管理效率低下。针对这种情况，当前学校管理机制的发展趋势就是学校组织结构由传统科层制下的"金字塔结构"向扁平化结构变革。这种重心下移的扁平化学校组织机构模式减少了管理层次，比较灵活且信息畅通，促进了管理效率的提升，有利于落实学校的各项工作与任务，提高学校管理的实效性。其主要表现形式为改学生管理为管理与指导中心，明确学生在学校管理中的主体地位；改教务处为教学管理处和教研与课程开发中心，淡化科层色彩；持续推进走班制与年级组改革，真正激活学生发展的内驱力；成立教科研与教师发展中心，推动构建

---

① 吕立杰，马云鹏，李晶. 制度驱动与文化构建：学校改进UAS项目中的三方角色 [J]. 现代教育管理，2012（08）：45—49.

学习型教师团队，不断致力于教师共同体的建设与发展。此外，学校推行"扁平化"获得成功的标志是从根本上理解和把握了学校文化管理和扁平化管理模式的价值内核和精神实质，在学校各方面条件都成熟的情况下进行变革与创生，凝聚精神信念，培养文化自觉，促进学校的持续性改进与内涵式发展。

"嵌入、濡化、博弈和平衡"，是学校变革的发生机制。①尽管倚靠学校自身力量，学校无法实现系统、全方位的组织变革，但借由学校改进去顺应这种发生机制，却可以提振和促进学校变革，其中最关键的便是项目驱动，即：抓住符合学校发展重大需要而又切实可行的关键点和突破口，确定学校改进的具体项目，对这种项目进行精心设计并予以落实。发挥驱动作用的这些项目主要是单项的、局部性的，如课堂教学改革、校本课程开发、特色活动推进、校园文化建设、班级管理体制机制调整等。项目驱动的作用机制在于：借助项目组成员的改进行为，使项目推进嵌入到学校的日常工作之中，由此带动其他方面的工作，同时通过项目推进行为及营造出来的改进氛围，对全体利益相关者尤其是教师产生濡化作用，从而起到激发、引领和示范作用，带动全方位的学校改进。

此外，随着教育影响源的日趋多元，教育信息技术的深度介入，人格本位、能力本位的教育，要求学校教育必须冲破教师个体"单兵作战"的藩篱，努力实现教育力量团队化。这种团队化，就专业力量整合而言，便是要围绕某项（类）工作内容，以关键性人员为核心，建立微型专业团队；对育人力量整合来说，便是以行政班、教学班、社团班为基本单位，以促进个体成长为旨趣，实现校内外育人力量的整合，形成立德树人共同体。

4. 内部人事制度的改举：公平化

学校转变人力资源配置方式，实行竞聘上岗制，通过市场化手段完成校内人才资源配置，从而取代了国家行政任用制以及教师人事行政终身制，通过吸引全国各地的优秀教师，通过教师流动注入新鲜血液，优化

---

① 张东娇. 学校变革压力、机制与能力建设策略［J］. 教育研究，2015，36（10）：47—56.

了原有教师的结构，带来发展的良性循环。同时，学校人事制度应具备以下特点：其一，平等与民主。每个人在制度和学术面前平等，公平参与竞聘。其二，宽容与创新。建立自由、开放、平等、民主的学校竞聘机制，给予教师更大的自由。[①]

目前中小学规范管理的核心仍是公平公正问题，即如何通过健全和完善学校的各种规章制度，确保组织成员获得公平公正的权益、待遇、机会，并切实感受到、体验到这种公平公正，且让懈怠者、取巧者"止步"。其中最关键的是：（1）对国家课程、校本课程、课外活动、学生管理等予以统筹考虑，细化岗位工作量；（2）明晰教师岗、教辅岗、兼职管理岗、后勤服务岗等的职责，健全岗位责任制；（3）基于细化后的岗位工作内容，确定绩效标准，修订和完善绩效工资制；（4）基于政策规定和学校实际，融合工作业绩和师德师风，严格年终考核，尤其是把好"两头"关；（5）将年终考核、评优争先等与职务职称晋升挂钩，建立和健全校本化的晋级晋升制度；（6）将不良的教学、管理行为进行"教学事故"分类，确定事故等级，建立师德考评机制。

5. 内部激励机制的健全：多样化

在激励机制上，组织内部的激励举措能唤起教师对集体的"回报情绪"，进而产生"组织承诺"，[②]使教师自觉将学校全体成员的共同价值观贯彻落实到自身教育教学实践上。学校文化管理中的激励就是从学校的发展目标和学校全体成员的需要出发，选择合适的激励措施，提高师生的积极性和主动性，使之对此后的工作任务报以更大的热情和努力，最终达成学校目标的过程。其本质就是激发和提升行为主体的动机和潜能。因此，在学校文化管理中可以采取目标激励、价值激励、任用激励、关怀激励、情感激励、榜样激励等多种激励模式，通过多种方式和途径来激发组织成员的积极性，促进个体主体发展意识的觉醒。同时，发挥精神奖励的引领作用，通过物质奖励和精神奖励相结合的方式促进教师的可持续发展。中

---

① 田文娟. 文化管理视野下学校管理机制的研究［D］. 天津：天津师范大学，2008.

② 邓田生，张忠，王磊. 企业共享价值观形成之动力研究——心理契约是推动企业形成共享价值观的原动力［J］. 湖南经济管理干部学院学报，2006（05）：42—44.

小学的自主改进，目前应当在铺设台阶、提振荣誉上狠下工夫，即在教育法律和政策框架内，修订和完善晋级晋升、奖惩分配等条例，制定和规范教师专业进修、业务交流、荣誉授予等章程。此外，还应把握各种机会，利用非正式表扬机制挖掘教师潜力并展示教师风采，不断增强教师的职业认同和组织认同。

6. 内部评价机制的完善：人性化

教师劳动的复杂性、长期性、创造性决定了教师评价必须具备多元化标准，而教师工作的特殊性决定了教师评价制度存在的必要性和实施的困难性。美国学者斯塔弗尔比姆（Daniel L. Stufflebeam）在总结美国以往评价理论发展的基础上提出的评价观："评价最重要的意图不是为了证明，而是为了改进"，是"为决策提供有用信息的过程"。①所以，学校文化管理下的教师评价机制应该要做到以下几点：建立以理解与对话为基础的教师评价制度，推动评价者与教师由主客对立走向主体间性；评价的立足点是教师的专业成长和专业发展，将教师本身作为评价的动机；教师是教育教学任务的主要承担者和管理者，激发教师的主人翁意识，发挥学校核心价值观和共同愿景对教师的引领作用，促进教师健康成长和发展；鼓励教师制定个性化的职业发展规划和工作目标，引导教师将自身发展和学校的前途命运结合起来，自觉契合组织的发展需求；推动构建教师学习共同体，致力于教师文化建设；评价主体多元化，社区、家长、学生也是教师评价的主体，促进评价更加公平民主。

瑞士心理学家荣格（Carl Gustav Jung）认为，文化的最后形态就是人格。学校文化区别于其他亚文化最根本的特质就是其育人功能。通过学校文化建设引发学校全体成员的思想共鸣，立足高远，浸润灵魂，切实增强学校文化的软实力，提升学校发展活力，不断推动学校的持续性改进与内涵式发展，是深化学校管理改革的必然趋势。

---

① Stufflebeam, D. L. A depth study of the evaluation requirement［J］. Theory Into Practice, 1966, 5（3）: 121–133.

三、校长的道德领导

学校文化建设之于学校改进的重要性，在此已无须赘言。然而，将学校管理层层递推至微观层面，校长作为学校文化管理的核心角色，对自身领导者身份的再反思以及新定位，便成为校长践行其职能的关键之所在。价值驱动型学校改进需要校长自身发挥价值引领作用，注重人文关怀，成为伦理型校长，通过道德领导进行学校文化管理，引领学校发展。这里将从校长的角色、职能和领导力出发，重点分析校长之于学校改进所具有的道德领导作用，并就校长如何发挥这种领导提出建议。

（一）校长：学校文化管理的核心

校长作为一校之长，统领着所管辖学校的各项综合事务，肩负着领导课程教学、引领教师与学生成长以及营造良好育人氛围的重任。因应学校文化管理和学校文化建设的现实需要，校长作为其中的核心角色和领导力量，需要充分考虑服务对象的合理诉求，不断反思进而调整自身的角色定位，以全局性眼光来规划学校发展。因此，对校长的分析，应当从校长所扮演的角色及其职能入手，只有这样，才能从源头上明白校长何以成为学校文化管理的核心人物。

1. 校长的角色与职能

在日常话语中，校长几乎就是一所学校的第一责任人，全面主持和掌管着学校事务，尤其是教育行政方面的各种事情。表面上，似乎人人都了解校长，而其中最常见的看法就是校长是领导教师群体的那一方，这种观点显然是把校长与普通教师完全分离开来。实际上，校长作为一种职业，其角色与职能并非一直如此，它经历着一种特定的演变过程，起源于学校中的教师群体。

（1）校长角色及其职能的演变

起初，学校教育的发展规模远远比不上今日的普及程度。在相当长的时间里，学校以及学校所开设的课程数量较少。由此，学校内的教学以及行政工作都较简单，教师群体可以通过内部沟通、协调来自行处理各项事务，无需专门委托一人来担任管理者。然而，随着学校教育朝着系统化、制度化以及规模化、普及化的方向持续发展，学校这一组织的复杂性与日俱增。与之相应地，校内的人员分工也越来越精细化，不断出现新的分工，于是便需要在学校内部选派专人统领教师乃至学校的相关工作，因而在教师群体中就自然而然地出现了"首席教师"的角色，这正是我们现在所说的校长的前身。以美国为例。19世纪中期，中小学的"首席教师"仍然保留了教学的职责，尚未成为专职校长。到19世纪末，校长承担着越来越多的职责，开始拥有了允许学生毕业与保护学生健康等多项权力，已经成为主持学校事务的管理者，不再是"首席教师"。进入20世纪之后，校长获得了监督教学的权力，通常不再或者较少亲自从事教学工作。历经形成与扩充，到20世纪初期，美国中小学校长基本上具有了这样三种职能，即学校的组织管理、教学的监督与领导、学校——社区关系的协调与维护。[①]然而，关于校长角色和职责的讨论并未就此结束，其中较为一致的观点则是，校长应当身兼"学校管理的执行官"与"学术带头人"这两种角色。但是，这对于校长而言是尤为艰巨和困难的。若能两全其美，则校长姓"官"与姓"教"的问题不会争论至今。中国中小学教育实践中校长的角色与职能亦面临着同样的难题。

在中国，"校长"一词早有出现，但此"校长"并非彼"校长"，即前文所言的、具有现代意义的学校第一责任人，而是一个意指下级军官的古代用词。中华民国初期，1912年初颁布的《普通教育暂行办法》正式出现了"校长"这一称谓，"从前各项学堂均改称为学校。监督、堂长应一律改称校长"。[②]同年颁布的《小学校令》中的第六章"职员"以及《中学校令》中的第十三条、第十四条，都开始明确规定校长的任职条件、程序以及相应的奖惩措施。基于此，校长制度在国内得以初步形成，校长逐渐成为学校管理的重要领导力量。20世纪二三十年代以来，伴随着学校的发展，校长的角色与职能也处在不断的变动之中，但总体而言，可以大致把校长的角色及其职能归为"社会活动家型校长"与"教育家型校长"两

---

① 陈如平．校长发展在美国——美国中小学校长的历史考察［J］．新教育，2005（02）：19—21．

② 璩鑫圭，唐良炎．中国近代教育史资料汇编：学制演变［M］．上海：上海教育出版社，1991：596．

种类型。①社会活动家型校长的职能主要在于积极参与社会中的各项活动，借此为学校的发展争取师资、经费以及其它各种必需的教育资源，通过亲身行动提升学校的社会声望；而教育家型的校长则更侧重于为提升学校的教育质量而钻研教学工作。当前依然存在的、围绕校长姓"官"还是姓"教"的讨论，与当年对这两类校长孰轻孰重的争论极为相似。只不过，如今的教育环境发生了巨大变化，在此背景下的校长所应具有的角色及其职能，也更加丰富、多元。

（2）当前我国校长的角色与职能

校长虽是"一校之长"，但究竟"长"在哪些方面，就稍显模糊不清了。当然，这也难以且无必要形成某种固定结论。究其根本，校长毕竟处于不断变动、发展中的学校系统，其所承担的角色与职能因时而变，深受教育改革动向的影响。20世纪90年代以来，提高和保障教育质量一直是世界教育改革最为突出的主题。中国教育改革由来已久，紧随着国际教育改革趋势，学习和借鉴优秀经验，在不同阶段发展已经取得了令人瞩目的历史性成就。在当下以及未来，全面提高教育质量仍然是中国教育改革的主旋律，学校改进的重要性自然不言而喻，而校长作为"一校之长"所面临的期待与要求自是不会减少。在这种情况下，为了深入推动学校改进尤其是增强学校文化的价值凝聚力，不断满足学生的发展需要以及不同学生的不同需要，校长就不能只是上传下达的行政管理者，哪怕是教育家这一角色，也已不足以适应教育改革的发展需要。

总而言之，校长的角色和职能都需要继续丰富拓展。一方面，受学校层级、类别、规模等的影响，不同学校的校长在教育实践中所承担的角色与职责不尽相同，在具体要求上体现着学校特色；另一方面，自从校长一职从教师群体中分化而来，校长作为一种近乎专门化的职业，有着其特定的工作内容，这是校长群体内共有的角色及其职责定位。对此的直接论述并不多见，但并非没有间接讨论。比如，有学者认为，校长的职业角色

---

① 陈孝彬. 多元化——校长角色的现实走向［N］. 中国教育报，2004—4—27（4）.

不同于教师，校长既是教育者，又是领导者和管理者。[①]类似的观点不一而足，其共同之处可以归纳为：首先，作为教育者，校长需明确学校的办学定位，凝聚核心价值，塑造育人环境；其次，作为领导者，校长必须总体规划学校发展，并且在整个进程中发挥引领作用；最后，作为管理者，校长需全面细致做好人事、财务、教学、会议等管理工作，妥善处理学校的各项综合事务。对于这三者，有学者认为，校长在履行教育者职责的同时，更重要的是成为合格的领导者和管理者，[②]"领导"与"管理"对校长工作的重要性更为突出。在《中华人民共和国职业分类大典》中收录了有关中小学校长方面的专门词条，即"在中学、小学担任领导职务并具有决策、管理权的人物"，并列出了相应的工作职责，主要包括：①根据教育方针、政策和法规制定学校发展目标和规划；②全面主持学校行政工作，根据国家制定的教学计划组织教育教学工作；③确定学校组织机构设置方案，按有关程序提名副校长人选，任免组织机构负责人；④对教职工实施聘任、考核、奖惩直至报上级主管部门批准予以辞退；⑤负责学校德育、体育、卫生、美育、劳动教育工作和课外活动；⑥负责学校财务和总务工作；⑦主持校务会议；⑧维护学校合法权益。[③]

校长作为学校管理的核心和重要领导力量，这一角色的分量极重。这固然给履职担责的校长带来了发展机遇，但同样也潜伏着角色定位泛化的危机。校长固然是"一校之长"，但这不意味着校长无所不能，其职责无所不包，校长并不是单打独斗的英雄人物。学校改进往往容易将校长的这种地位和作用抬高到不适当的位置，以至于强化为一种"英雄式校长观"，即：校长被视为学校改进的唯一领导者和责任人，他常常通过直接操纵权力或利用影响力来要求和驱使教师实施改进。现实中的那些力不能及的种种表现，反而可能加剧校长角色定位泛化所造成的消极影响。校长

① 褚宏启，杨海燕. 校长专业化及其制度保障［J］. 教育理论与实践，2002（11）：20—26.

② 张雷. 专业化视野下中小学校长领导力问题探究［J］. 中国教育学刊，2013（06）：45—48.

③ 国家职业分类大典修订工作委员会组织. 中华人民共和国职业分类大典（2015年版）［M］. 北京：中国劳动社会保障出版社，2015：5.

身上的重担，束缚的不只是校长自身，还有学校当中的教师、学生以及其他管理者。这些对于处在转型中的学校管理以及学校的整体发展而言，更是有损无益。从学校内部过程而言，当校长的角色与职能拓展到已超出应有的界限，校长该做的不是掌控一切，反而是适当放权，即当校长无法承担他的全部职能时，其职业面临着分化。[①]在学校管理体系中，存在着不同层级的机构设置，"一校之长"的主要职能应是校务领导，[②]各项业务管理则是教导处和总务处等执行机构的主要职能。显然，"领导"不同于"管理"，"英雄式校长"正是将二者混作了一堂。校长若是独揽大权，视教职员工为命令的被动执行者，严格推行科层管理，则是将领导职能降为一般的管理职能。比起教育者、管理者以及领导者的惯常说法，融入教育意义的"领导者的领导者"，更符合当下以及未来的校长角色定位。

2. 校长领导力

近些年，在有关深化学校改进、学校改进的专门研究中，对教育领导话语的讨论，已开始成为教育管理研究的热点，对校长尤其是校长领导力的关注度，也是居高不下。相对于"管理"而言，"领导"越来越高频地出现在与校长研究的相关文献中。然而，思考校长领导力之所以受到如此关注，还需从"领导"与"管理"的联系谈起。

（1）管理与领导

将校长所从事的工作内容进行分类，我们会发现，其中的大多数内容总是或偏向于"领导"、或倾向于"管理"。譬如，制定学校年度发展计划，可以归于前者；负责学校财务与人事管理，则属于后者。但这样的区分，显然是刻意为之，里面至少存在这样几个问题："领导"与"管理"之间存在着何种关系，是包含关系，还是水平关系，抑或是其它关系？我们是否可以将"领导"与"管理"截然分开来加以使用？"领导"与"管理"二者之间究竟是否存在差异？如果存在，差异何在？

通常来说，人们倾向于将"领导"与"管理"理解为被包含与包含的

---

① 李轶，褚宏启. 校长角色与职能的再认识［J］. 教育理论与实践，2005（07）：24—28.

② 陈桂生. 学校实话［M］. 上海：华东师范大学出版社，2010：214.

关系。这种观点在学界受到广泛认可，进而在相当长的一段时间内居于主流地位。至20世纪90年代末期，"领导"一词逐渐走出"管理"的视野，成为教育管理领域的一个突出术语，而"管理"概念则被窄化为贯彻、执行、落实的涵义，重在贯彻、执行、落实来自上级或外部的决定。①此后，"领导"与"管理"这两个术语在词义上各有侧重，只是在一般情况下，"领导"依旧是作为总体性概念的"管理"的一部分。受此影响，人们一直以来对"领导"与"管理"的混淆使用也就不足为奇。关于"领导"与"管理"之间的差异，现有的直接讨论诸多，较为公认的观点则是"领导"侧重宏观规划，而"管理"倾向于微观操作，譬如，有学者主张"领导"强调的是组织文化、方向、目标、使命、愿景、决策等，"管理"则关注执行、组织、贯彻、实施、监督、维持等。②

更为重要的是，"管理"极易陷入"管理主义"的困局，即着重考虑贯彻、执行、落实的效率和规范性，只有当"管理"与有效领导行为相结合，能创造出更为有序的变革过程。③当下，人们越来越关注学校文化建设，关注学校文化管理模式，追求高质量、高水准的学校教育。然而，比起"管理"，"领导"更能体现学校改进背景下对领导者作用的重视，毕竟以改进表现为表现形式的转型，通常是由"领导力转型"这个概念来展现的。④

（2）领导与领导力

在界定"领导"概念的时候总是困难重重，这是因为汉语语境中的"领导"具有多种含义，可以指一种人物角色，即"领导者"；也可以指一种具体的行为，即作为动词的"领导"。但是，现在教育管理研究中所使用的"领导"基本都来自于外来词汇"Leadership"，该词可以译为"领

---

① Tony Bush. Editorial：What's in a Name? [J]. Educational Management Administration & Leadership, 2004, 32（01）: 5-9.

② 张俊华. 教育领导学 [M]. 上海：华东师范大学出版社，2008: 8.

③ [美] 约翰P. 科特. 变革的力量：领导与管理的差异 [M]. 方云军，张小强译. 北京：华夏出版社，1997: 7.

④ [英] 约翰·韦斯特—伯纳姆. 重新审视教育领导力：从提升到转型 [M]. 胡卫译. 上海：华东师范大学出版社，2015: 5.

导",但有时采用"领导力"的译名则能更好地与汉语习惯中的"领导"进行区分。所以,在有些情况下,尤其是对国外教育领导科学研究思想的观点译句当中,会出现"领导"是一种能力的论述,如吴志宏在其著作《教育行政学》中将摩尔(Moore)的观点译为"领导是领导者将其意志加诸被领导者而得其服从、尊敬、忠诚及合作的能力"。[①]

那么,关于"领导"的定义,现有的观点大致将其定义为是一种能力、行为或者是过程。依照有关学者的观点,"领导是领导者为了实现预定的目标,采用一定的组织形式和方法,对群体活动进行率领、影响、引导的一种行为过程"。[②]依此,有些学者甚至认为,"领导力"与"领导"的区别就落在一个"力"字上,即"领导力是在实现组织目标的过程中,领导者影响被领导者及利益相关者的能力以及领导者与被领导者和利益相关者之间的相互作用"。[③]与"领导""领导力"相关的定义论述实在太多,但学者们基本上达成了一个共识:领导力不同于领导者所具有的权力。需要引起重视的是,领导力是一种非权力性的影响力,更多地来自于精神上的权威力量,不同于被规定的附属于某个职位上的权力,也不是一种具有强制性质的执行力,而是在领导关系双方间自觉自愿产生的一种互动。这一澄清对于理解校长的领导者角色以及所具有的"校长领导力"至关重要。

(3)校长领导力的构成

关于"校长领导力",有学者认为,校长领导力主要指校长影响师生实现共同目标的能力。[④]也有学者专注于学校文化管理当中的校长,将"校长领导力"定义为"校长对学校文化进行创建和管理的能力"[⑤]。总体而言,从"校长领导力"的诸种定义中,能够清晰地看出当下教育环境对校长发挥领导作用的期待和要求。

---

① 吴志宏. 教育行政学 [M]. 北京:人民教育出版社,2000:124.

② 沈培新,孙成城. 普通教育行政学 [M]. 合肥:安徽教育出版社,1989:316.

③ 张爽. 校长领导力:背景、内涵及实践 [J]. 中国教育学刊,2007(09):42—47+54.

④ 赵明仁. 论校长领导力 [J]. 教育科学研究,2009(01):40—42.

⑤ 张东娇. 论学校文化与校长领导力 [J]. 教育科学,2015,31(01):22—25.

那么，校长领导力是从何而来的？又是如何形成的呢？这就需要对校长领导力进行要素分析。在这方面有着不少讨论。有关学者认为，校长领导力是在校长活动的场域中形成或表现出来的，其基础是校长的心理要素和动作要素，条件则是校长的职位要素和非职位要素。因此，必须从基础要素、条件要素和场域要素三方面的要求出发构建校长领导力（表7-1）。

表7-1　校长领导力的基本要素[①]

类目	名称	具体构成
基础要素	心理要素	校长的认知过程、情感过程以及意志过程
	动作要素	校长的脸部、手部、身部、足部等部分
条件要素	职位要素	校长应该具有的岗位
	非职位要素	校长应具有的学识、道德修养及人格魅力
场域要素	个人活动要素	学习力、思想力、道德力、智慧力、创造力等
	领导过程要素	决策力、执行力，以及相关的协调沟通力、应变力、控制力、经营力及激励力等
	领导内容要素	用人力、用财力、业务领导力（包括教学领导力、科研领导力、思想道德教育领导力、课程领导力等）

比起要素构建，校长领导力的类型更受研究者青睐。在这方面，现有成果虽然甚多，但整体看来，这些成果都或多或少地受到了美国当代教育管理学家萨乔万尼（Thomas J. Sergiovanni）"五种领导力观"的深刻影响，即技术力、人力、教育力、象征力和文化力。其中，技术力指校长合理使用管理技术而产生的领导力，保证了学校管理的秩序性；人力指校长运用学校中的各种人际资源而产生的领导力，主要表现是校长为教师、学生以及其他相关者提供发展动力与机会；教育力是从由教育和学校教育的专门知识中派生而来的，即回归校长作为"首席教师"的原初意义，在管理与领导中渗透教育因素；象征力指校长作为一种象征角色，通过行为和话语向他人传达意义；文化力指校长在学校文化建设中的领导作用，对形成全

---

① 孙绵涛. 校长领导力基本要素探析［J］. 教育研究与实验，2012（06）：54—57.

员共享价值的文化氛围意义重大。"五种领导力观"及其实践表征，对于价值驱动型学校改进的深入推进具有直接指导意义。

（二）学校改进中校长的道德领导

萨乔万尼认为，领导可以被隐喻地看做是一系列力量的结合，而校长能够用其中每一种"力"来推动学校朝着有效方向前进或阻止学校倒退。[①]在他看来，技术力、人力、教育力是保证学校正常运行的基本力量，象征力、文化力则是为学校改进注入价值引领的支持力量。为此，他倡议应该"再造领导"，进而提出了"道德领导"这一概念。

1. 校长德性与道德领导

学校改进势在必行，改进需要引领，而引领则离不开校长的领导。价值驱动型学校改进更需要校长的道德领导。实际上，校长所作出的任何选择都与价值有关，校长的道德领导应当位于校长领导工作的核心位置，这与校长所应当具有的德性有关。早在1991年，原国家教育委员会就颁布了《全国中小学校长任职条件和岗位要求（试行）》文件，其中就有对校长德性的明确要求，"关心爱护学生，刻苦钻研教育、教学业务，热爱本职工作，有一定的组织管理能力，团结同志，联系群众，严于律己，顾全大局，言行堪为师生的表率"。[②]2013年出台的《义务教育学校校长专业标准》，也同样在道德层面对校长提出了相应要求，"坚持社会主义办学方向，贯彻党和国家的教育方针政策，将社会主义核心价值体系融入学校教育全过程，依法履行法律赋予的权利和义务；热爱教育事业和学校管理工作，具有服务国家、服务人民的社会责任感和使命感；履行职业道德规范，立德树人，为人师表，公正廉洁，关爱师生，尊重师生人格"。[③]从根本来看，校长作为领导者需要专业的权威和道德的权威，而校长的德性则是这两种权威的重要来源。对于校长一个具有何种德性，哪怕我们罗列

---

① ［美］托马斯·J·萨乔万尼. 校长学：一种反思性实践观［M］. 张虹译. 上海：上海教育出版社，2004：119.

② 全国中小学校长任职条件和岗位要求（试行）. ［EB/OL］. ［1991—06—25］. http://laws.66law.cn/law-15693.aspx

③ 义务教育学校校长专业标准. ［EB/OL］. ［2013—02—16］. http://www.moe.gov.cn/srcsite/A10/s7151/201302/t20130216_147899.html

出若干德目，也没有办法去全面解释道德的校长所应具有的模样。即使如此，我们还是能够指出德性缺失的校长，或者说传统领导观念下的校长在德性方面缺失什么。

在萨乔万尼看来，通常地，传统的校长领导之所以失败，不外乎两方面的原因。"第一，我们已逐渐把领导视作行为而不是行动，视作心理学方面的（因素）而不是心灵方面的（因素），视作与人有关的（东西），而不是与理念有关的（东西）；第二，我们过度强调了科层的、心理的和技术、理性的权威，而严重忽视了专业的和道德的权威"。[①]有鉴于此，他将校长领导权威的来源类型区分为：依靠科层的权威、依靠心理的权威、依靠技术-理性的权威。此外，还有以另外两种权威来源，一是以适用的技艺知识和个人专长为表现形式的专业的权威，二是以源于宽广的共享价值观、理念、理想的义务和责任为表现形式的道德权威，[②]校长的道德领导的基础正是源自后面这两种权威。

2. 校长道德领导的价值

鉴于学校组织所具有的道德使命和学校改进的价值取向，任何形式的学校变革实践，都需要校长具备拥有以上源自两种增强领导权威的德性。加拿大著名教育家迈克尔·富兰（Michael Fullan）曾说过，"我们对改革学校系统的最大希望在于，道德使命应掌握在拥有新的授权和更多资源的学校领导手中"。[③]校长道德领导之所以如此重要，主要体现在其对被领导者及相关利益者、学校文化管理及学校文化建设的价值上。

领导者不只限于固定的某个个体，即校长不是绝对的领导者，教职员工也不是绝对的被领导者。当然为了方便表述，实际上还是会有领导者与被领导者的区分，但这不意味着教师员工不能成为"领导共同体"中的一员。如今，已经有相当数量的实证研究证明，教职员工的高参与度，对于

---

① ［美］托马斯·J·萨乔万尼. 校长学：一种反思性实践观［M］. 张虹译. 上海：上海教育出版社，2004：5.

② ［美］托马斯·J·萨乔万尼. 校长学：一种反思性实践观［M］. 张虹译. 上海：上海教育出版社，2004：40.

③ ［加］迈克尔·富兰. 学校领导的道德使命［M］. 中央教育科学研究所，加拿大多伦多国际学院组织译. 北京：教育科学出版社，2005：86.

学校改进具有不可替代的积极作用。这便需要校长的道德领导，需要校长通过给予教职员工公开表达意见的机会，以身作则采取道德的行动，营造合作共享的组织氛围，来激发教职工建言献策的动力，从而增强领导关系中的和谐互动。为了推进学校文化建设，学校管理模式正在发生由经验管理、科学管理到文化管理的转型，强调用文化的力量创造和影响管理，希望用一种无形的文化力形成一种行为准则、价值观念和道德规范。校长道德领导力的发挥，在一定程度上就是学校的文化管理过程，其目的在于建设价值驱动型学校。

3. 校长道德领导的践行

校长的道德领导虽然并非新名词，但真正落实并非轻而易举。在当下的教育实践中，大量存在着口头上说是"领导"但实际做的还是经验管理、科层管理那一套的现象，突出表征就是过于追求办学效率而缺乏对学校中的"人"的关怀。诚然，践行校长的道德领导的确是个难题，对于校长而言，更是一种寻求自我超越的行动，需要相当坚定的决策力和执行力。校长践行道德领导，需要关注这样几个层面：第一，虽然道德领导是校长领导的本质，但这并不意味着，每一位校长都必须立刻着手准备道德领导，而全然放弃科层的、心理的、技术的、理性的传统领导模式。践行道德领导需要考虑学校的现实情况与客观需要，进而制定各阶段的发展目标，逐步靠近道德领导与学校文化管理；第二，虚假的道德领导是校长以道德之名行"唱主角戏"之实，而真正的道德领导强调的则是以德行促共识。校长要通过专业的、道德的权威，号召广大师生共同参与学校管理和学校建设，弱化直接的强制性管理方式，赋予具备领导者潜力的同事同等的关注，考虑学校的长期发展而培养教师领导者和学生领导者；第三，最为关键的一点则是，校长本人必须对自身的领导者身份有着足够、清晰的定位，坚信道德领导的价值，并身体力行地持续学习，在学习中加深对教育领导问题的准确认识，并能以此作为标准，对学校管理问题予以把握，及时诊断自身的领导行为，带领学校在改进中不断走向优质、迈向卓越。

四、学校文化建设案例

从理论分析来看，一所学校若是想要追求优质、卓越发展，就必须加强学校改进中的学校文化建设。然而，文化的种子在不同的学校环境中扎根生长，并不会一蹴而就。若想开出姿态不一的优美花朵，学校文化建设还必须关注学校的当前境况，进而在探索中逐渐形成独具特色的文化改进方案。在这里，我们以T中学的"三品文化"建设为例，通过展示其构建及实施概貌，以此印证校长道德领导、学校文化管理在价值驱动型学校改进中的无限活力。

（一）学校概况

T中学地处H市城区中心位置，占地面积43407平方米，教学区、运动区、生活区错落有致，分布合理。该校现有50个教学班、2643名在校学生、208名在编教职工、184名专任教师。近年来，T中学秉持"做最好的自己"的办学理念，践行"向善崇雅，博学笃行"的校训精神，着眼于优质特色学校的长远目标，以"三品文化"（品形、品行、品质）引领学校发展，以校本核心价值观凝聚师生心力，以"三牛干劲"（黄牛、猛牛、蜗牛）助推学校飞跃，先后获得"全国语言文字规范化示范校""省中小学生心理健康教育示范学校"等荣誉称号。

近五年来，在专业组织推动和专家团队指导下，T中学基于学校自我诊断，进一步完善学校改进方案，以"三品文化"建设稳步推进学校各项工作，致力于打造"善雅教育"品牌，在办学水平、育人成效上取得了令人瞩目的成绩。

（二）"三品文化"建设

1. 指导思想和基本思路

"三品文化"即"品形文化""品行文化"和"品质文化"。品形文化是指能看得到和感受到的物质文化，包括班级文化、年级文化和校园文化等；品行文化是指管理文化，即在学校管理层面所体现的文化意蕴，包括服务意识、安全管理、领导素质、制度建设等；品质文化是指精神文化，它承载着学校文化的价值体系，体现在办学理念、教育过程、教育方法之中。由此，加强"三品文化"建设则意味着打造品形文化、践行品行文化和凝练品质文化。

（1）打造品形文化

"形"，意为外形；"品形"则指的是将具备道德性质的"品"外显出来。"品形文化"作为学校文化的外在标志，具有辐射性强的特点，一经形成即可全面影响文化群体中的所有个体。受益于沉浸式的文化体验，在潜移默化中，班级、年级、校园皆可成为感受、学习和形成文化的"活课堂"。如此，打造品形文化则意味着在不同范围的环境中，以物质为载体添设文化因素，在各个班级、年级以及整个校园内，形成小有差异但大体一致的班级文化、年级文化和校园文化。

（2）践行品行文化

"行"，意为行动；"品行"则指的是在行动中贯彻具备道德性质的"品"。作为重要保障，"品行文化"以制度建设为渠道，通过管理行动为学校文化的萌发与形成保驾护航。"品行文化"不仅可以告知学校文化的创造者该如何行动，而且能让学校文化在包容、开放、理解和尊重的人文氛围中充满活力。如此，践行品行文化则意味着将文化要素置于学校管理的主体地位，化管理为治理，以人为本完善制度建设，形成全员共享的规范细则，助推"品形文化"的拓展与深化。

（3）凝练品质文化

"质"，意为本性；"品质"则指的是"品"在本质上所具备的道德性质。"品质文化"作为学校文化的内在核心，有着举足轻重的地位，"品形文化"和"品行文化"皆是"品质文化"的动态表达。"品质文化"是推动学校稳定发展、落实学校改进的理念导向和精神动力，具有持久的精神支撑力。凝练品质文化则意味着，充分发挥办学理念的全面指导作用，抓住课堂教学中的校本德育契机，落实全科育人、全员育人、全程育人，真正落实立德树人这一根本任务。

在"三品文化"引领下，经由校长的价值引领以及师生的价值认同，T中学以"善雅"为精神内核，绘制出学校高质量发展的蓝图。那么，何为"善雅"？"善"为根，与生俱来，是立人之根；"善"蕴含美好之意，既有对己之善，也有成人之善。"雅"为骨，内修于心，是为人风骨；"雅"注重个人修养，重视内在美，既居中守正，也行以致远。如此，"善雅"则意味着怀善心行雅事，"善雅之人"一方面在言行上雅正端庄，遵从行为规范，在群体之间与人融洽相处，在提升自我的同时也帮助他人；另一方面，能以发展的眼光审视当下的状态，不止步于现有的格局，用积极向上的心态善待自己和他人，在更新与探索中行以致远，走向充满"善""雅"的美好未来。总而言之，善雅之人，见义遐远，博闻广识；善雅者，品识之最也。T中学对"善雅"的重视与强调，已渗透在"三品文化"建设的全过程。为培育"善雅之人"和共建"善雅校园"，学校确定了建设目标。

2. 建设目标

自参与价值驱动型学校改进项目以来，T中学在理论学习中汲取行动力量，高度重视学校文化的价值，全力推进"三品文化"建设，旨在培育"内秀于心，外秀于行"的现代公民，多措并举，激励教师乐教善育、学生乐学善思，保持和巩固"善雅教育"的已有成果，建造"善雅家园"。

（1）培育"内秀于心，外秀于行"的现代公民

"内秀于心"，指的是将"善雅"品格涵养于心；"外秀于行"，则指的是一言一行皆彰显"善雅"品格。在"做更好的自己"的教育理念之下，不论是学生还是教师，T中学的发展目标所指向的皆是"内秀于心，外秀于行"。为此，T中学不断开展"善雅德育"系列活动，一方面引导学生要自律、自立、自强、自信，教育学生知善雅、行善雅，培养"善雅学子"，培养学生成长为至善行雅和积极进取的现代公民，为他们的终身发展奠基；另一方面，锤炼教师的专业素质和人格风范，为其专业发展提供沃土，打造"善雅之师"，鼓励教师积极参与学校改进，致力于学校优质跨越发展，使学校成为"善雅之人"的孵化器。

（2）把学校建造成"善雅家园"

建造"善雅家园"，就是要使师生在思想上、心理上和情感上高度认同学校作为专业化的育人组织，作为共同学习、生活的家园，从而发自内心地对学校产生归属感、亲近感，将个人发展融入家园建设之中。为此，T中学以"三品文化"为引领，一方面从精神文化、制度文化、环境文

化、行为文化、课程文化等方面，丰富"善雅文化"的内涵，营造和谐的育人生态，让校园文化潜移默化地影响师生；另一方面，学校定期召开家委会，密切家校联系，搭建家校共育英才的桥梁，让家长成为促进学校发展的支持力量。最终，在所有学校组织成员的共同努力下，形成"好学力行"的校风、"乐教善育"的教风、"乐学善思"的学风，使学校成为师生的成长基地和精神家园。

3. 具体实施

为达成以上目标，T中学从德育层面把"善雅教育"的践行具体化为四条路径，即"美化善雅校园""推进校本德育""化管理为治理""丰富校园生活"，从而实现"以雅育人""以德润心""以法定行""以文化人"的目标，着力构建"善雅德育"框架，打造校本德育特色（图7–1）。

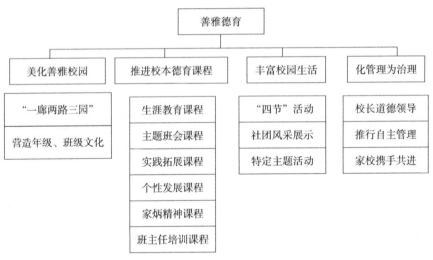

图7-1　T中学"善雅德育"体系

（1）美化善雅校园，以雅育人

为优化育人环境，T中学建有"一廊两路三园"，融艺术性与文化性为一体，彰显学校"善雅"精神风貌。一廊即为艺术长廊，全方位呈现本校独具艺术特色的办学规划和师生的艺术作品；两路即为名师风采路和校友风采路，向在校师生以及外校人员介绍学校现任的名师和出自本校的优秀校友，展示学校的办学实力和教育成就。"三园"即艺术文化园、传统文化园和家炳文化园，以"善雅"为文化底色，植根传统与校情，实现艺术文化、传统文化和家炳文化的交相辉映。"一廊两路三园"将师生的个性风采和学校的办学精神具象化、实体化，使"善雅校园"成为打造品形文化、丰富师生精神生活的文化园地。

此外，美化"善雅校园"还在于营造年级、班级文化，以文化浸润年级、滋养班级，让所有T中人徜徉在"善雅"的精神世界之中。在2020—2021学年，高一年级、高二年级、高三年级分别打造"礼雅文化""思博文化""雅正文化"，年级文化与课程文化、教师文化相统整、相映衬，共同构成了学校文化整体。以高一年级持续深化中的"礼雅文化"年级建设为例。"礼雅文化"建设以励志标语引导师生"择善而从"，通过班级教师、家长寄语和教师风采"循循善诱"，鼓励进步生"善善从长"、优秀生"尽善尽美"，希望借助心理减压活动和学法上的具体指导，使学生"随俗雅化""善学雅正"，养成良好的学习和生活习惯，成为"才高行雅"的"礼雅班级"中的一员。不仅是高一年级的"礼雅文化"，各年级文化的形成，皆以班级文化建设为突破口，注重落实班级环境布置、班级符号创设等显性文化，也寻求与班级公约、班级氛围、班级风貌等隐性文化的和谐统一，强调全体师生的认同、参与，致力于促进班级、年级和校园文化建设，共建"善雅校园"。

（2）推进校本德育，以德润心

T中学以德育课程为载体，通过开设生涯教育课和提升主题班会课，在教材编写和教学设计中高度强调"善雅"品格，推进校本德育，让学生感知和体悟"善雅"品格。

①生涯教育课程

该课程将学生生涯教育与心理健康教育相融合，开展形式多样的心理课程与心理活动，提供心理咨询、团体辅导，通过心理拓展活动缓解学生的学习压力，让学生更好地认识自己，更好地规划自己，更好地成就自己，做更好的自己。T中学已构建出系列化、科学化、多元化的生涯教育课程体系。（图7-2）该课程的着力点在于：

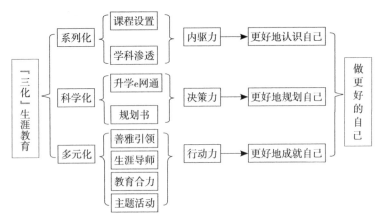

图7-2 T中学生涯教育课程体系

第一，提升"善雅"学子的内驱力。根据学生的身心特点和发展需求，将职业生涯规划的理念及相关知识，落实到生涯教育课程之中，开展各具特色的职业生涯规划教育，使学生能够更好地认识自己。在课程内容上，面向高一年级的指导重点在于初步规划学业生涯，帮助学生了解大学的专业分类、专业设置与未来职业之间的关系；高二年级侧重生涯规划的调整，深化对职业性质和工作方式等的认识；高三年级则重在完善生涯规划，明确择业方向、目标大学和专业选填意愿。

第二，提升"善雅"学子的决策力。借助升学e网通平台、线上生涯课程，以及发布新高考政策、职业或高等院校专业等教育资讯，提供专业的生涯测评。在全面了解生涯意向之后，引导学生科学规划生涯发展，将长远目标分解为短期可实现的具体目标，撰写达成目标的具体方案、措施，锻炼学生的计划能力，使学生能够更好地进行学业规划和人生规划。

第三，提升"善雅"学子的行动力。以"善雅"精神为引领，开展针对全体教职工的心理健康培训，发挥校内生涯导师的指导作用，并且借助学校、家委会和各种社会力量，举办励志讲座，定期开展生涯调查研学活动，组织学生前往企业基地进行体验职业，前往省内高校参观学习，以求不断增强和提升学生的行动力。

②主题班会课程

主题班会课程将"善雅德育"的主体内容校本化、主题化，实行校本德育课程和综合实践活动的统整，按照理想教育、爱国教育、法治教育、传统文化教育、智趣教育、赏识教育、感恩教育、关爱教育、国防教育等十二大主题，以学年为主线而展开。

以智趣教育为例。智趣教育指的是通过开展丰富多彩的校园文化活动，培养学生的兴趣爱好，发展他们的特长，指导和帮助他们过有趣味、有品位的生活，也就是具有"善雅"品质的好生活。以智趣教育为主轴的主题班会课程，与生涯教育课程一致，重在从"善雅"精神出发，开展覆盖面广、针对性强的特色活动，指导和帮助学生学会求知、学会做事、学会共处、学会改变、学会发展，最终能够成长为"更好的自己"。其中，遵循高中生的身心发展规律，智趣教育主题班会课程的具体目标分别是：帮助高一年级学生认识自己的知识、能力、性格、品行，学会分析自己的优点、缺点，培养自己的兴趣爱好，且愿意改变自己，乐于进行新的尝试；帮助高二年级学生看到自己的变化和进步，学会自我剖析，做到自我认同，继而坚定自己的兴趣爱好，发现自己的与众不同，发展个人的"善雅"，同时学会合作，学会欣赏他人；帮助高三年级学生从不同视角审视自己，做到自我肯定、自我欣赏，坚定信心，彰显和发展个性，建立"善雅"的自我形象，并且学会反省，与同学同行。

除此之外，为了培养"善雅之人"，T中学还开发了一系列其他相关课程。一是实践拓展课程。该类课程围绕着"生命与安全""文明与法治""学习与发展""社会与文化"四大领域，融合客家传统文化，拟定具有探究性的主题，给予学生更多的体验机会，使学生充分展示个性，学会分享和合作，形成"善雅"品格。二是个性发展课程。该课程紧扣"做更好的自己"的教育理念，结合校本以艺体见长的特色，在校团委指导下，由学生社团或艺术爱好者自行组织，选取朗诵、合唱、乐器演奏、课本剧、相声、舞蹈等文体活动，开展"每月一台戏"活动，让学生参与其中自己感兴趣的活动，去发现和欣赏艺术之美。三是家炳精神课程。该课程使用田家炳先生的《我的幸福人生》作为主要的学习参考用书，在新生入学、毕业典礼等重要时间节点，教育学生学习田家炳先生的爱国、勤俭、感恩、诚信等高尚品质，鼓励他们成长为"向善崇雅"的现代公民。

T中学的校本德育课程的对象不仅包括全体学生，还包括教师群体中的关键人物——班主任。为了提升班主任的专业意识和专业能力，该校编写适合班主任学习的校本教材，如《主题班会素材汇编》《班级文化形成的细则》等，邀请专家学者到校开展培训讲座，组织班主任外出观摩学习，注重班级团队建设，尽可能在班级管理、班级活动、家校合作、心理健康教育、媒介使用、个别指导等方面，对班主任予以综合提升。

（3）丰富校园生活，以文化人

"三品文化"建设中，最为活泼多彩的是"善雅"系列活动。通过开展有利于学生综合素养发展的各种活动，将"成为更好的自己"的理念贯彻于活动全过程，丰富校园文化，以文化人，努力帮助学生实现在道德内化、习惯形成、人格发展、社会适应、创新精神、实践能力等方面的进步与成长。

T中学将校园"四节"活动——科技节、艺术节、体育节、读书节作为学校的常规活动，设法满足学生的个性化发展需要。校园"四节"活动以"善雅"精神为主线，每年更换活动主题，使之蕴含在艺术文化、传统文化和家炳文化的沃土中。除了常态化的"四节"活动之外，T中学还在不同季节举办以"春之声""夏之韵""秋之歌""冬之颂"为主题的社团展演活动。吉他社、百灵社、"声之翼"主持社、说唱社、励志协会……全校60多个社团的展演风采，充分体现了"做更好的自己"的办学理念。而且，每月初，各班级还以法治、禁毒、理想、民族精神、文明礼仪、环保、感恩、劳动等为主题，采用班会、演讲、手抄报等形式开展特定的班级主题活动，加强体验式德育，令"善雅德育"起到预期效果。

（4）化管理为治理，以法定行

以上诸种措施，使"品形文化""品质文化"得以充分展示。为了践行"品行文化"，T中学还着力于化管理为治理。为了改变传统的学校领导方式和管理风格，减轻科层制度对学校运行的消极影响，T中学便致力于实行以校长的道德领导为总揽、以师生自主管理为主体、以家校合作为辅助的新型管理模式。这种新型管理模式体现在：

第一，校长作为"三品文化"建设的决策者、统筹者，一方面注重吸收专家的指导性意见，着力于学校文化的整体构建和顶层设计，另一方面，又亲身参与"三品文化"建设的切实推行，甚至参与到具体的文化建设活动之中。校长的道德领导还体现在与教师的合作关系之中，校长设法转变自己的管理者身份，发挥道德领导力，直接参与项目推进和教科研活动，高度关注教师育人能力和管理水平的提升，帮助教师成长为教学团队、管理团队中的中坚力量。

第二，深化自主管理方式，让师生为学校的发展发言献策。一方面，学校注重完善各项规章制度，实现制度约束人、制度管理人、制度激励人，从而形成符合"善雅"精神的管理体制机制，尤其是在日常管理中，通过精细化管理，促进师生的自主自觉；另一方面，学校更加注重发动师生深度参与学校制度的制定与修改，让师生在参与中增进对学校管理体制机制的认同，令规章制度具有更强的可行性、实效性，进而促进学校的良性运作。

第三，致力于促进家校沟通与合作，携手并进，共创"善雅"文明。为此，一方面，学校通过家长委员会，积极搭建家、校、生之间的沟通平台，定期召开家委会会议，介绍各年级的学习目标与最新进度，及时解答家长对于学校工作和学生学习方面的疑惑，寻求家长的理解和配合。另一方面，学校主动帮助家长解决教育过程中出现的各种问题，利用家长会、亲子活动、交流会等，因应家长的需求，开设专题讲座，举办家庭教育论坛，在经验交流与分享中，为家长提供家庭教育方面的指导，基于家校携手，共铺学生成长路。

（三）启示

T中学"三品文化"建设案例，为我们提供了典型的学校文化建设经验。其突出之点在于形成了校本特色，且在学校文化建设中实现了校长的价值引领、教师的价值认同、全体成员的共同参与和校外力量的倾力支持。

该案例给我们在学校文化管理上的启示是：第一，在办学理念、学校精神等方面实现价值共享，凝练品质文化，可为特色学校建设提供源源不断的精神动力；第二，整合教育资源，丰富校园活动，美化校园环境，营造文化氛围，可以促进学校的特色发展，提升文化建设的品位；第三，在共享价值引领下，为管理注入民主活力，共商、共筑管理体制机制，可以为学校发展提供制度保障。总之，良好的学校文化建设，必然是在学校的共享价值引领下、基于校长的道德领导和多方力量协同的集体结晶。

第八章

价值驱动的教师专业发展

教师作为"履行教育教学职责的专业人员",以人才培养、文化传承为基本责任。如果没有教师的认同,没有教师专业能力的提升,学校改进将沦为一种应景的装饰。当前,随着教育综合改革的日益深入,教师的重要性一再获得肯定。在立德树人这一根本任务驱动下,在理论上厘清教师专业发展的一般原理,并确立价值驱动下教师专业发展的原则与目标,在实践层面探索出有效的校本教师专业发展能力提升的模式和方法,以此有效推进教师专业发展,实乃价值驱动型学校改进的应有之义。

一、教师专业发展的一般原理

师范教育的诞生与变革,促使教师职业告别经验化转向教师的专业化发展阶段。20世纪中叶以后,在师范教育面临重大危机的背景下,许多国家对教师"量"的需求转变为对教师"质"的需求,对教师素质的关注达到了前所未有的高度,促使教师获得最大程度的专业发展,成为当今教师教育改革的中心主题。梳理教师专业发展兴起的背景与意义,厘清教师专业发展的意涵与构成,有助于进一步明晰教师专业发展的一般原理。

(一)教师专业发展的兴起

尽管教师职业已有几千年的历史,但教师的专业化问题却兴起于20世纪60年代。随着教育改革在全球范围内的兴起，教师专业发展在教改实施中的作用受到关注，教师专业发展问题日趋成为人们关注的焦点。

1. 教师专业发展的背景

经历了个别化教育之后，近代开始，在普及强迫教育的过程中，由于基础教育的普及以及各级各类学校的发展，教师数量得以增加，而且由于授业本身的变革，教师逐渐发展成一个全职的职业，并系统地承担起传输知识、价值、意识形态的重要角色。同时，学校成为"公共教育机构"，需要形成一定的标准与规范，从而催生了教师职业准入标准与执业规范的形成。[1]此外，为了提高教师教学效率，对教学本身的研究也开始系统化，这也为教育学科进入高等教育机构奠定了基础，并进一步为培养符合标准的新一代教师提供了条件。同时师范教育的诞生与变革这些都为教师从职业化逐步转向为教师专业化准备了条件。

自20世纪60年代，为提高教师微薄的经济收入、改善其社会地位，始有教师专业化的动议。1966年联合国教科文组织和国际劳工组织发布的《关于教师地位的建议》第一次明确提出了教师专业化主张。教师专业性是教师专业发展的目的，而教师专业发展是实现某种教师专业性的手段。[2]以社会认许的专业为理想范型所开展的教师专业化在理论和实践中遇到重重困难，进而研究者开始由向外寻求地位、经济之提升转而向内强调教师专业性的发展；研究的重心由专业化这一社会学议题转为到教师专业发展这一教育学议题；[3]研究的落脚点也由探讨期望的专业性转为考察实际的专业性。在研究兴趣和方式总体调整的背景下，教师专业发展的理论和实践开始发掘教师实践知识的价值，尊重教师在自我成长和专业工作中的自主权，注重以实地为本（site-based）实施教师专业发展。

不论从理论研究、政策制定还是实践发展的层面来看，使教学成为一个专业都先于教师专业发展而发生。然而，"专业"这个词在初期被认

---

① 陈桂生. 教师职业的形成［J］. 江西教育科研，2007（07）：14—15.

② Darling-Hammond, L. Teacher Professionalism: Why and How. In A. E. Liberman（ED.）, School as Collaborative Culture: Creating the Future now PA: Falmer Press, 1990.

③ Englund, T. Are Professional Teachers a Good Thing. Goodson, I., &Hargreaves, A. Teachers' Professional Lives. London, Washington: Falmer Press, 1996: 75—87.

为强调权利多于责任。若一个职业要争取成为"专业",则被看做是在争取提高地位和收入,改善工作条件。[①]而对于教学这样一个一贯以奉献为特色的行业而言,追求自利的举动则更易招致反感。在这一背景下,加之教学工作独特性的发掘,1974年美国著名学者霍伊尔(Hoyle)提出"专业主义"和"专业性"这两个概念,以区分在探讨教学与专业之间的关系问题时所对应的两种不同涵义。"专业主义"(professionalism)用以表示为提高本职业的社会地位、收入和改善工作条件所采取的策略和手段。当要指称在教学过程中教师所运用的知识、技能以及程序时,则使用"专业性"(professionality)这一概念。[②]后来,学者们逐渐倾向于采用"professionalism"来指称构成专业工作的根本要求和性质。[③]然而,霍伊尔的这一区分,契合了人们对教学专业独特性的关注,研究视角被拉回到教学工作本身。

另一方面,1980年以"教师的专业发展"为主题的《世界教育年报》指出,教师专业化存在两个目标:其一,视教师为社会上职业层序以至社会分层中的一个阶层,因此专业化的目标就在于争取专业的地位与权力以及力求集体向上流动。其二,教师是一个在教室内教导学生及提供教学服务的工作者,因此他们亦必须以提高教学水平及扩展个人知识及技能为发展方向。为了与前者区分开,将以发展教师"专业能力"(professional competence)为目标的取向称为"专业发展"。[④]至此,以教师专业发展为主题的研究日渐兴起。但显然,这一研究路向最初是在教师专业化的框架内衍生并得以展开,甚至可以说,教师专业发展是人们在促成教学为一专业的过程中批判地反思所得来的结果。

---

① Lees, D. S. The Economic Consequences of the Professions, London: Institute of Economic Affairs, 1966.

② Hoyle, E. Professionality, Professionalism and Control in Teaching, London Educaitonal Review, 1974, 3(2):13-19.

③ Linda Evans. Professionalism, Professionality and the Development of Educaiton Professionals, British Journal of Educaitonal Studies, 2008, 56(1).

④ Holye, E, Professionalization and Development in Education. In E. Hoyle&J. Megarry. World Yearbook of Education: Professional Development of Teachers. London: Kogan Page, 1980: 43-53.

2. 教师专业发展的意义

（1）优化教师队伍，提升教师地位

在我国由于"尊师重教"的文化传统，教师的职业声望一直较高，但是实际上的教师职业声望却与其实际经济地位不匹配，教师实际职业地位不高。因而促进教师的专业发展，一方面有助于促进教师专业知识、专业技能和专业情意的进一步提升，教师主体性得以发挥，生命价值得以提升。另一方面，可以进一步优化教师队伍结构，促进教师职业价值的再发现，进一步提高教师职业地位，改观社会对教师职业地位的认识。

（2）提升教师素养，提高教学质量

教师所承担的使命要求教师应具备相应的素养。促进教师专业发展有助于教师知识技能的成长，包括更新与拓展专业知识，提高分析组织教材的能力、灵活运用教育学和心理学理论于教育实践中的能力和教育课程开发与管理的能力等等；教师专业意识的养成、教师专业身份的建立，进一步明确专业价值观，整体提升教师的专业素养，促进德育工作开展，提高教育教学质量。

（3）促进学生发展，助力教育改革

身处社会转型过程中的教师，一方面出于职业所必须承担的社会功能，而尽可能与主流的价值导向相符合的内容来引导学生，另一方面，他们也出于个体自身的价值认同，在无形之中对主流价值观进行选择，进而在工作中加以重构。因而，教师作为"立德之内涵"的重要建构者，作为学生个体发展的一个最为重要的影响因素，作为示范性的主体，教授学生一定的知识、技能，形成一定的社会规范和价值观，通过潜移默化的教育培养学生的各方面的能力，以显性和隐形的形式对学生的发展产生深远的影响。因而教师通过专业发展提升自身素质，可以为学生提供高素质的教育，更好地促进学生创新意识和创新能力的培养，激发学生学习的主动性与能动性，培养学生健全人格，提高教育实效，助力教育改革。

（二）教师专业发展的界定

随着教育改革的持续、深入，教师是实现教育发展模式转变的根本动力。因此，全面提高教师队伍素质能力，被看做是进一步落实立德树人教育根本任务，实现教育改革发展的目标的关键。不论是制度领域、研究领域还是实践领域，教师专业发展业已成为工作的重点和讨论的焦点。而在诸如"教师成长"（teacher growth）、"教师学习"（teacher learning）、"教师发展"（teacher/staff development）等相近概念也层出不穷。但是，在很多情况下人们是在宽泛的、模糊的、不严格的意义上使用它们。①这主要是因为人们对教师专业性的理解和要求不同，因而，作为促进专业性发展的过程，教师专业发展也就呈现出不尽相同的聚焦点。②

1. 教师专业性理解的发展

从教师职业形成的历史发展中，可以发现教师被认为理应对国家意志和社会期望的各种诉求做好准备，尽力实现。更重要的是，这些社会期望可能转化为评核教师的标准，以此深刻地影响教师的工作。而"教师专业性"表达了不同时代、不同社会群体对一个"专业的教师"所应当具有的特点和品质以及所应达到的标准的理解和期待。然而，来自于不同立场的要求往往不尽相同，甚至有可能相左，因而教师专业性的内容并非固定不变，而是由社会建构（socially constructed）而成，具有动态的特征。③

一般来说，教师专业性的研究都会从三个方面对教师所需具有的素质加以讨论，即教学所需要的知识与技能、一定的道德责任以及专业自主权。从纵向维度来看，著名教育学者哈格里夫斯（Hargreaves）根据英美等国的情况，对教师专业性的认识发展分为四个阶段。在前专业时期，教学偏重于管理，教学任务相对单一，根据经验和常识即可进行教学。20世纪60年代以后进入自主专业时期，教师的地位、工资、国家资助和自主权都有所提高，教师之间缺乏沟通。到了80年代中后期，进入同侪专业时期，学校教育在结构和体制方面发生了很大转变，而教师间的合作学习更加有助于解决教学中的实际问题，合作的教学文化逐渐兴起。进入21世纪，在

---

① 王建军. 课程变革与教师专业发展［M］. 成都：四川教育出版社，2004：67.

② Linda Evans. What is Teacher Development［J］. Oxford Review of Education，2002，28（01）：123-137.

③ Rosemary Webb，Graham Vulliamy，Seppo Hamalainen，et al. A Comparative Analysis of Primary Teacher Professionalism in England and Finland［J］. Comparative Education，2004，40（01）：83-107.

经济全球化和教育市场化的冲击下，走入后现代专业性时期。教师除了要继续争取合理的专业地位，还要发挥教师与教师之间、教师与家长和社群之间合作的功能，并聚焦于教学以抵制去专业化的趋势。[①]对历史阶段的划分或许不那么精准，但也大致说明了对"教师专业性"界定的历史转合与教师职业形成的历史发展相契合。

从横向来看，哈格里夫斯和英国教育社会学家古德森（Goodson）对既有的教师专业性的概念进行了概述，归纳并提出了五种专业性：包括古典型专业性（classical professionalism），指的是社会学立场上的专业性，强调专业发展就是力图为教师专业澄清知识基础，从而寻求一种"科学的确定性"。灵活型专业性（flexible professionalism），注重"共享的专业社群"和"合作的文化"的建立。实践型专业性（practical professionalism）对"知识"的界定更趋于个人化，强调"个人实践知识"和"反思性实践"。扩展型的专业性（extended professionalism）指的则是要求教师突破个别教室的限制，发挥同侪间合作的功能。后现代专业性（postmodern professionalism）要求教师应关心教育活动中的道德与社会政治目的，认为教师专业性应当包含审慎地判断、积极地关心学生、合作的文化、持续学习等。[②]对"规定的教师专业性"的不同诠释表达了研究者对"可欲的教师素质"的认识，也表现出教育发展内部对专业教师认识上的更新。虽然不断有"新的专业性"被提出，但其中也不乏共通之处。例如，重视实践的作用，承认教师个体的实践知识，主张以此为基础进行反思；认为教师个人有权力且有能力参与到课程开发、教育研究等活动中；强调教师之间、教师与其他利益相关者的合作等等。[③]基于这些共识，教师专业发展也逐渐展开为不同的路向。

---

① Andy Hargreaves. Four Ages of Professionalism and Professional Learning [J]. Teachers and Teaching, 2000, 6（2）：151–182.

② Hargreaves, A., &Goodson, I. Teacher's Professional Lives：Aspirations and Actualities. In Goodson, I. F., &Hargreaves, A. （Eds.）. Teacher's Professional Lives. London;Washington：Falmer Press, 1996：1–27.

③ Goodson, I. F, & Hargreaves, A. Teacher's Professional Lives. London;Washington：Falmer Press, 1996.

2．教师专业发展的界定

在研究领域中，对教师专业发展概念的界定经历了一个逐渐明晰和深入的过程。起先，研究者主要停留在意识到提升教师专业素养重要性的层面，并逐步扩展到对包含教师专业知识在内的内容纬度，以及包含培训在内的方式纬度加以具体分析的阶段。在这个过程中，不同的研究者还是立足于自身的研究立场，分别强调了教师专业发展的不同面向。因此，对于教师专业发展的概念解释，更多的是对其目标、内容、方式等方面主题的特征加以综合归纳所形成的说明。概括来说，人们认为在教师专业发展过程中，教师独自或者和他人一起检视、更新和拓展教学的道德目的；在与儿童、年轻人和同事共同度过的教学生活的每一阶段中，教师批判地学习和发展优质的专业思想、计划和实践必需的知识、技能和情感、智能。[①]

而从形式上来看，教师专业发展不仅包括有意识组织计划的各种活动，而且还包含所有自然的、非正式的学习经验。尤其是当前信息技术的迅猛发展，为教师灵活适恰地学习提供了更为多样丰富的资源，也开阔了更具延展性的学习空间与关系。从时间性来看，教师专业发展是一个持续的过程，虽然会达到阶段性的目标，但同时指向下一步的发展目标。因而是一个不断进行着的演进过程。从价值性来看，教师专业发展指向的是那些能够促进教师专业发展，并且能够有效达成其专业工作能效提升的发展及活动。因而，教师专业发展概念具有基本的价值性规定。

通常地，教师专业发展活动和经验直接或者间接有益于个体、团体或学校，而其最终的目标就是提高课堂的教育质量，服务于学生的发展。但同时，教师个人在专业发展的过程中也能够满足自身成长的需要，促进自我实现，从而获得一定程度的幸福感。长期以来，各界过于强调教师对于社会和教育发展所具有的工具价值，忽视甚至抹杀了教师自身发展的需要，而教师专业发展则有助于唤起教师职业的内在尊严与欢乐。[②]事实上，也只有以此基础，才能从根本增强个体教师的专业身份认同，进而推动教

---

① Day Christopher. Developing Teachers: The Challenges of Lifelong Learning [M]. London: Falmer Press, 1999: 4.

② 叶澜主编. 教师角色与教师发展新探 [M]. 北京：教育科学出版社，2001：4—14.

师群体的专业水平的提升，以获得社会广泛肯定，最终促进教师社会地位和声望得到相应保障和提高。也就是说，教师专业发展并不排除最终以提升教师的社会地位、提高教师职业群体对经济资源和政治权力的获得为结果，两者的发展可谓是相得益彰。

（三）教师专业发展的内容构成

教师专业发展的内容可以看做是教师为提升教育教学质量，满足学生发展需要而在专业领域应学习的主要内容。因此，界定教师专业发展内容的逻辑起点应当是学生学习的目标和机制，只有如此教师专业发展活动才有可能契合教师工作的需要，令教师产生持续发展的意愿。

1. 教师专业发展的内容

教师专业发展包含功能性发展和态度性发展，对应于教师改变的不同面向和侧重点。态度性发展指的是教师的工作态度改变的过程，而功能性发展指的是教师专业表现提升的过程。态度性发展侧重于智识和动机层面，功能性发展则表现为两方面的变化，一方面是过程和程序，另一方面是结果的表现。也就是说，既要关注教师在发展过程中所运用的程序和方法，同时也应考虑其所完成的专业工作的情况。

具体来看，态度性发展包括教师的教育目的观、责任感、专业反思习惯、终身学习的意愿等涉及教师专业情意等非认知能力方面的发展。例如，当一位老师通过教师专业发展活动，变得更愿意对自己的教学工作加以反思，或者有更为持久的工作动力的话，即表现为在专业态度方面的发展。而功能性发展则主要包括，教师的专业知识、技能等方面的提升，例如，教师如果改变了其某方面的工作方式，或者其工作成效有所提高，那么都属于在功能方面获得的发展。态度性发展主要依赖于教师的自主，而功能性发展则可以通过外部机制加以增强。[①]

2. 育人能力：教师专业发展的内在构成

首先，从专业社会学的视角来分析，育人是教师专业性的根本构成。

---

① Linda Evans. What is Teacher Development［J］. Oxford Review of Education，2002，28（01）：123-137.

综合既往的研究，研究者们都认为专业性不仅表明一种特殊的专业技能（specialist expertise），还是为顾客长期利益着想及利他的关怀的代表。[①]从这个角度来说，作为一个专业人士，就要为了顾客的福祉持续地提高自己的实践。[②]爱丁堡大学教授卡尔（Carr）认为真正的专业性包含以下五条标准：第一，能够提供重要的公共服务；第二，专业人士既具备理论的也应具备实践方面的专长；第三，具有具体的伦理维度并以伦理规范来表现；第四，有专门的组织和规定负责人员招募和纪律管理；第五，专业人士具有高度的自主。[③]索契特（Socket）在霍伊尔（Hoyle）理论的基础上，认为教师专业性包括四个维度，第一是专业共同体，而为了保持某些标准，向公众公开专业所坚持的标准，即提升学习者的学习，不断追求更高的实践标准。第二是专业知识，包括学科和教学知识上的专长。第三是责任（accountability），指的是专业教师对当事人的需要负有道德上的责任。第四个维度是理想，即教学应具有道德理想，是利他的服务。其中道德是专业性的核心，作为基本标准贯穿于专业性之中。[④]哈格里夫斯也强调教学和教师专业发展的内容应包括技能、道德、政治和情绪四个维度。他认为专业发展不仅仅只是关注技术的维度，关心知识和技能的获得，因为教学这个工作还需要考虑到一个人对其他人的责任。道德维度即是强调关心和公正地对待学习者的需要，要求教师考虑到每个决策可能的道德后果并具有个体的道德承担。[⑤]事实上，研究者均认为道德是教师专业性之中不可或缺的基础性构成。

　　其次，从中国教育文化传统来看，成就理想人格一直是我国教育的

---

① Gerard Hanlon. Professionalism as Enterprise：Service Class Politics and the Redefinition of Professionalism［J］. Sociology，1998，32（01）：43-63.

② Darling-Hammond，L. Teacher Professionalism：Why and How［A］. in A. E. Liberman. School as Collaborative Culture：Creating the Future Now［C］. Philadelphia：Falmer Press，1990：25-49.

③ David Carr. Professionalism and Ethics in Teaching［M］. London：Routledge，2000.

④ Sockett Hugh. The Moral Base for Teacher Professionalism［M］. London：Teachers College Press，1993.

⑤ Andy Hargreaves，Susan Manning，Shawn Moore，et al. Learning to Change：Teaching Beyond Subjects and Standards［M］. San Francisco：Jossey-Bass，2001.

题中之义，也可以说是我国教育最基本的目的之一。在我国，"传道授业解惑"向来被看做是教师的三大基本任务。而在古代社会由于知识尚未分化，尤其是尚未产生自然科学知识，因而伦理道德成为教育内容的主导。由此，教育的传道功能，即是对于道德观念与伦常规范的传续，而其中的伦理纲常则是传先王之教。

为了实现此教育目的，我国的传统教师文化也十分重视师德。孔子对教师提出了"学而不厌""诲人不倦""温故知新""以身作则""爱护学生""教学相长"等基本要求，其中，"其身正，不令而行；其身正，虽令不从"强调以身作则、以身垂范是教师的最基本的德行。荀子将教师地位与"天地君亲"并举，并进一步指出教师在引导学生行为举止、塑造道德品质的重要作用——"礼者，所以正身也；师者，所以正礼也"。《学记》中对教师提出了严格的要求，提出教师要有渊博的知识、崇高的美德，要掌握教育教学方面的技巧。"君子知志学之难易而知其美恶，然后能博喻，能博喻然后能为师，能为师然后能为长，能为长然后能为君。故师也者，所以学为君，是故则师不可不慎也。"《礼记·文王世子》指出"师也者，教之以事喻诸德者也。""教之以事"是手段，"喻诸德者"才是最终目标，等等，凡此种种都充分凸显出中华传统文化中教师在传道中的重要的道德作用。

（四）教师专业发展的三种取向

对于纷繁多样的教师专业发展理论与实践，国内学者归纳出三种取向，分别是理智取向、实践—反思取向和生态取向。理智取向（intellectual approach）强调"知识基础"对于教学专业的重要性，而这种知识主要是科学的知识，主张教师通过掌握这些知识提高专业性。而实践—反思取向（practical-reflective approach）则对知识的理解有很大不同，它将教师的专业性建基于个人的、实践的知识。主张教师通过反思，自我理解并实现专业发展。而生态取向（ecological approach）则更关注教师专业工作的社会、政治、经济、文化背景及其相关因素之间的关系。强调通过改善教师所处的工作环境和文化来推动个体教师的专业成长①。虽然在实践领域三者往往也是相互补充，但新近的教师专业发展对于后两种取向更为青睐。这自然与对"教师专业性"的理解上的重心转移不无关系，目前的研究更加强调教师专业发展的实践性、反思性和合作性。

首先，新的教师专业发展理念肯定教学实践对于教师成长的重要价值。既有的教师培训模式认为教师可以在教学实践之外获取现成的"真理式"的知识，并自然而然地应用于自己的实践当中，这种将"知识"与"实践"两分的做法受到了不少批评。②事实上，教师若要掌握一种新的教学方法和策略，需要依赖于实践，"处方式/讲座式"的模式虽然能帮助教师增加对新的教育理念和教学方法的了解，但如何将这些间接认识内化为教师个人的直接认识，从而在教学实践中适切地加以运用，还需要经过理解、消化和摸索。换言之，在讨论教师专业发展时，必须考虑教学实践的特征和作用。让教师回到真实的教学环境中去学习，是帮助教师真正掌握有关教育理念和技巧最实际的方法。

其次，新的教师专业发展理念拓展了对教师专业知识的理解，重视教师行为的实践取向。正是因为教学是一种具有高度丰富性、复杂性和情境性的特殊实践活动，对于身处其中的教师而言，实践性知识才是他们真正信奉的知识，并在他们教学活动中实际使用和表现出来。这一类知识超越了理论知识，是教师在具体情境的互动中建构出来的，凝聚于个人主观的知觉和经验当中，构成教师认知和实践的必要基础。有大量研究沿着美国教育心理学家舒尔曼（Shulman）提出的七类知识框架详尽地探讨专属于教师的专业知识的构成。研究者更为关心的问题是"教师实际知道什么"，而不是告诉教师应该知道什么。③这不仅在一定程度上为教师专业化奠定了更为夯实的知识基础，而且也促使教师专业发展的概念由专业角色的客观要求，转换为关注专业自我的建构；由规约式智能的强调，到个人经验与

① 王建军. 课程变革与教师专业发展［M］. 成都：四川教育出版社，2004：71—72.

② David Clarke，Hilary Hollingsworth. Elaborating a model of teacher professional growth［J］. Teaching and Teacher Education，2002，18（08）：947-967.

③ 陈向明. 实践性知识：教师专业发展的知识基础［J］. 北京大学教育评论，2003（01）：104—112.

价值的重视。[①]

在更为根本的价值层面，教师专业发展观念的转变意味着对教师作为能动的学习者及其主体性的认可，以及对教师专业自主权的尊重。现有的教师专业发展项目和研究更加重视教师在转变中的声音，教师专业生活的整体的、实然的生命存在样态。他们承认教师专业发展不是简单地由他人所塑造的，而是一个"自造"的过程，教师才是教师专业发展的主导者。这一改变的基本动因则是源自于对教师专业知识理解上的转换与拓展，教师自身丰富的实践知识得到发现。与此相应的是，教师专业发展的策源地也逐渐转移到教师实践中的学校与课堂，实现以一线教师和学校的教学实际及需要为本。因而要改变教师在既有权力格局中的从属和服从地位，代之以基于共同发展的真诚的伙伴协作关系。也只有让教师获得自我控制、自我定义本专业特性的机会和权力，教师职业才有可能重新树立起自己的专业形象，提升专业性，从而在专业发展中形成健康的良性循环。

二、价值驱动下的校本教师专业发展

校本即为了学校，在学校中，基于学校。校本教师专业发展即是指由学校教师发起的，为解决教育教学实践中的问题，依据校情和学情，旨在增长教师专业知识、提升专业技能，发展专业自主，在所在学校进行的专业方面的计划或活动的过程。它是教师专业发展的组织形式之一。在学校全面落实"立德树人"这一根本任务下，如何基于教师专业发展原则，聚焦教师发展的目标，在校本驱动下激发教师的专业成长，促进校本教师的自我提升、自我发展，值得深思。

（一）价值驱动的校本教师专业发展原则

贯彻落实"立德树人"这一教育的根本任务，要坚持育人为本，德育为先，培育与践行社会主义核心价值观，形成"全员育人、全程育人、全方位育人"的德育工作新格局。

---

① 周淑卿. 课程发展与教师专业化［M］. 台北：高等教育出版社，2004：181.

1. 全员育人

全员育人，是从育人主体的范围而言，指每一位教师都应担负起德育的责任，切实参与到学生德育工作中，强调育人主体的广泛性。21世纪的基础教育以健全人格和发展能力为本。培养学生核心素养，为他们的终身发展奠基，重在全员育人。长期以来，我国中小学主要秉承按科授课、分班而教的办学传统，在功利至上的升学主义狂潮下，育人似乎成为了某门课程、某种机构、某类人员（班主任、德育课教师）的专门工作任务，分数为本、分班而治、年级相隔的整体局面难以撼动，导致教师群体育人意识与能力缺失。教师将自身定位为"XX科教师"，把学科教学之外的工作都归为班主任职责，知识、技能与情感、态度、价值观相分离，教书与育人相分离。

在坚持育人为本，德育为先的原则下，中小学的校本教师要树立全员育人的理念，一方面，要突破中小学运行体制机制的学科本位瓶颈——突破以学科为标识的课程界限、突破以行政班为单位的班级育人体系、突破教学与德育相区分隔开的科层管理体制、突破"唯学科是举"的用人、管人格局。学校应围绕课程建设、教学改革、课程开发、力量整合等，跨越年级和学科界限，增强不同管理层级、不同职位层级、不同年级的纵向联系，又体现学科教师之间、班级之间的横向联合，基于学校的德育特色品牌建设，积极开发校本特色课程，努力破除教学管理和德育管理之间的壁垒。另一方面，回归学校教育之本真，履行教书育人之天职。实施全员育人，关键还在于要提高全体教师的德育素养。在信息化、价值多元化的开放社会里，教育场域的深刻变化使得学校的立德树人事业变得异常复杂，校本教师若仅凭借经验、恪守成规来推进德育工作，显然无法适应时代之要求。因而对于校本教师来说，首先要学会诊断德育问题，基于校情、班情分析，把握学生品德发展中的问题，发现并明确学校或班级德育工作中的难题或困境，并且在发现、澄清和明确德育问题的基础上，从内部与外部、主观与客观、可控与不可控几个维度对德育问题进行归因或相关分析并制订解决问题的方案，寻求解决问题的策略。其次，校本教师要全面提升德育专业意识与能力，认识和把握德育规律，尊重和发挥儿童的道德主体性，培养学生的自主意识与自主能力。

最后，在明确"道德是教育最高且唯一目的"的基础上，要努力将学校所择选的德育品牌的价值内涵逐步纳入每一个校本教师个人的教育信念体系。由此，才能克服德育实体化的局限，以促进学生发展为轴心，明确全体教师的教书育人职责，发挥全体教师的育人作用，构建一体化育人体系，切实形成校本教师育人合力，实现全员育人，进一步促进校本教师的专业发展。

2. 全程育人

全程育人是从时间维度提出的要求，指明育人工作要贯穿学生发展的全过程，贯穿教育工作的始终，强调德育工作的阶段性、连贯性和发展性。但是，在实际的教育实践中，受制于教育发展条件、专业工作特性、学校运行机制和个体生存状态等因素制约，教师在履行职责的过程中，未能反映组织系统内外各方面的需要与利益，导致组织目标、个体目标与教育目标之间存在客观差异性。突出的表现为教师在开发校本课程时，仅仅依靠自身经验，局限于教师个体的学科本位，因而忽视了不同年级、阶段学生之间的差异。采取了一概而论的思维方式来设计开发课程，因此，导致课程开发类型单一。同时，因为忽视了学校发展的实际情况以及与学生发展的阶段性，而导致教育效果难以持续有效地发挥。

教师和学生是学校的主体，德育面向全体学生，德育有赖于全体教师。因此，教师在履行职责的过程中，一方面，要重视学生发展的阶段性，建立学生成长档案袋，对学生生活、学习的全过程持续观察、记录、反思，对学生的发展形成过程性评价。同时，教师要善于总结把握学生品德发展中的问题，积极培养学生的自主意识与自治能力，自身也在不断的实践反思中提升专业素养，实现自己的专业成长。另一方面，教师需要在社会主义核心价值观的指引下，综合考虑国家课程政策、学校条件、师资状况及学校文化及发展历史等因素，秉承全程育人的理念，通过校本研修和进修、培训等多种途径，不断丰富专业知识，并融汇教育学、伦理学、心理学、社会学、哲学等学科领域的知识把握儿童品德形成与社会性发展的一般规律和时代特征，密切育人活动与儿童生活、社会实践之间的有机联系，在核心价值引领下进行校本课程设计、课程资源开发和教材编写，力求校本教育贯穿学生发展的各个阶段，落实全程育人。同时在校本课程研发的进程中，进一步丰富校本教师专业知识，提高专业素养与能力，更好地促进校本教师专业发展。

3. 全方位育人

全方位育人是从育人的空间而言，强调育人工作应从各个方面发力，以多种形式渗透于学生的生活、学习的方方面面，凸显德育内容的丰富性和德育途径的多样性。德育作为素质教育的有机组成部分，不仅包括政治教育、思想教育、品格教育，也包括爱国主义和国际主义教育、理想和传统教育、集体主义教育、劳动教育、纪律和法治教育、辩证唯物主义教育、世界观和人生观教育等。在诸种德育途径中，道法课（或思政课）教学、班主任工作、学生社团活动等尤为关键。然而，现实地看，道法课（或思政课）的灌输与说教、班主任工作的"以管代教"，学生社团活动的"包办代管"等诸多现象依然十分普遍。而且，课程教学、班主任工作、社团活动也不是德育途径的唯一。教师贯彻落实全方位育人的原则，既可发挥课堂教学的主渠道作用，将道德教育目标细化融于各科的课堂教学之中，实现课程育人，也可基于学校办学理念，参与校园文化建设，为学生提供全面和谐的德育校园环境，营造良好的校园文化氛围，实现文化育人；既可组织开展主题明确、新颖多样的教育活动，以活动主题的价值导向引导学生良好品德的形成，实现活动育人，也可结合综合实践课程，广泛开展志愿服务、研学旅行、参观访问等社会实践活动，以培养学生的创新精神和实践能力，实现实践育人；既可加强班集体管理、强化集体教育管理育人、也可积极打造家庭、学校、社会三方协同育人新格局，实现协同育人。并且校本教师通过课堂教学、课外活动、社会实践，以及具有育人功能的人际互动、规章制度、组织氛围，不仅可以培养学生的人格特质和社会行动能力，同时，也促使校本教师融会贯通各学科领域知识，把握儿童品德形成与社会性发展的一般规律，掌握组织教育性活动与交往、与儿童进行有效沟通的技能、技巧，具备凝聚校内外育人力量、整合多种德育资源的能力，全面提升校本教师德育专业意识和能力，促进校本教师专业提升与发展。

（二）价值驱动的校本教师专业发展目标

教师专业发展是一个学习的过程，从一个学习者的角度开发和设计相应的学习过程，就要把明确的学习目标作为起点，并据此组织学习内容，围绕着立德树人学校德育特色品牌建设。因此，价值驱动的校本教师的专业发展目标可参考下列原则来确定。

1. 以校本核心价值观为统率

科学定位是学校发展和人才培养顶层设计的前提。立德树人作为教育事业的根本宗旨，旨在促进学生的健康成长和终身发展。在立德树人校本化理念驱动下的教师专业发展，首先要明晰学校的校情、办学理念、学校文化，对学校的办学状况进行教育意义上的价值审视，对学校诸育人要素及活动进行深入剖析，进而明确校本教师专业发展的基本价值原则。校本核心价值观之所以能在教师专业发展活动的设计与实施中发挥价值引领、活动调控、行为规范等作用，是因为这种核心的精神文化特质是从促进个体成长与组织发展出发、以真实个体的生命精神和人类社会的价值追求为引领的。它虽然基于社会现实、服务于教育实际，却必须从育人这一根本目的出发，超越时代的局限，超越现实生活的局限，超越既定学校文化的局限，源自传统、成于现实，始终面向未来。

其次，要提高对学校发展理念认同感。新时代学校德育工作侧重点和学校改进的着眼点在于促进学生的全面发展，实现五育并举。由此，在整体上把握本校学生的"可塑之处"就成为学校改进的关键点。进一步地，要了解并理解学生，既包括了解本校的生源状况，了解学生的成长状况，也包括从青少年的态度、情感、价值观的形成、强化、改变、提升的特征和规律出发，观察学生的生活习惯、人格品质和道德实践力的具体成效。

再次，要基于办学目标、改进愿景、学校传统和教育场域特征，理清校本核心价值观，以核心的道德价值为指引，有意识地将学校生活及诸种教育要素与道德价值紧密结合，并使之具有内在一致性，由此理解和把握"立校之本"。同时，厘清自身专业发展的方向与路径，参与专业力量组织的科学、可行德育工作方案的制订和健全有效的德育工作运行机制的建立，以立德树人的"育人"立意统整校本教师专业发展目标。

学校进行校本德育课程开发，一方面旨在通过价值引导和氛围营造，帮助教师调整生活心态、改良生活方式，由此改善他们的生存境遇，促进他们"过"一种基于现实又有理想引领的良善生活；另一方面，通过增强教师的角色意识和专业能力，促进每位教师在教学过程中有效地履行育人职责，并不断地自主提升专业发展水平，避免步入"德育是德育工作者的任务"的误区，从而建立校本化的立德树人体系。

2. 由特色品牌定位加以引领

德育特色品牌是立德树人这一根本任务在教育实践中的具体化。学校德育特色品牌建设并非是为了标新立异、与众不同，从立德树人这一根本任务出发，它始终秉持育人的共同性，遵循德育过程的一般规律和原则，令育人活动能够促进儿童道德生命的自由生长。由于不同学校所处的教育场域不同，因而建设德育特色品牌更重要的是基于学校实际情况进行正确的品牌定位，并基于品牌定位来把握品牌建设的侧重点和关键点，基于品牌定位引领校本教师专业发展，从而彰显学校的独特性。同时，学校德育特色品牌的建设无疑应为实践中的学校德育发展助力，其立意在于对本校发展进行理性的分析，整合学校内外教育资源，在利益相关者协商的前提下，从教育基本观念中择取符合本校师生共同发展需要的具体价值，组织和开展学校各项活动。因此可以说，学校德育品牌建设的根本动力，就在于校本教师德育能力的发展；学校德育品牌的建设也进一步推动了校本教师的专业发展，为校本教师专业发展提供可行的抓手。

例如，Z市T中学基于学校的办学传统和办学特色，基于学生核心素养发展，践行"以幸福之心做幸福教育"的理念，以人的终身幸福为目的，开展幸福教育实践，关注学生的生涯规划和人生长远发展，开展尊重学生的生命状态和幸福体验的教育活动，打造"幸福教育"学校德育特色品牌。在"幸福教育"品牌建设中，学校将始终把促进教师专业发展、打造"和善之师"摆在中心位置，力求让教师在自我提升、自我发展的过程中，一有时代进步和发展的意识，廉洁从教，乐于奉献，与师生和谐共处；二要有明确新时代的教学观念，积极学习，参与课例研讨、课题研究，更新教学观念，主动提升业务能力；三要融入公平与宽松的环境，工作中始终保持亲切温和的态度，以善言、善行、善心教育学生，协调团结家长、同事，形成教育合力，旨在发展"幸福教育"品牌的同时更好促进教师专业发展，打造人格充分得到尊重、有良好的专业成长平台、有过硬的业务素质、有良好的职业道德和较高社会地位的"幸福之师"。

3. 聚焦教师德育专业能力

尽管"立德树人"的提法省略了行为的主体，但这理应是全体教育实践者的共同任务。而在学校教育的场域中，教师则成为承担起教育的道德责任并实现教学道德目的的主力军。但是道德的熏陶和培养与知识和技能教学存在较大的差异，立德树人的教学目标不在于让学生掌握一些关于道德的知识和观念，而是在于在他们的心中种下得以促发道德行动的种子，在于发展他们道德实践的能力。在《教育中的道德原则》一文中，杜威区分了"道德的观念"和"关于道德的观念"。所谓"道德的观念"是指影响并改善品行使之变得比其他情况下更好的观念。而"关于道德的观念"即是关于诚实或纯洁或仁慈的信息，它们根本就没有自动地把这样的观念转化成良好品格或良好品行的性质。可能是道德上中性的观念，可能是不道德观念，也可能是道德观念。[①]以此观之，教师花了大量时间来培养"关于道德的观念"，而在发展"道德观念"方面却建树不多，因而才导致道德教育的效果日益遭到质疑和诟病。所以，在新一轮教育改革展开的过程中，要想使得"立德树人"真正成为可能，我们应聚焦教师德育专业能力，革新进行道德教育和促进道德发展的有效方法，提升道德教育实效，进一步促进教师专业发展。

首先，改革并着力提升校本教师的直接道德教学能力。在不否定直接道德教学必要性的基础上，教师应将其工作的重点放到对其教学方式的改革，以及对其教学目标的重新定位上来。首先，教师应将课程目标重点放在对相关道德能力的培养上，而不要仅仅停留于道德概念、规范和原则内

---

① Dewey John. Moral Principles in Education [M]. Cambridge：The Riverside Press，1909.

容的解析。其次，教师应避免采取说教的甚至是强制灌输的方式展开道德教学，而应转而尝试采取活动化的、情境性的教学方式以提高学生的学习兴趣，丰富其道德理解力的发展。事实上，诸如道德判断、道德选择等道德思维能力，道德体谅、移情等道德情感能力，以及道德行动能力，都需要而且也只能通过生活化的、体验式的学习才能够逐渐养成。

其次，加强校本教师的间接道德教育。贯彻立德树人的方式在某种意义上比其内容更为关键，就像不能以不道德的方式来进行道德教育一样，也不能采取强制的方式推进立德树人。而一直以来，我们都习惯于将形塑道德风尚的责任交托给教师，认为学生通过对教师的模仿可以习得相应的品行。同时，由于坚信个体品格对道德行为具有决定性，因而整个社会对教学从业人员的内在品性有着很高的诉求。然而，这一诉求的现实合理性逐渐被反思和质疑，毕竟，教师品性需要透过更为直接的教学行为才能得以体现。[①]为此，建议将教师从长久以来的崇高道德诉求中解放出来，赋权以教师，并更加注重提升其相应的教育观念和能力。相对于教师个人的高尚美德，教师对教育所持的基本观念对于形成和促进学生的道德品质具有更为基础性的作用。正是这一观念决定了教师是否能够有意识地透过对课程内容、教学方法以及评价手段的选择，来发挥教学对学生道德品性发展的作用。而且，也正是在学校的生活方式，在很大程度上决定了学生对人际相处合理原则的最根本的理解。这就使得教育者必须能够以民主、公正、诚信的原则来组织学校生活。

三、价值驱动的校本教师专业发展方法与策略

立足学校实情，教师实需，开展教师专业发展活动相对于国培、省培等由教育主管部门主导的统一的教师专业发展活动而言，具有在地性、具体性。因此，作为一种自下而上式的教师专业发展活动，校本教师专业发展活动，更有助于解决教师真实的教育教学困难。而价值驱动的校本教师

---

① Richardson Virginia, Fenstermacher Gary D. Manner in Teaching: The Study in Four Parts ［J］. Curriculum Studies, 2001, 33（06）: 631-637.

专业发展，则不仅在内容更为侧重教师德育专业能力方面的提升，更在于其所开展的方式也以尊重教师发展需求，承认教师专业自主为前提。

（一）价值驱动的校本教师专业发展的方法

1. 确定目标：基于诊断

学校德育诊断是根据学生的身心发展特点以及学校实际现状而实施的一项以德育德的专业活动，旨在分析学校德育现状的基础上，依据一定的判断标准剖析学校当前存在的问题与优势，并将相关问题提炼出来。借助诊断的数据，能够准确科学地帮助学校确定进一步的发展目标，创新德育的模式，促进学校改进。并以学校文化为指引，基于学校诊断，注重校本德育特色打造，注重校本教师的德育能力提升，以德育品牌建设促进和提升学校的改革与发展。

在"立德树人"核心价值驱使下校本教师进行的德育问题诊断，可以在基于对校情、班情的分析和对学校德育工作侧重点把握的基础上，发现包括当前学校及教师自身德育工作中的难题或困境、学生品德发展状况等方面所存在的的问题，并据此在进一步澄清德育问题的基础上，全方位、多维度、深层次地对其进行归因或者相关分析，进而寻求解决德育问题的策略。教师通过问题诊断的系列过程，可以有效强化其诊断德育问题的意识和解决德育问题的能力，全面提升校本教师专业能力，不断促进校本教师专业发展的质量。

2. 寻找领头羊：骨干教师引领校本教师研修

鉴于德育目标的特殊性和德育任务的复杂性，同时也基于教师教育体系下教师德育专业素养不足之现实，组织和打造德育微型教研团队就显得尤为重要。德育微型教研团队可以包括以下几个方面的育人力量：一是德育管理团队，在现行学校管理体制下，主要由分管副校长、德育主任、团委书记（大队辅导员）、年级组长所组成；二是德育项目团队，主要是围绕校本德育特色项目研究与开发而组成的业务团队，主要是对课题研究感兴趣，并且具备一定德育实践能力的骨干教师；三是德育活动团队，主要是围绕德育专题（项）活动而组建的业务团队。与前者相比，后二者更加突出德育的专业性，其成员应由德育管理代表、优秀班主任、社团导师、教科研骨干等组成。

为进一步带动和促进学校的教师队伍建设，不断提升校本教师队伍的专业化水平，可以寻找教师群体中的"领头羊"（骨干教师）引领校本教师进行研修。骨干教师作为学校教师队伍的中坚力量，对比于新手教师，教育教学实践经验丰富，外出培训、交流观摩的机会较多，因而要依靠自身优势，或通过师徒结对、或通过以骨干人员为核心，建立校本教师德育微型教研团队的方式引领校本教师进行研修，或通过骨干教师引领下集体备课、骨干教师开展示范课活动等引领校本教师进行学习探讨，在骨干教师的榜样辐射下，引领校本教师进一步提升专业能力，促进其专业发展。

3．任务导向：项目驱动

项目驱动即抓住符合学校发展重大需要而又切实可行的关键点和突破口，确定具体项目，精心设计并予以落实。项目驱动旨在借助项目组成员的改进行为及营造出来的改进氛围，对全体利益相关者尤其是其他教师产生濡化作用，从而起到激发、引领和示范作用。

为进一步激发校本教师专业发展的活力，应鼓励教师积极参与校本课程开发、德育课题研究等项目，在任务导向驱使下，在与情境、与情境中的人互动中，通过行动研究等方式，使得校本教师在实践—交流—反思—再实践的过程中，不断促动和维持反思活动。项目课题实则为教师的日常工作提供了一个有效的搅动，从最普通的常规工作中掀起波澜，促动教师反思最为习以为常的日常工作中的问题。通过任务导向培养教师成为一名反思实践者，使得他们透过行动中的反思以改善其教学实践，并以此养成开展专业反思的习惯，提升自己的教育专业水平，获得自主性的专业成长，也进一步通过项目驱动提高育人活动实效，推动基础教育改革的发展进程。

4．打造团队：合作教研

在传统意义上，教师劳动极具个体性。但随着教育影响源的日趋多元，教育信息技术的深度介入，学校教育必须冲破教师个体"单兵作战"的藩篱，努力实现教育力量的团队化。这种团队化，就专业力量整合而言，便是要围绕某项工作内容，以骨干人员为核心，建立微型专业团队；

对育人力量整合来说，便是以行政班、教学班、社团班等为基本单位，以促进个体成长为目标，实现校内外育人力量的整合，形成立德树人共同体。

作为教育实践情境的重要构成部分，情境中的人也是教师获得专业发展的重要资源，也只有在情境的互动中教师的反思才得以促动和维持。价值驱动下的校本教师专业发展活动，可以基于校本教研团体，以课程、活动为载体，以教研评价为机制，以促进学生发展、促进教师专业成长、推动学校优质发展为目标，充分发挥校本教师教研团体中学习共同体的作用，通过教学观摩、专题讲座、集体备课、课例研讨、读书交流、课题培训等多种方式进行合作教研。通过校本教师合作教研，能够发挥不同学科、不同教龄的教师各自所长，发掘教师的群体资源，实现师资的优化配置，同时也可以通过同伴互助"以老带新"，通过举办教师班队会技能大赛"以赛促研"等多种形式的研讨活动，促进校本教师在互动中分享，在合作中提升，促使教育力量团队化，进一步促进教师专业发展，打造育人共同体。

5. 道德领导：凝聚认同

为进一步加强道德领导，增进学校改进中各利益相关者的理解、认同，更好地促进价值驱动下的校本教师专业发展，一方面，学校要通过进一步明晰岗位职责，平衡岗位工作量，健全和完善管理体制机制，增强规章制度的公信力，努力打破管理运行中公私不分、群己不分的格局。另一方面，要基于改进共识和校本核心价值观，营造以人为本的工作环境和组织氛围，并通过提升管理者的道德领导力，增进组织内部诸种人与人之间深层次的认同和信任。同时，也要为校本教师积极搭建平台，扩宽教师视野，创造各种再教育的条件，增加与外交流培训机会。

6. 营造氛围：文化护航

为促进校本教师专业发展，除了在以上方面发力外，也要重视校本教师专业成长的环境，要为校本教师专业发展营造良善氛围。主要可以包括，第一，提供对外交流的机会，给参与项目的教师团队创造展示的舞台。第二，树立正气，搭建教育管理者与校本教师平等对话、交流、反馈的平台，令教师的需求和意见能够得到学校领导的回应。第三，增强师生和师师之间的互动交往，增强教师组织的集体凝聚力，引导学生积极参与，营造良好的专业成长的学校氛围。

（二）价值驱动下校本教师专业发展的具体策略

教师的学习往往与具体的情境和实践紧密联系，是在个体与情境的互动中发生的。而区别于一般性的学科教学，道德教育内嵌于学校生活的方方面面。由此，我们应当针对不同的内容而辅以校本教师相应的发展策略。

1. 讲座：储备基本伦理知识

校本德育特色的创设，需要丰富学校共同体的伦理知识。尽管仅仅依靠道德常识，普通人即可过上符合道德要求的日常生活，但作为专业人员，教师应当对基础的伦理理论有更为清晰的把握。对于涉及新知的系统性学习，讲座是较为高效的普及方式，在初期阶段，可以通过宣讲的方式，使教师能够在相对短的时间里，接触并熟悉基本的道德理论。尤其是聚焦于学校择选的德育价值的系统诠释，对于整合教师群体的认识会有很好的帮助，但是如何将这些讲座中获得的间接认识内化为教师个人的直接认识，从而在教学实践中适切地加以运用，还需要经过进一步的理解、消化和摸索。

2. 案例分析：锻炼专业道德思维能力

学习科学研究表明，学习者大脑中的知识是以案例的形式存在的，这些案例可能与某个具体事件密切相关。人们在日常生活或工作中遇到困难的问题时，总是根据以往的经验来分析、判断来解决当前的问题。①对于教师这一实践群体来说，其加工和重组实践经验的方式同样是以事件为单位。鉴于道德在教学工作中的弥散性，以及道德观念在表达语言上的匮乏，因而，案例就成为呈现伦理知识、提升道德思维的最佳工具。

3. 观摩-实操：提升德育实践能力

区别于知识的学习，态度和价值观的改变需要通过观摩和反复的操

---

① 高文等. 学习科学的关键词［M］. 上海：华东师范大学出版社，2009：206.

练才能真正习得。当教师对校本德育品牌建设具备了一定的前提性知识之后，就可以采取情景实操的方式，在实践中进一步提升教师德育实践能力。组织教师参与校本德育资源的开发，编写校本德育课程，围绕德育品牌设计和开展相应的德育活动，这些都能够让教师通过解决实践问题来提升德育实践能力。

4. 课题研究：发挥学习共同体的作用

事实上，教师在参与德育品牌创设的过程中也一定作出了理智的投入，只不过其研究往往是个体性的。教师专业发展思想的重要转向就是将关注的重心从"个人化的努力"转向"学习者的共同体"。在共同体中，教师通过参与合作性的实践来滋养自己的教学知识和实践智慧。因此，学校应当通过具体的课题研究，搭建教师交流互动的平台，整合个体教师所具有的零散的经验，建立学校内部教师之间、教师与学校行政之间、学校与大学、政府、教育团体之间伙伴合作关系。在课题研究教师群体中，针对具有特殊性的德育问题展开专门研究，不断突破校本教师经验性的局限，使其积累更具科学性的德育知识和素养，从而使学校德育更加科学和有效。同时，通过这种行动研究的方式，也可以进一步将分散的知识建构为共享的知识，形成教师专业学习共同体文化。这种共同研究能力的提升和文化的养成，会在根本上赋予教师变革的意识和权能，使他们能够自愿自主地参与到学校教育的改进行动中。[①]

四、价值驱动的校本教师专业发展案例

（一）T中学的校本教师培训[②]

为进一步更新教师的教育教学观念，提升教师的育人能力，T中学于2015年引进"共创成长路"课程（下文简称"共创"课程），通过"共创"课程与班会相结合的方式，让全体班主任都加入到"共创"课程的教

① Nicole Mockler. Trans/forming Teachers: New Professional Learning and Transformative Teacher Professionalism [J]. Professional Development in Education, 2005, 31（04）: 733—746.

② 郭玉兰. 班主任能力提升的校本实践——基于长春市田家炳实验中学"共创"课程的实施经验 [J]. 中国德育, 2020（14）: 52—55.

学中，进而发展班主任的教书育人能力，并且为了确保班主任能上、会上、上好"共创"班会课，学校展开了集中培训、结对培训、以课代会等一系列活动，建立监督制度和考核制度，取得了良好效果。T中学经过近五年的一系列的校本实践与探索，不仅学校的班主任们内化了"共创"课程的理念和方法，获得了全面的专业成长，而且学生们的精神面貌也越来越好，进一步提升了学校班主任队伍德育专业水平，增强了学校的德育实效性。具体的实施方式如下：

第一，集中培训。学校在每周五下午第7～8节课，采用集中培训的方式对班主任进行"共创"课程理念的普及和实践的示范。集中培训主要分为专家讲座和示范教学。专家讲座方面，学校曾邀请多名高校教授等校外专家来为学校推行"共创"课程传经送宝，使得教师们对"共创"课程的核心理念有了更加深刻的理解，对项目的最新发展有了进一步的认识。此外2019年还邀请校内名师先后举办了两期"共创"教育理念的集中培训。示范教学方面，首先，学校共征集30多个案例；其次，组织示范课教学，最终选定了多次承担过全国和省市"共创"公开课任务的两位老师为示范教学老师；再次，开展说课示范，选择了"共创"教材中课程内容，以说课的形式，从教材分析和学情分析、教学目标、教学重难点、教学过程四个方面阐述教学思路。说课教师引领班主任每一个教学环节进行细致、全面的探讨。最后，开展教学示范，学校全体班主任都全程参与整个示范教学过程，并认真学习，课后与示范教师积极研讨。

第二，结对培训。结对培训是该校校本培训的一大亮点，主要是指骨干班主任与新手班主任结对，本着"教学相长、共同成长""学校统筹与自愿相结合"的原则，通过课题研究、备课、听课、评课、常态课、公开课、教学反思等各类活动，促进结对双方在"共创"教学和育人管理方面能力的提高。结对的培训的实施主要分为三步：首先，确定人选。由学校选聘骨干班主任为师父，然后将新手班主任选定为徒弟，目前学校已成功结成19对，分布在三个年级，结对班主任人数占总班主任人数的90%。其次，自选主题，师徒两人根据在教育教学实际中遇到的问题，在共同协商的基础上自愿选择主题。最后，自主培训，结对师徒可以在双方合适的时间、地点，根据自选主题灵活的开展自主培训。

第三，以课代会，即以内容详细的、具有代表性的课例学习代替以往繁杂、枯燥的教学研讨会。为改变以往教学研讨会形式枯燥单一、缺乏吸引力、效果欠佳的状况，2019年开始，该校以"晒课"的方式，采取"选定内容→备课→晒课→评课→反思"五大步骤，通过"共创"导师和其他班主任的指导点评，使得新手班主任对于"共创"校本课程教学的理论与实操有进一步的认知，极大地提升了该校教师的德育专业素养。

（二）C中学的德育导师制

"德育导师制"是在"整体、合作、优化"的教育理念指导下，将学校德育的部分目标和任务分解到担任导师的任课教师及部分聘请的校外专业人士身上，德育导师与班主任紧密配合，依据"用心沟通、以德树德，竭诚交流、以情动情，刻意磨练、以志励志，修身垂范、以行导行"的育人原则，既教书又育人，既管教又管导，从而形成整体合作，优化班级教师管理群的一种班级管理模式。[①]"德育导师制"借鉴了大学导师制的运作模式，不同的是大学中的导师主要负责指导研究生和本科生的学习，而中学德育导师制中的导师不仅关心、指导学生的学习，更主要还是对学生进行思想引导、心理疏导、生活乃至生涯指导，全面关注学生的成长。

C中学作为一所公办普通高级中学，自2002年3月开始，在原有的班主任制度和班级德育工作小组的基础上，率先推行"德育导师制"，并且在摸索探求中相对应地制定了《德育导师工作手册》，详细规定了德育导师的职责，同时建立档案制度、家访联络制度、谈心与汇报制度、"会诊"制度等常规制度、系统的组织与管理制度以及德育导师的考核与激励制度，全面推进C中学"德育导师制"的实施。"德育导师制"主要由班级德育工作小组制度、固定德育导师制和流动德育导师制三个紧密联系的部分组成。[②]具体的操作流程如下：

① 方展画，张凤娟. 新型德育模式探索——浙江省长兴中学德育导师制调研报告［J］. 教育发展研究，2004（11）：46—50.
② 张向前，钦国强. "把德育做到学生的心里去"——浙江省长兴市德育导师的工作方法与策略［J］. 思想理论教育，2007（04）：22—27.

第一，在高一年级的第一学期实行班级德育工作小组制度，由1-2名任课教师作为班级德育工作的小组成员，协助班主任进行住校生管理、班级卫生管理、班级文化建设等工作，此时的班级德育工作小组的成员也充当着准导师或者预备导师的角色。

第二，在高一年级的第二学期至高三年级的开始实行固定德育导师制。固定德育导师制主要采取导师与学生结对子的形式，即一名德育导师与5—6名学生经过双向选择之后确定双方的受导关系，并且德育导师对所选的受导学生从高一年级第二学期开始至高三毕业前全程关注并全面负责。并且C中学要求35岁以下的青年教师和教师党员作为教师队伍的中坚力量必须参与此项工作，其他老师自愿参与。

第三，在固定德育导师制的基础上实行流动德育导师制。流动德育导师制是对固定德育导师制的补充与完善，即基于导师自荐、导师互荐、聘请校外导师等途径确定骨干导师，并且每周面向全校学生推出10名左右的优秀德育导师，定时公布每周流动德育导师名单、导师的专长，学生可根据自身实际需求自主选择德育导师。

C中学自2002年实施"德育导师制"以来取得了显著成效，主要体现在：第一，拓宽了学校德育工作的载体，提高了学校德育工作的实效性。坚持"个性化、亲情化、全员化"理念，德育导师秉承"随时随地随机"原则与结对学生交流沟通，及时发现学生存在的思想问题，及时进行疏导，并对不良行为习惯及时矫正，避免违纪行为发生，使得更多学生受到关注，促进了学生的健康成长，引导学生树立正确的世界观、人生观和价值观。经C中学校长介绍，实施德育导师制前学校政教处每天都要处理多起学生违纪事件，实施德育导师制后学生违纪违法现象明显减少，校风校纪也有明显的好转，教育质量逐年上升。[①]第二，"人人都是德育工作者的理念"深入人心，学校的德育教师队伍逐渐壮大，形成了全员育人的合力。自实施德育导师制以来，从事学生思想道德教育的人员从原来的政教处、班主任增加到现在的183名德育导师，占学校专任教师的86%以上，"人人

---

① 方展画，张凤娟. 新型德育模式探索——浙江省长兴中学德育导师制调研报告［J］.教育发展研究，2004（11）：46—50.

都是德育工作者"基本上得以实现，[①]整体改变了以往"只管教，不管导"的情况，学校教师的整体育德意识明显提高，充分发挥了教师的"育人"职责，真正使得"全员育人"的口号变成学校教育的现实。第三，C中学德育导师制的实施也促进了学校教师专业素质和专业精神的提高，进一步促进了教师的专业发展。导师们感受到来自学生的认可和尊重，这也提升了教师的职业幸福感和使命感，教师更加热爱教育事业，教书育人的使命感和责任感增强，学校越来越受到家长和社会的认可，学校的知名度和美誉度也逐年提升。[②]

（三）M小学的"S-U"德育教研共同体[③]

M小学以"德"文化为核心，聚焦道德与法治课程，2019年携手S高校联合构建"S-U"德育教研共同体，通过观摩研讨、课题研究、项目推动、专家引领、搭建平台等方式，与高校的优质教学资源互补，不仅保障了学校德育课程的有效实施、进一步促进教师专业发展、为高校德育研究提供案例与经验，同时也使得M小学在"名校+共同体"的引领下，彰显学校特色，促进和提升学校办学水平，提升学校的社会声誉。

第一，观摩研讨。在高校教育理论专家的指导下，M小学利用每周四上午的行政听课日，采用科学的观课、议课等方式与高校教师共同进行常态课、示范课等的研讨，彼此在交流中共成长。同时在高校专家的指导下，学校教师充分挖掘各学科中的德育资源，将各学科知识教学目标与德育目标进行整合。在此次疫情期间，学校各学科教师就将德育渗透在云教学工作之中。

第二，课题研究。2019年M小学与S高校成功申请了教育部人文社会学科重点课程课题《小学德育教材中"人与自然"教学研究》。M小学学校领导带头参与该课题，并深入到课题研究第一线。同时，学校教师与高校

---

① 张向前，钦国强. "把德育做到学生的心里去"——浙江省长兴市德育导师的工作方法与策略［J］. 思想理论教育，2007（04）：22—27.

② 田爱丽. 中学德育导师制成效的动因分析——浙江省长兴中学德育导师制实施解读［J］. 思想理论教育，2010（14）：46—50.

③ 高凌霄，穆敏娟. 聚焦道德与法治课程 构建"S—U"德育教研共同体［J］. 陕西教育（教学版），2020（09）：20—21.

专家围绕课题多次进行交流与研讨，打破了教师对常规德育工作的认识误区，引导学校教师按照问题导向，理出新思路，反思日常德育工作中的问题，进而创新出办法。此外，M小学通过参与此次课题研究，学校德育科研工作提升到了新的高度，德育教研氛围空前浓厚，教师的德育教学水平也显著提升。

第三，项目推动。在高校支持下，M小学承担了多个省内外教师培训项目，在这些培训中，学校的各学科教师承担的专题讲座、示范课、研讨课得到学员们的肯定，教师的自我效能感显著提升，在培训项目的推进过程中，也进一步有效促进了教师的专业发展。

第四，专家引领。M小学采用"走出去，请进来"的方式，先后安排学校教师去多所高校外出学习。此外学校还多次邀请X市教科所德育部和进修学校老师们来校进课堂指导一线教师课堂教学。通过向专家请教、学习，学校道德与法治课教师的教学理论、教学水平都有相应程度的提高。

第五，搭建平台。为了提升教师整体素养，提高教师教育教学水平，打造思政教学领头雁，起到榜样引领作用，M小学以"S-U"德育教研体为基础，积极为年轻教师搭建平台，鼓励教师施展教育教学才华。在X市教科所的组织下，2019年学校的两位老师分别承担了小学道德与法治课程高段和低段的观摩课任务，与来自于全市的小学道德与法治课老师进行了交流与研讨，掀起了学校道德与法治课程教研的高潮。

第九章

价值驱动型学校改进的社会支持

　　学校是一个典型的利益相关者组织。价值驱动型学校改进既需要组织内部利益相关者的发力，也离不开组织外部利益相关者的支持。外部利益相关者的参与和支持，能够促进学校改进目标的实现、促进学校管理决策的科学化以及学校改进过程的公开性与民主性。但在落实改进举措和寻求社会支持的道路上，学校并非一路畅通。因此，识别学校改进中的利益相关者，分析其各自的角色和利益诉求，在把握各利益相关主体的特点上，为学校寻求社会支持的具体路径，更有利于促进有机、整全式的学校改进和立德树人这一根本任务的落实。

一、学校改进中的利益相关者分析

　　在为学校改进寻求社会支持之前，应先就学校内外部的利益相关者进行剖析，了解各利益相关者扮演的角色，了解他们各自的利益诉求及其所应承担的义务和责任，实现对支持学校改进内外部力量的全方位把握。

（一）学校是一种利益相关者组织

　　利益相关者理论是学校改进寻求社会支持的重要理论基础。在深入分析学校这一利益相关者组织之前，应先厘清与利益相关者理论的有关概念，进而以此为基础，深入分析学校改进中所涉及的利益相关者。

1．利益相关者理论概述

（1）利益

马克思曾说过，"人们奋斗所争取的一切，都同他们的利益有关"①。利益，是人类社会历史发展上的一个根本性问题，与人们的实践活动密不可分，无论是政治活动、经济活动、文化活动还是教育活动，都存在着直接或间接的利益动因和关系。国内学者认为，"利益是指人们在一定的社会关系中，特别是在一定的经济关系中，为满足自己的需要而创造、占有、享用物质对象的一种积极主动关系"②。利益作为一个名词，主要是指人们用来满足自身欲望的一系列物质、精神产品，包括金钱、权势、荣誉、国家地位、领土、主权等所带来的快感。

（2）利益相关者

利益相关者（stakeholder）这一词语最早出现在1963年斯坦福研究中心内部备忘录中的一篇管理论文中，指的是那些没有支持就无法生存的群体，包括股东、雇员、供应商、顾客、债权人和社团。但这一定义并不全面，它只考虑到了利益相关者对企业单方面的影响，且利益相关者的范围仅仅是影响企业生存的一小部分。最早正式使用这一概念的经济学家是美国战略管理大师安索夫（Ansoff），他认为，"要制定理想的企业目标，必须综合平衡考虑企业的诸多利益相关者之间相互冲突的索取权，他们可能包括管理人员、工人、股东、供应商以及顾客"③。

之后的几十年里，对利益相关者的定义增加到30多种，学者们从不同角度对利益相关者进行定义。1984年，著名学者弗里曼指出，"企业利益相关者是指那些能影响企业目标的实现或被企业目标的实现所影响的个人或群体"④。这一定义大大扩充了利益相关者的内涵，获得广泛共识。国内

---

① 中共中央马克思恩格斯列宁斯大林著作编译局编译. 马克思恩格斯全集（第1卷）[M]. 北京：人民出版社，1972：82.

② 尹瑞法，闫晓玉. 利益的表达、分化及整合：再论"经济人"、"道德人"问题[J]. 经济与社会发展，2007（10）：174—176.

③ ［美］爱德华·弗里曼. 战略管理：利益相关者方法［M］. 王彦华，梁豪译. 上海：上海译文出版社，2006：37.

④ ［美］爱德华·弗里曼，［美］杰弗里·哈里森，［美］安德鲁·威克斯等. 利益相关者理论现状与展望［M］. 盛亚，李靖华等译. 北京：知识产权出版社，2013：8.

学者综合众多学者观点，将利益相关者定义为"那些在企业的生产活动中进行了一定的专用性投资，并承担一定风险的个体和群体，其活动能够影响或改变企业的目标，或受到企业实现其目标过程的影响[①]。"这一定义既强调了投资的专用性，又凸显了企业与利益相关者的相互影响。

（3）利益相关者理论

20世纪60年代到80年代，对利益相关者理论的研究大致分为三个阶段。第一阶段为"影响企业生存"阶段，其主要观点认为，利益相关者是企业生存的必要条件，与企业是相互依存的关系；第二阶段为"实施战略管理"阶段，主要强调利益相关者在企业战略分析、规划和实施中的作用；第三阶段为"参与所有权分配"阶段，主张利益相关者应参与对公司所有权的分配。[②]自90年代初期开始，不同学者从多个角度对利益相关者进行细分，进一步加深了人们的认识。其中，美国学者米切尔（Mitchell）提出的属性评分法，即根据"影响力""合法性""紧迫性"三个维度，对利益相关者进行分类。这一动态分类方法，大大增强了利益相关者理论的可操作性。[③]总之，利益相关者理论大致经历了一个"窄定义—宽认识—多角度细分—属性评分"的演变过程。[④]

利益相关者理论的核心主张是，受公司利益影响的不仅仅是出资人，还有与公司相关的不同利益相关者。公司治理的目标应该是满足各利益相关者的不同要求，关注公司经营所造成的社会经济和政治影响，使各利益相关者都能参与公司治理，公司决策也由各利益相关者共同决定。这一理论的发展，也给其他领域尤其是教育领域带来了许多启示。学校在实现其立德树人的目标过程中，也应满足并考虑各利益相关者的需要和带来的影响，以促进各利益相关方共同参与、民主决策，更好地致力于学

---

① 孙晓. 利益相关者理论综述 [J]. 经济研究导刊, 2009（02）: 10—11.

② 李洋, 王辉. 利益相关者理论的动态发展与启示 [J]. 现代财经—天津财经学院学报, 2004（07）: 32—35.

③ Ronald K. Mitchell, Bradley R. Agle, Donna J. Wood. Toward a Theory of Stakeholder Identification and Salience: Defining the Principle of Who and What Really Counts [J]. The Academy of Management Review, 1997, 22（04）: 853–886.

④ 贾生华, 陈宏辉. 利益相关者的界定方法述评 [J]. 外国经济与管理, 2002（05）: 13—18.

校改进。

2. 学校作为利益相关者组织

学校是一个典型的利益相关者组织，学校改进也离不开各利益相关者的沟通交流与支持合作。传统的学校与利益相关者之间通常是"一对一"的互动关系网络，其中又包括三层关系：一是交流关系，即学校通过获取利益相关者对其的期望、看法及价值需求等，以增进彼此间的了解与合作；二是价值创造关系，学校通过利用利益相关者的资源如人、财、物、知识、信息、关系等，以更好地创造价值并满足自身的需要；三是需求满足关系，学校通过有效且合理地满足利益相关者的价值需求，以在意识上增强其对学校的认同和承诺，在行为上增强其对学校改进的参与和支持。但"一对一"的互动关系理论关心的是单一的、简单的关系网络，仍然存在着一些问题。具体表现为，第一，往往只关注部分利益相关者，追求的也仅仅是实现"学校利益最大化"或"利益相关者利益最大化"的目标，缺乏对所有利益相关者整体性的研究。第二，由于各利益相关者组织的形成与运作缺乏共同追求的理念目标与动力机制，因此学校与利益相关者间的关系多是松散的、单向的和临时的。

实际上，学校与各利益相关者之间并非是独立的、离散的状态。学校的组织特性是独立的非营利法人组织，是一个由利益相关者组成的联合机构，学校与各利益相关者就像是一个"生态共同体"，以立德树人为目标的学校改进工作需要彼此的相互支持与合作，以避免陷入"囚徒困境"，才能最终实现学校与利益相关者整体满意最大化并促进共同发展。

学校改进是一项复杂的系统性工程，其最终目标是为更有效地实现立德树人的教育目的，可以通过改变认知、激发情感、催化行为等方式使利益相关者最大限度地支持和参与到学校的改进中，其逻辑框架如下图所示：

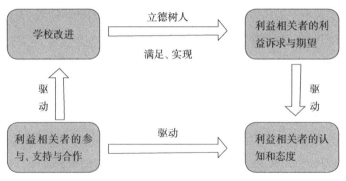

图9-1 利益相关者参与学校改进的逻辑框架图

学校作为利益相关者组织，可以首先树立立德树人的目标，以满足利益相关者的诉求与期望。例如，对政府来讲，通过学校改进实现公共利益最大化，促使学校营造优良的育人环境；对学校管理层来讲，通过学校改进培养出更多德才兼备的高质量人才，提高学校声誉；对学生来讲，通过学校改进进一步凸显自身的主体地位，实现自身的全面发展；对家长来讲，通过学校改进实现其对子女所寄予的期望。

其次，各利益相关方通过"产品消费"体验、需求满足、期望实现等方面，对有关学校改进工作的信息加以整理、加工、吸收，从而使得其认知和态度得以转变。认知和情感的改变则主要通过满意度、认同感与美誉度来衡量，如政府增强对学校人才培养、教学工作的认同感；提高家长和学生的满意度；增强高校、非政府组织对学校改进的认同与满意感。

第三，认知的转变与情感的激发又会驱动利益相关者在行为上给予学校改进以不同程度的支持与帮助并建立起友好合作的关系。利益相关者的行为主要指为学校建设和发展做贡献时所表现出的各种反应与活动，如政府在政策、项目、资金方面的支持；高校与各教研组织在学术研究和技术上的支持与合作意愿；教师积极性的调动与学术成就的取得；家长和非政府组织在学校建设中的参与、配合与资金支持。

最后，各利益相关方行为上的表现、支持和参与最终又会进一步驱动学校改进工作的完善，使学校与各利益相关者形成"生态共同体"，共同实现立德树人的理念和目标，并实现良性循环。

（二）学校中利益相关者的识别及其角色

学校作为一个利益相关者组织，它与内外部利益相关主体间必然存在着利益的调整与分配，这种利益间的博弈会导致各主体间的关系变化。从利益相关者的理论视角对学校改进进行分析和讨论，对学校改进中的利益相关者进行识别，可以对不同的学校改进模式进行区分，进而深入剖析各自的特点，以便有效地利用和发挥各利益相关者的优势。

1. 利益相关者的识别

学校改进往往涉及多利益相关方的利益，依据弗里曼对利益相关者的定义，可将与学校有关的利益相关者看做是为学校提供各类资源，能影响学校目标实现或受学校目标实现过程影响并与学校有密切利益关系的组织和个人。张新平、李金杰认为所谓学校利益相关者是指"能够共享学区或学校教育资源和利益的个人和团体"，包括教师、校长、学生、家长及社会团体[①]。亨利·罗索夫斯基（Henry Rosovsky）将高校治理利益相关者分为最重要群体（教师、行政主管和学生）、重要群体（董事、校友和捐赠者）、部分拥有者（提供科研经费的政府、向学生和大学贷款的银行家等）和次要群体（市民、社区、媒体等）等四个层次[②]；李福华将高校治理利益相关者分为核心利益相关者（教师、学生和管理人员）、重要利益相关者（校友和财政拨款者）、间接利益相关者（科研经费提供者、产学研合作者、贷款提供者等）、边缘利益相关者（社区、公众、等）等四个层次[③]。那么，作为利益相关者组织的学校，既包括有学生、教师、管理者等组织内部的利益相关者，也包括有政府组织、社区、外部变革代理人、非政府组织等组织外部的利益相关者。我们应首先清楚有效地识别各利益相关者，综合考虑和体现各利益相关者的利益，通过协调和整合各利益相关者之间的利益关系，以便学校在改进过程中更好地寻求社会支持并达到整体效益最优化。

①　张新平，李金杰. 现代学校制度的认识偏差与重新定位［J］. 教育研究与实验，2006（02）：1—5.

②　胡赤弟. 教育产权与现代大学制度构建［M］. 广州：广东高等教育出版社，2008：160—161.

③　李福华. 利益相关者理论与大学管理体制创新［J］.教育研究，2007（07）：36—39.

根据不同的标准可将与学校相关的利益相关者划分为不同的类别，如直接利益相关者和间接利益相关者。就组织内部来讲，学生、教师和管理者是学校改进过程中的直接利益相关者。学生进入学校的首要目的是寻求自身发展，且学生的质量会直接影响到学校的发展，因此，学生的诉求会直接并迅速地引起学校的关注；教师作为一线教育工作者，是唯一可以深入课堂、主导教学活动、与学生保持密切交流的专业人员，他们投入时间、知识、经历等大量资本，致力于卓越地完成教学任务、培养出优质的学生，并实现自身的专业发展；校长与学校管理层作为学校领导的核心，是学校内部治理主体，也是协调各利益相关者之间关系、保证学校有效运转的重要力量，其观念、治理方式、决策及制定的目标很大程度影响着学校改进的成效。

就组织外部来讲，政府组织、社区、外部变革代理人以及非政府组织是学校改进过程中的间接利益相关者。政府组织主要包括两个层次，一是国家政府对学校的宏观管理，二是地方政府对学校的直接管理，它们为学校提供资源、政策、资金等，间接影响着学校的领导变革及改进；社区可以为学校改进提供更多的资源和便利条件，其中又包括有家长、校友、社会公众等群体，学校改进的成效及人才培养的质量关系到家长是否会把儿童送来读书，校友是否能够积极参与和大力支持学校改进，以及社会公众是否对学校持有良好的评价和口碑；外部变革代理人是指能够在学校改进过程中为学校提供知识基础和技术指导的组织机构，包括大学、教育研究机构等[1]。这些外部变革代理人可以围绕立德树人的目标为学校改进提供项目支持、理论基础并进行阶段性的评估，帮助学校修订改进计划，比如大学和教育研究机构可以依据学校改进计划发挥研究专长，为学校提供专业理论支撑，反之学校又通过自身的改进为大学和教研机构等用人单位输送优质的人才；非政府组织一般是指那些非政府的、非营利的、致力于公益事业的社会中介组织，显示了在政府体系和利润导向的企业部门之外的社

① 楚旋. 系统论视角下的综合学校改进研究框架分析［J］. 教育发展研究，2011，31（Z2）：50—53+58.

会组织的力量。[①]这些团体作为学校改进中的新兴力量，也是学校改进的外部组织中间接的利益相关者，包括有行业协会、专业学会、教育基金会、慈善机构、商会等社会组织，它们有独立于其他传统主体的身份和特征，在学校改进中可以充分发挥自身的灵活、创新优势，提供全球、专业视野或资金支持，为学校变革提供有效补充，拓展学校变革的广度和深度。

2. 不同利益相关者的角色

（1）学校内部利益相关者作为"当局者"

学校内部的利益相关者是推动学校持续改进的核心力量，他们作为学校改进中的"当局者"，各自扮演着不同的角色。以校长为代表的行政主体扮演着服务与执行的双重角色，他们是学校发展的引领者、制度的设计者和决策的具体执行者，是协调各利益相关者关系、保障学校正常运转的重要力量。一方面，相对于政府而言，他们处于被动、受控制的一方；另一方面，相对于教师、学生而言，他们又处于执行、支配者的一方，担负着综合管理任务，负责全校教学、科研和其他行政管理的工作。以教师为代表的学术主体也是学校内部重要的利益相关者，扮演着教育的提供者和指导者的角色。一方面，学校以立德树人、为社会输送高质量人才为己任，作为影响人才培养的决定性力量，教师是促进学校发展和改进的关键性人力资源；另一方面，随着学校民主化、专业化进程的推进，教师也不断地被赋权增能，在具体的教学、课程设置等专业领域拥有了更多的自主权，比如教师可以通过教职工代表大会、学术委员会、教师工会等途径参与学校改进，提供专业性的建议，从而增强学校决策的质量和实施效果。以学生为代表的学习主体，是学校教育服务的对象和产品，学生的个体利益与学校的整体利益紧密相连，学生的学业水平、道德素养越高，越能代表学校良好的外部形象，学校的发展和改进也有利于学生获得更好的未来收益[②]。由于学生对自身的发展情况更为了解，也更加具有发言权，对自身

---

① 张振宇. 教育中介组织分析——NGO的视角［J］. 煤炭高等教育，2005（01）：13—15.

② 赵倩男，刘俊仁. 利益相关者参与公立普通高中治理的结构研究［J］. 教育理论与实践，2016，36（26）：12—14.

评价的过程也是推动自身发展进步、不断完善的过程，这一过程能够激励学生获得更高的发展成就、敦促学校在改进中落实立德树人的目标。

（2）学校外部利益相关者作为"局外人"

政府组织、社区、外部变革代理人以及非政府组织这些学校外部的利益相关者，是以"局外人"的身份参与和审视整个改进过程，在其中也扮演着重要的角色并承担着各自的义务。

作为政治主体的政府和各级各类教育行政机构，代表着国家利益，关注的是教育的整体发展，能从宏观上对学校改进的决策与实施做出规划和督导，在管理体制、资源配置、组织管理等方面发挥指导作用，扮演着"指挥者"和顶层制度设计者的角色。比如，在管理体制上，政府是义务教育学校承办的责任主体，有责任对学校布局进行整体规划；在资源配置上，政府是学校资源分配的责任主体，包括预算内教育财政的分配、师资力量的分配、教育场所的提供和教育设施的配给，其中，政府有义务为学校提供均衡的义务教育资源；在学校管理上，政府又是学校管理的责任主体，包括对学校管理层的任命、对学校组织形式的控制、对学校教师的直接管理、对课程的设计与规划以及对教学评估方面的直接控制等，有义务监测和评估学校的教育质量、制定合理的教育标准使学校的教育活动符合国家的教育方向，从根本上敦促学校落实立德树人的教育政策和目标。[①]

家长、校友、社会公众则是学校改进的社会主体，承担着对学校质量评价、舆论监督的作用，比如家长作为学生的监护人，是学校改进的合作者、监督者，家长可以通过家长委员会、班委会等形式融入学校的日常活动中，为学生提供更好的育人环境；校友是学校非常重要的一笔无形资产和宝贵财富，是品牌资源、育人资源、信息资源和财力资源的集合体。校友和母校的关系，是相互促进、共同发展的统一体，当校友在岗位上有所建树，在事业上有所成就，当他们表现出超凡的素质和涵养并赢得社会赞许的时候，他们所树立的不仅是个人形象，更是培养他们的母校在社会上的公众形象；社会公众是学校建设的支持者和合作者，是学校教育质量的

---

① 吕普生. 重塑政府与学校、市场及社会的关系——中国义务教育治理变革［J］. 人文杂志，2015（08）：107—113.

监督者，他们可以为学校改进提供物质、人力和文化资源等方面的支持，进而丰富学生的学习和课余生活，或通过社区服务等促进学校德育工作的开展。

大学、教育研究机构等外部变革代理人是学校的重要合作伙伴，是中小学改进的咨询促进者、科技研究的指导者和师资培训的合作者。首先，大学可以发挥其教育理论的引领作用和国际视野的优势，为中小学工作的改进搭建平台，提供学术扶持并给予切实可行的咨询建议。其次，在都是以"立德树人"为共同目标和愿景的前提下，具有深厚学术性质和较强的项目顶层设计能力的大学等教研机构，可以运用科学的方法对学校现场把脉，在合理的诊断之后，为学校提供专业的理论知识和技术支持，并制定切实可行的改进计划和具有针对性的方案。再次，大学和教研机构能够在学校的师资培训和教学指导中引入最新的管理理念，使教师的缄默知识和教学行为背后的教学信念不断显性化，由内而外地改变教师的教学行为，促进教师在实现自身专业发展的同时，也不断地参与到学校改进中来。[①]

非政府组织（NGO）扮演着协调政府、大学与社会群体三者关系的中介团体的角色，彰显着资源配置、制度创新等方面的特点和优势。非政府组织在教育援助中可以大致分为两种，一种以人为基础，即各种学会、协会等社团组织，另一类以资金为基础，有包括以直接资金为基础的基金会和以资金的某种实体表现形态为基础的学校、研究所等"民办非企业单位"。因此，在学校改进中，以资金为基础的基金会可以为学校提供最直接的资金援助，充实学校改进的物质基础；以人为基础的各种专门的教育相关组织、非教育相关的社团可以为学校提供技术、信息、服务等方面的支持。[②]此外，越来越多的非政府组织还积极对自身的行动进行探索，对教育理念、教育模式进行独立的思考和探索，为学校改进提供教育理念上的援助。

---

① 袁丽，石中英，朱旭东. U—S合作伙伴关系"三级协同多维度"体系的构建与反思——以北京师范大学教育学部为例［J］. 大学（研究版），2015（12）：37—52.

② 张金玲. 我国教育NGO与学校的互动及其发展研究——以贵州遵义乌江中学为例［D］. 中国海洋大学，2014.

（三）学校改进中利益相关者的利益诉求

与学校改进相关的利益相关者群体不仅在学校改进中扮演着不同的角色，承担着不同的义务，他们也有着各自的利益诉求。详细分析并最大限度地实现各利益相关方的合理需求才能更好地驱动利益相关者认知和态度上的转变，最终转化为行为上的参与和支持。

1. 组织内部利益相关者诉求

组织内部的各利益相关者在学校改进上有着共同的利益诉求，具体体现在以下几方面：一是坚定的学校改进目标，为管理人员的管理、教师的教学和学生的学习提供清晰明确的方向；二是丰富多样的管理、教学与学习资源和平台，为学校管理者、教师和学生提供有力的条件支撑；三是功能高度集成的社交生活平台，为管理者、教师和学生的社会交往和日常生活服务。

除了具有共同的利益诉求之外，不同利益相关者还有其各自的需求。以校长为主的行政主体不仅有着代表学校的利益诉求，也有着自身的利益诉求。若校长等管理者以学校的公共利益为出发点，则希望通过建立共同体规范、树立专业理想和共同愿景，激励学校员工自觉为学校作出贡献，使学校拥有卓越的教学成效，能够培养出优质的人才；若校长等管理者以个人利益为出发点，则希望通过有效管理和道德式的领导，提升自身的个人品性与影响力，实现自身的专业发展。

处在教学第一线的教师，其诉求也直接关乎整个学校的运作与发展。首先，教师追求个人发展，希望通过本职的教育教学工作和学校改进满足自身物质和精神上的需求，比如实现自身的专业发展、提升内在素养、提高薪酬奖励等。其次，教师不想再被局限为被管理者或传统的"教书匠"，而希望能被赋予更多的权利，既能参与到教研活动中，又可以参与到学校管理与改进中。

学生同样拥有自身合法的迫切性要求，他们的诉求直接关系到学校目标的实现和改进的成效。学生有三个层面的利益诉求，分别是学习维度、政治维度和社会维度。学习维度是指学生有自主发展的权利，应该成为学习和发展的主体；政治维度是指学校应用正式或非正式的手段给予学生决策和管理的权利；社会维度是指学生应该享有满足以上两个维度方面的学校环境[①]。学生希望外界关心的不仅仅是考试成绩、技能、学习态度和未来的职业与工作，他们有参与学校改进的能力，要求改变被评价者的地位，要求改变单一的评价方式，要求外界注重他们的全面发展，要求拥有自我成长的发言权[②]。

2. 组织外部利益相关者的诉求

服务社会、维护公共利益是政府行为的出发点，义务教育既有公益性又反映了一定的市场性，政府部门通过立法、规划、拨款等重要手段影响着学校的改革与发展，作为公共利益代表的政府，不仅承担着促进学校改进、调节各地区教育资源均衡发展的责任，还是保证教育为公共利益服务的重要力量。政府的利益诉求主要是通过学校改进来实现该地区教育的高质量发展，实现社会的进步与和谐。此外，地方政府可以在学校取得发展的同时也为自身赢得良好的声誉，不断提高政府的影响力和威信力，为得到中央政府的支持与重视打下基础。

家长、校友、社会公众是学校最重要的人际关系，他们对学校的共同利益诉求在于通过基于立德树人目标的学校改进，加快促进义务教育的创新和变革，提高学校的教学质量和人才培养水平，不断深化学校服务社会和传承文化的能力，为促进当地社区和社会公众的发展发挥更积极的影响和作用。此外，从他们各自的角度出发，不同主体还有着不同的利益诉求。家长作为学校教学服务的购买者，他们有权利要求自己的子女在学校接受更好的教育，获得更好的专业发展和个人成长机会，其中又具体表现为：第一，希望学校提供良好的学习环境与条件，为子女的学习奠定和提供坚实的物质基础和硬件设施保障。第二，希望学校可以提供了解自己子女学习和生活情况以及学校发展情况的信息窗口和有效渠道。校友和社会公众等社区里的群体作为出资者和纳税人，与学校在经济上保持着一定的

---

① 卢乃桂，张佳伟. 学校改进中的学生参与问题研究［J］. 教育发展研究，2007（08）：6—9.

② 靳玉乐，郎园园. 中小学综合素质评价主体选择问题探讨——基于利益相关者视角的分析［J］. 当代教育科学，2014（06）：15—17+23.

联系，是学校改革建设中经费的有效筹资渠道。他们有权利要求学校实现更好更快的发展，不仅能够增加他们子女接受优质教育的机会，还能够让学校融入当地的社区生活，营造良好的社区氛围。

大学、教育研究机构等外部变革代理人作为组织外部重要的利益相关者，在为学校改进提供理论支持的同时也有着自身的利益诉求。大学之所以想与中小学合作，可能是出于利益的动机为自身谋取名利，如想得到中小学给予的指导费、咨询费、劳务费、科研资助费之类的酬金，想赢得理论联系实际、教育科研为学校实践服务之类的声誉；也可能是出于优化自身智慧的目的以弥补自身不足，中小学作为教育现象、教育事实产生的场所，是教育研究者应该直接关注的对象，大学和研究机构的科研工作者需要深入教育现场观察体验，发现并诊断学校改进中存在的问题，吸取鲜活的教育养分和灵感，进一步验证和修正自己的理论研究成果，增强自身对教育实践的研究水平，提出符合中国国情和学校实际的教育理论，提升自身在国内乃至国外学术界的自信和地位；还可能是出于追求超越的目的以建构同一价值引领下的共同世界，如大学更加关注以人为本、平等互尊的思想品质，开拓创新、开放多元的精神品质，宽容理解、共享共生的文化品质等诸方面品质的养成[①]。

在学校改进中，非政府组织（NGO）主要发挥着资源提供或补充的作用。虽然大部分非政府组织具有公益性和非营利性的特点，但它们也有着自身的利益诉求。当前，一些非政府组织的能力建设和对接机制还不够健全，相关支持性的政策、制度、文件等硬性资源还极度匮乏，因此，非政府组织可以通过与学校的交流与合作构建其能力建设的支持体系，优化组织生态，提高自身的专业性与影响力，获得更多外部资源，从而实现自身的追求与发展。[②]

---

① 吴康宁. 从利益联合到文化融合：走向大学与中小学的深度合作 [J]. 南京师大学报（社会科学版），2010（03）：5—11.

② 王名，李长文. 中国NGO能力建设：现状、问题及对策 [J]. 中国非营利评论，2012，10（02）：149—169.

二、学校改进中利益相关者的支持

外部利益相关者的支持，有助于促进学校改进目标的实现，促进学校管理决策的科学化，以及完善学校改进过程的公开性和民主性。不同利益相关者在参与和支持学校改进的过程中，也存在有各方角色定位不清、彼此之间沟通不畅、缺乏相关制度保障、存在多种利益冲突等问题，面对这些问题，需要寻找及探索各利益相关者的支持路径，以实现学校与利益相关者整体满意度最大化。

（一）利益相关者支持对学校改进的意义

学校是改进的行动者和最终受益者，是变革的主要力量，中小学常常凭借着自身的相关知识和经验总结，对学校在发展中遇到的问题进行分析和诊断。然而自主改进的模式常常存在着一些问题，主要体现在：第一，中小学自身虽有较强的变革意愿和动力，但缺少理论体系的指引，往往找不到问题的根本原因，也难以提出有效的改进措施。第二，中小学在初期取得改进成效之后，常常后劲不足，仅凭自身力量难以再次突破并实现持续发展。第三，中小学自发进行的变革是基于自身实际展开的，具有鲜明的个性，难以在大范围内推广[1]。

从系统论的角度来看，学校改进是一个系统而又复杂的过程，涉及以学校为核心主体的系统内其他主体的改进。学校外部系统和学校自身系统是立体、动态地交织在一起的，二者相互推进、制约。学校外部系统的利益相关者可以为学校改进提供能量，也可能对学校改进起到制约作用，或是在外部系统不提供能量或不作为的情况下减缓甚至是阻碍学校的改进。因此，学校改进不只是某个利益相关者单方面的意愿、行为，也不能仅仅依靠自主改进的模式，还需要学校内外各利益相关方的共同努力和相互配合，只有在一个统一、系统、综合的框架下，各利益相关方才能协调一致地向一个方向运动，产生合力，推动学校向前发展。

当把学校作为改进中一个独立的整体来看待时，会发现外部利益相关

---

① 和学新，褚天. 利益相关者理论视域下的学校变革模式分析［J］. 山西大学学报（哲学社会科学版），2019，42（02）：67—76.

者这些"局外人"对学校的影响、支持和帮助也是相当重要的，即使学校有足够的智慧和能力自我改进和提升效能，也必须有适当的条件和环境予以配合，才能为学校注入持续改进的动力。其中，外部利益相关者的支持对学校改进的意义主要体现为以下几方面：

1. 促进学校改进目标的实现

学校改进的出发点是学校，落脚点是学校利益相关者，最终目的是通过维护并不断拓展利益相关者的利益，落实立德树人这一根本任务。首先，学校的生存和发展与利益相关者有着直接或间接的联系，而从不同群体视角出发，既能客观了解每一位外部利益相关者的地位，又可以深入探讨其期望、特征和利益诉求，使得有关学校育人目标的相关研究分析更加深入细致、更具有针对性。其次，外部利益相关者与内部利益相关者之间的关系并非是对立割裂的，而是在学校改进的进程中不断调整、融合乃至创生的，从不同利益相关者关系研究着手，寻求外部利益相关者的支持，更有助于加强学校改进的完整性和统整性。学校组织外部利益相关者的支持是对学校立德树人目标的认可，他们的支持能够更大程度上整合学校资源，为学校改进提供源源不竭的动力以帮助学生实现自身的成长与发展，最终共同致力于学校改进目标的实现。

2. 促进学校管理决策的科学化

相比中小学的自主改进，外部利益相关者的参与可以为学校的治理与改进提供更加充分的知识和信息，从而为制定决策过程的科学化提供了一定的保障。此外，外部力量的参与能够促进多元社会主体对决策的理解和认同，调动他们的积极性，促进决策执行的科学化，通过增强各相关方对教育管理决策的正确理解来促进学校改进中监督过程的科学化，从各个角度提供相关信息与评价，进而促进反馈过程的科学化。①

3. 完善学校改进过程的公开性和民主性

就学校改进来说，包括两个层面的公开与民主。一是学校内部的公开与民主，让学校内部的各利益相关者都参与到学校的管理与改进中；

---

① 张新平，李金杰. 现代学校制度的认识偏差与重新定位 [J]. 教育研究与实验，2006（02）：1—5.

二是学校对外的公开与民主，即学校与外部利益相关者的互动，让政府、大学、社区和非政府组织等有益的社会资源都参与到学校的管理与改进中来。校务公开、民主管理是学校改进过程中的重要一步，组织外部利益相关者的参与和支持有利于改变传统学校"一长制""一言堂"的作风，保证民主参与和校务公开的观念在学校改进中充分地展现，使学校成为连接家庭和社会的纽带，不断完善学校改进过程的公开性与民主性。

（二）学校改进在寻求外部支持中存在的问题

学校改进是一个系统的工程，但在学校寻求外部支持的过程中，往往会出现各种各样的问题，主要体现为以下几个方面。

1. 各方角色定位不清

学校在寻求外部支持的过程中，由于部分利益相关者对自身角色定位模糊，从而极大地削弱了其自身作用的有效发挥，造成缺位、越位的现象。比如，政府本应是宏观调控者和监管者，但在实际中政府与学校往往是控制与被控制的关系，结果便是为获得更多的重视和资源投入，学校越来越重视对上级负责而非对学生和家长负责。因此，在同一种控制体制下，学校在组织形式和教学培养模式上都越来越缺乏主动性和创造性，呈现出同质化、一致化甚至某种程度的平庸化。

除此之外，大学研究者作为外部利益相关者之一，在参与学校改进过程中也存在角色不清的问题。作为指导者，他们的本职工作是对学校改进的过程进行思想引领和理论指导，不是包办学校改进中的所有工作，也不是代表政府进行教育评价。但由于迫切希望看到理论与实践的对接，部分研究者反而越俎代庖，代替校长或教师做具体的工作，不仅使自己陷入身份与功能的尴尬境地，也没有让学校通过改进实现自身的变革①。

而家长、社会公众等群体往往在学校改进过程中由于缺乏正确的引导而被边缘化，他们认为学校作为有组织有计划的育人系统，担负着育人的主要任务。对学校的认识还停留在学校给学生提供资源、创造良好的教育

---

① 徐志勇. 专业共生的协作伙伴：教育研究者在学校改进中的角色分析［J］. 教育理论与实践，2009，29（31）：40—43.

环境上，对学校的改革或者是管理理念知之甚少，对自己在学校改进中应发挥的作用和参与的活动也尚不明晰，仍属于"被告知"的角色。我国的非政府组织大都是自上而下建立，由学校和社会主动建立的较少，并且与政府仍保持着浓厚的"血缘关系"，缺乏自身的独立性，不能担负起作为成熟组织应有的对政府决策产生影响作用的责任，故对学校改进的帮助往往只停留在资金援助的层面。

2. 彼此之间沟通不畅

学校立德树人目标的实现需要学校内外部组织共同发力，但在学校改进过程中各利益相关主体间沟通不畅则阻碍着学校获得及时有效的外部支持，其中学校与各利益相关主体沟通不畅主要体现在以下两个方面。

一方面，学校与各利益相关主体因缺乏交流的机会导致彼此之间沟通不畅。研究者缺乏对学校的"实践关怀"，教育理论不仅来源于实践，还应反作用于实践，并在总结教育实践新经验的基础上进一步丰富和发展。然而部分研究者只顾"抬头望天"，却忘记了"低头看路"，他们因缺乏与学校一线工作者的实践对话，使得教育理论只能被束之高阁。家长、校友、社会公众和基金会等非政府组织都是学校的有利资源，但他们对学校的管理仅停留在知情权，学生家长所代表的公众力量基本上仍处于一种忍气吞声的"被遗忘的集团"的弱势地位，学校与这些主体的沟通交流甚少，即使部分学校设有家长委员会、校友会等组织，也只是单纯地报告学生的基本情况、形式化地采集民意等，未从办学理念、教学模式、课程内容上深入地谈及学校的改进。

另一方面，从权利主体上来看，学校与各利益相关主体因所处地位不平等而导致彼此间沟通不畅。由于政府拥有着丰富的社会和政治资源，掌握着社会的主流意识形态和话语体系，因此在权威和权利结构分配上占有绝对优势，常常按照自己的意愿对学校进行自上而下的变革。这种不平衡的状态造成政府和学校间的沟通不畅，学校很难依据自身的意愿和需求进行改进。而研究者出于为学校提供指导的角度帮助学校变革，但部分研究者却把自己定位为知识的权威，从自身角度对学校各方面工作进行权威的评价或批评，对自己定位过高并且缺少与学校间必要的沟通，反而不能深入准确地为学校诊断把脉。学校与家长、校友、社会公众等群体以及基金会、商会等非政府组织常是主导与被主导的关系，缺乏平等的沟通与交流，家长等社会公众与非政府组织常常处于被动的地位，缺乏表达自身意见的机会，更谈不上充分地挖掘利用自身资源。

3. 缺乏相关制度保障

学校原有的制度体系既可能为新制度的建立提供基础，也可能会给新制度的建立、执行造成障碍。从决策制度来看，包括学校自身的自主决策权和学校内部各成员的民主决策权。一方面，由于传统的政府与学校间是一种全方位的管控关系，政府对学校常常是"垄断式全能管理"的模式，学校自主办学、自主决策的权力还相当有限；另一方面，当前学校内部的决策机构主要以领导班子为主，其中校长又是决策的核心，缺乏有效的权力制衡，则会导致"校长专制"的现象，使决策缺乏科学性和民主性。从民主监督制度来看，大多学校是通过教职工代表大会、校务委员会、家长委员会、校友联合会等机构实现内外部利益相关者对学校的民主监督，但目前这些机构都存在不同程度权力过弱的现象，如校委会大多是走过场、走形式，在审议决定时没有发挥实际的权力；家长委员会与学校的关系松散，并且由于一些学校中的"家长制""一言堂"的作风而流于形式，家长并不了解学校改进的真实情况，也很难真正参与到学校的决策与治理中[①]。从公共财务制度来看，学校的资金来源大多来自政府拨款，但现实情况中难免出现政府对不同学校的资金和资源分配不均的现象，当政府资金配给跟不上学校的改革进度时，就会影响到学校改进的进程与成效，而学校也缺乏立体联动的公共财务制度以获得来自不同主体的资金与经费支持[②]。

4. 存在多种利益冲突

利益冲突即不同利益主体在追求自身的利益过程中，彼此间基于利益矛盾产生的纠纷或利益争夺的过程，是各方利益矛盾累积到了一定程度

---

① 张新平，李金杰. 现代学校制度的认识偏差与重新定位［J］. 教育研究与实验，2006（02）：1—5.

② 蒲蕊. 有效的学校改进：一种实施策略的视角［J］. 教育科学研究，2010（03）：27—31.

而产生的对抗态势。在学校改进中，不同利益相关主体往往有着不同的利益需求，总体来看，当这些主体的利益趋向一致时，彼此间冲突的程度较为缓和，反之，则会进一步加剧不同主体之间的矛盾。例如，当各利益相关者从共同价值理念的角度出发而推动学校改进或变革，并且最终改进的结果又能较大程度地满足学校内外各利益相关方的需求时，彼此间的利益冲突则不会表现得过于激烈。但这往往是我们所追求的一种应然的理想状态，在实际学校改进的进程中，不同主体间常存在着多种利益冲突，并且当各主体间的分歧较大时，冲突的程度还会进一步加大。学校改进中的冲突是复杂多样的，从学校改进主体的视角看，主要分为两种不同表现的利益冲突，一种是学校内部不同主体间的利益冲突，另一种是学校外部利益相关方与学校组织的利益冲突。

第一种冲突主要是学校内部不同主体间的利益冲突。在学校改进中，不同的角色往往基于自身的需求来考虑在学校改进中的收益，而需求之间的差异往往造成不同个体之间的冲突。对于校长等领导者来说，他们希望通过学校改进提升学校的影响力，获得"上级"认可的绩效，因此常会把一系列新的规章制度或要求强加在教师或学生身上，在此过程中若出现过度强制性的行为，则会造成与教师和学生之间的冲突；对于教师来说，有时为了提高成绩、争取名次、获得绩效奖励或是领导的认可等，会有意无意地加重学生的负担，违背学校立德树人的目标，这种打着"为学生好"的旗号的行为会遭到学生的反抗和抵制，进而引发师生间的利益冲突。

就第二种冲突来讲，主要包括以政府组织为代表、以大学为代表的外部变革代理人、以家长为代表的社会公众和以基金会为代表的非政府组织与学校组织间的利益冲突。在学校改进的过程中，政府主要代表的是公共利益，其出发点是为实现和提升教育公平，实现学校对社会的最大贡献，因此其推出的一系列学校改进的政策是以全球化背景下的教育思潮为依据，以促进社会和人的终身学习和持续发展为目标，这种教育观念与模式对学校实际的教育工作者来说可能是一种"全新的"教育模式，要适应这种模式不仅会增加教育工作者的时间和精力付出，还会改变学校原有的利益格局，当学校组织内的个体不能很好地处理这种冲突时，学校内的个体往往会成为学校改进的阻力①。

大学和教育研究机构的冲突主要体现在两个方面，其一是双方面临的文化逻辑冲突。来自大学和研究机构的研究者往往立足度高、审视度广、分析度深，其凝练核心思想、阐述基本概念、搭建总体框架的能力更强。而中小学的一线工作者则在感知实际场景、判断现实关系及直觉实践结果等方面优于研究者，其选择具体路径、设计操作方式、处理实际矛盾的能力更强，故在实际的学校改进中双方常常会面临着话语上的逻辑冲突。其二是双方的实际行为冲突。学校是收集一手材料和验证教育理论的第一场所，大学和教育研究机构的研究者通常会带着问卷和访谈提纲进入学校收集各种数据资料，但学校在以教学绩效为主、教师以教学任务为重的背景下疲于应对各种问卷调查与访谈，研究者却很少将研究结果反馈给学校，或者他们更加关注理论提升而反馈给学校的研究结果价值不高。学校不愿作为理论研究的被动对象，认为频繁的数据收集不仅影响到正常的教学秩序，还会使教师、学生对调查产生抵触心理，成为研究者进行研究调查的阻力。

家长作为学生的监护人和学校外部群体中比重最大的利益相关者，无论是精神上对学生的关爱付出，抑或是经济上学费、书品用具杂费等的投入，都付出了较大的投资。学校的改进关乎每个家长的投资利益，在实际改进过程中因双方理念上的差异也存在着冲突。一方面，大多数家长受传统应试教育模式的影响和自身知识陈旧及所处生活环境的限制，与学校在改进过程中所提倡的素质教育、终身教育等新理念往往存在着不相容的现象；另一方面，社会上"补习至上"的热潮加剧了许多家长害怕儿童"输在起跑线"的心理，这种从众心理会驱使家长更加专注于学生分数与成绩的提高，对学校教育的教学目标、课程内容、教学进展等并不完全了解也不支持，从而对学校改进产生怀疑和抵制的行为。

① 孙翠香. 学校变革中的"利益冲突"：表现、成因及其化解［J］. 教育发展研究，2012，32（04）：29—33.

（三）学校改进中利益相关者的支持路径

对于学校改进在寻求社会支持过程中面临的问题，可以先探寻外部利益相关者对学校改进支持的基本原则，在合理把握基本原则的基础上依据各利益相关主体的不同特点再具体分析各自有效可行的支持路径。

1. 基本原则

（1）明确各方角色，力求各司其责

"公司的利益相关者必须承担起一定的经营风险，该风险大小与利益相关者对企业投资专用的程度高低密切相关"[1]。作为学校改进中的利益相关主体，理应明确自身的角色，承担属于自己的责任和义务，不同利益相关者在学校改进中承担的职责不同，获得的收益也不同，利益相关性大的主体理应比利益相关性小的主体承担更多的职责，这样才能促成不同利益相关者的通力合作、协同发展。作为学校改进的利益相关者，无论其处于社会何种阶层都有参与学校相关事务管理的权利，与学校共同承担风险，成为促使学校摆脱传统教育思路或工作关系的外在压力与动力。比如，政府作为重要的外部利益相关者，在学校改进中担负着更多的责任，不仅需要提供资金和技术上的支持与帮助，还需要完善制度，提升干预能力；大学不仅要对社会履行一定的责任以回报社会，还应与学校、政府、社会等利益相关者建立稳定的联系，形成利益结构以获得自身发展的资源；家长无论精神上还是物质上对学生与学校投资的专用性程度较高，理应承担学校改革的风险，家长在教育上并不处于被动地位，对子女教育应抛弃完全依赖学校的心理，在思想上不应放松对子女的教育，应积极了解学校课程设置、学校管理模式，扮演好合作者、支持者的角色；基金会等非政府组织不仅仅只扮演着提供资金和财务支持的"后勤保障者"的角色，还应为学校改进贡献自身灵活且富有活力的教育理念。

（2）增进彼此了解，建立开放性关系网络

学校要想在改进中获得更多利益相关者的支持，就要先增进彼此之间

---

① R. Edward Freeman, William M. Evan. Corporate Governance: A Stakeholder Interpretation [J]. Journal of Behavioral Economics, 1990, 19 (04): 327-369.

的了解，构建学校与利益相关者互动交流的平台，改变传统"一对一"的互动关系，建立与利益相关者之间信任互利、稳定合作的关系，与各利益相关主体共同构建一个生态共同体。由学校改进的逻辑框架图可知，学校品牌存在于利益相关者的内心和想法当中，其实现过程就是通过更好地满足利益相关者的期望，使利益相关者满意度最大化，利益相关者对学校的满意度和认同度是学校获得他们积极参与与支持的重要基础，而他们积极的参与和支持，又是促进学校发展的重要条件。

基于此逻辑框架构建开放性的关系网络需要遵循以下两点：第一，加强学校与各主体间的沟通交流。比如和政府或教育部门的沟通交流有助于学校更好地把握政策导向；与大学、教育机构中研究者的沟通交流有助于为学校改进提供理论指导；与家长、社会公众的沟通交流有助于学校治理与决策的民主化、科学化；与基金会等非政府组织的沟通交流有助于更新教育理念，为学校改进注入更多的新鲜血液。通过及时有效的沟通增进学校与各利益相关方的熟悉度，在满足利益相关主体利益诉求的同时使学校也得到更多的社会支持。第二，赢得利益相关者的信任。赢得信任的过程也是提升利益相关主体满意度的过程，这就需要了解各利益相关者的价值需求和期望，比如如何创新学校的办学理念和教育政策；如何激发学生的学习热情；如何提高非政府组织的专业性与影响力等等。先通过利益诉求的实现与满足使利益相关者的满意度最大化，进而从知和行入手提升各利益相关主体对价值型学校改进目标的认同感和忠诚感，并使其从行上给予学校最大的支持，积极参与到学校的改进与治理中来。

（3）建立相关制度，形成支持机制

制度是人类设计出来用于调节人际关系的规范，通过对个人或组织的行为进行激励或约束，防止出现损人利己的行为倾向，形成一种社会秩序。建立和完善学校的相关制度才能更好地推进学校各项具体活动和事物的变革，只有在相关制度的规约和引领下，学校内外各利益相关方才能聚集在一起，不同的力量才能逐渐融合在一起，发挥各自的优势，为学校改进建立一套完整联动的支持机制。

在单一化的管理方式下，政府或学校管理层在治理结构中居于主导地位，冲突和矛盾也集中体现在单一主体之间。在多元利益相关者共同治理参与的环境下，不同利益相关者拥有不同的利益诉求，这也意味着可能会产生更多的冲突和矛盾。要确保学校改进的理念和策略在多重利益矛盾与冲突中仍能保持原样，制度规范是最好的保障。因此首先应建立民主的决策制度，学校作为独立的法人，"应当有权根据国家教育法规和教育发展战略确立自身的教育目标和教育期望，追求学校认为富有吸引力的特色教育，以促进公立学校的多元化发展。"①政府应简政放权，以"有限管理"代替"垄断式全能管理"的模式。其次，建立民主参与的监督制度，学校可以建立校长热线、校长接待日、完善家长委员会、校友会等组织，让各利益相关者通过不同形式参与到学校改进中来，建立和完善校内申诉、举报和信访制度，扩大民主诉求的通道。第三，建立立体联动的财务支持制度，在制定财务制度时应考虑利益相关者的各种利益。一方面，要以利益相关者利益均衡发展为导向，构建有效的筹资渠道，在用好政府财政分配保障的同时，充分利用校友、社会公众、基金会等社团组织这类利益相关者的强大资源，建立完善的校友捐赠渠道、基金会支持系统，通过完善的财务制度为学校改进提供强有力的物质保障；另一方面，要优化财务投入与支出战略，关键在于紧紧围绕学校的利益相关者，注重人员经费、教学经费、行政管理经费、学生活动支出、后勤服务经费等方面支出的比例，实现支出结构的最优化。第四，强化和规范已有制度体系，切实有效发挥已有制度作用。比如对于家长委员会制度，要改变之前"看头衔"、"看地位"的做法，选择真正有能力、有热情的家长参与到学校治理中来。

（4）协调各方利益，共筑和谐育人场域

面对来自各方的利益冲突，学校应积极主动地协调各方利益，共筑和谐育人场域，各方利益的协调可以遵循以下两方面的原则。

第一，应该实现良性的利益冲突管理。首先，学校需要从观念上正视利益冲突存在的既定事实。如果否认学校改进中利益冲突的客观事实，或者以表面的和谐来掩盖存在的利益冲突，那么也就没有调节冲突的可能，

---

① 方芳. 义务教育学校治理变革的逻辑辨识与推进策略——基于"观念·利益·制度"的分析框架［J］. 基础教育，2018，15（04）：50—57.

反而有可能进一步加剧冲突的激烈程度；其次，学校应建立冲突双方一致认可的、调节冲突的组织机构及组织运行规章制度，通过建立冲突双方共同遵守的冲突规则和制度来合理地调节和化解冲突[①]。

第二，关注学校改进中的公共利益，实现利益共享。要想实现利益共享，需要学校改进中不同利益相关者的真正合作，合作意味着各主体间要作出适当的妥协，这就需要各利益相关者首先建立"经济人"与"道德人"相契合的人性观。"经济人"侧重于利益的获取，使之实现最大化，体现了利益在量的方面的规定性；而"道德人"侧重于利益的协调，使之实现最优化，反映了对利益在质的方面的规定性。[②]鉴于学校改进领域涉及的主体，其利益往往更多地涉及精神利益，而精神利益很大程度上与人的道德感和道德目标相联系，因此，要实现立德树人的目标，必须以相契合的"经济人"和"道德人"的人性观来分析各利益相关主体。其次，实现各利益相关方的异质合作。在学校改进中，各参与主体都力图寻求自身利益的最大化，结果是错综复杂的利益冲突形成了学校变革公共利益的"碎片化"，因此，应实现各利益相关主体的异质合作，形成有效的合作协调机制，是学校在改进中实现利益共享的关键和核心。

2．不同利益相关者的支持路径

基于以上四条基本原则，各利益相关方还可以依据自身优势和资源为学校改进提供各自的支持，下面主要就组织外部利益相关者的支持路径进行分析。

（1）政府组织的支持路径

当前，我国教育事业的发展还离不开强有力的政府，政府对学校改进具备较强的支持度和影响力。其职责相对明确，其重点是如何抓准工作切入点发挥好自己的作用。具体来讲，政府首先要加强政策引导和经费投入，完善学校改进的保障机制，对学校改进的进程进行总体的规划、协调

---

① 孙翠香. 学校变革中的"利益冲突"：表现、成因及其化解［J］. 教育发展研究，2012，32（04）：29—33.
② 尹瑞法，闫晓玉. 利益的表达、分化及整合：再论"经济人""道德人"问题［J］. 经济与社会发展，2007（10）：174—176.

和指导。政府可以出台相应的政策支持，加强学校、社会及其他各利益相关者对学校改进价值的认识，理解学校改进的内涵、特点，科学规划学校改进的大致方向与实施，并加强对学校改进的监督与评估。①

其次，政府和教育行政部门要重新认识自己在学校改进和治理中的角色，实现政府职能从微观管理向宏观调控的转变，为中小学利益攸关方共同治理提供源头活水②。政府应转变自身的管控方式，改变过去那种管得过宽、统得太死的"划桨者"形象，从细微、具体的管理工作中退出来，将管理权还给学校和社会。从宏观上把握教育的方向和质量，为义务教育的均衡优质发展提供一个良好的、富有保障的环境。其主要任务应放在协调各方主体，制定各种政策，充分利用公共部门、私营部门和民间组织的优势，使社会各方面力量有序地参与到学校的改进中，当好"掌舵者"的角色。

第三，政府还应该吸收社会力量参与到与学校改进相关事务的决策和治理过程中。一是发挥各利益相关者的力量参与到学校的教育决策，听取他们对学校改进的意见，让重大决策经过科学的研究和论证；二是在政府管理层面，尝试在教育行政机关设立委员会，吸收社会各方力量如社会学者、专家直接参与管理，把他们的建议作为政府制定教育政策的重要参考。

（2）社区的支持路径

家长、校友、社会公众等群体属于学校所在社区的间接利益相关者，对于这部分群体，一方面可通过正式的制度或活动，增加社区内各群体民主参与的机会。学校可以建立家长委员会、校友会，邀请更多的家长和影响力大的个人参与学校改进，让他们对自己当前的角色和责任有一个明确认识，还可以结合学校管理、社会文化活动开展的需要，向社区内各群体征集意见，通过实际活动或事务，激发社区内不同群体参与的积极性、主动性。

---

① 尹达，田建荣. 我国基础教育学校章程：历史沿革、现实反思与改进策略［J］. 现代教育管理，2016（05）：43—48.

② 马彦明. 应推进利益攸关方共同治理中小学校［J］. 民主，2019（06）：60—61.

另一方面，可以采用非正式的方式为社区与学校的沟通交流创造机会。比如对于家长群体，学校可以采取更为灵活的方式，不必局限于家委会这种正式制度的沟通，可以利用班主任日常与家长的沟通，渗透家校合作的理念，通过组织家长、学生、教师共同参加的文娱互动活动，让家长融入到学校中来。借助家长对学校治理的参与，改变学校与社会的关系，让社会更了解和支持学校。①

（3）外部变革代理人的支持路径

外部变革代理人主要是指大学、教育研究机构等，其中的研究者是给予学校改进社会支持的重要力量，他们可以从以下几方面为学校改进提供能量和支持：

第一，研究者需关心并了解改进对象。学校改进的最终目的还是为了学生的全面发展，因此学生才是学校改进过程中的主体，研究者在为学校提供指导时应首先弄清楚改进的对象，问询改革对象的感受和意见并与学生、教师和学生家长保持持续的沟通与交流。

第二，研究者应做好打"持久战"的准备，切勿对改进急于求成。由于研究者急于看到改进成效而容易忽视"最近改革区"②，若在改进中强行加速，往往会对实践中的一线教育工作者和学生带来压迫感，使改进进程受阻。因此研究者应持理性的态度贯穿改进进程的始终，才能确保学校改进的顺利推进。

第三，研究者应参与到行动研究之中，加强对学校改进的"实践关怀"。长久以来，大学学者和中小学教师的合作常常遭遇到两种职场文化的冲突，譬如，研究者往往站在理论角度而忽视了实践考量，一线工作者则站在实践角度而缺少理论指导。事实上，研究者不应是学校的"局外人"和"客人"，他们在学校中的听课、座谈、研讨等活动，都应是"当事人"和"主人"本该具有的日常行为。只有将理论与实践相结合，才能

---

① 方芳．义务教育学校治理变革的逻辑辨识与推进策略——基于"观念·利益·制度"的分析框架［J］．基础教育，2018，15（04）：50—57.

② 林丹．现实之困与理想之路——论基础教育改革三大利益相关者的矛盾及其化解［J］．四川师范大学学报（社会科学版），2011，38（02）：111—116.

给学校改进带来实质上的成效。

（4）非政府组织的支持路径

慈善基金会、社会团体等非政府组织作为公益性组织，将协同效益作为自我追求的目的，在学校改进中发挥协同作用，可以弥补教育政策、教育资源之于学校改进中的短板问题。根据组织功能不同，可将非政府组织分为评估型、拨款型、咨询型的组织。[①]评估型非政府组织可为学校提供专业的评估与建议；拨款型非政府组织可为学校提供额外的资金支持，并根据学校改进的结果拨款，既有利于实现资金使用的有效性，又有助于不断提高学校的改进质量；咨询型非政府组织主要是为政府的教育决策服务，教育决策很大程度上依赖于信息的收集、整理、加工和处理，通过咨询型的非政府组织获得较公正、全面、准确的信息，将大大提高政府关于学校改进决策的科学性。无论何种类型的非政府组织，只有参与学校改进，都应确定与学校改进目标相一致的教育理念，与国家的教育愿景形成合力，将自身所倡导的志愿、公益、慈善等核心理念和思想，融入学校改进进程之中并传递给教师、学生，从而不仅为学校改进提供物质、经费上的保障，也为其提供精神和理念上的支持。

三、学校改进中的多方合作模式

在实践中，由于来自不同力量的参与，使得学校改进中的利益相关者往往并非固定不变。不同利益相关者参与其间，由于他们的性质不同，立场不同，利益取向不同，必然会在学校改进中形成不同形态的多方合作模式。

（一）多方合作的不同模式

1. U-S模式

（1）模式概况

U-S模式是一种教师教育人才培养模式，它是20世纪80年代为应对教育变革、在教师专业化运动中发展起来的。在U-S模式中，U具体指

---

① 尹晓敏. 利益相关者参与逻辑下的大学治理研究［M］. 杭州：浙江大学出版社，2010：282—291.

University，即大学；S指School，即中小学校。该模式是大学与中小学之间所建立的合作伙伴关系。之所以说是"合作"，是与"协作"相区别，"协作"是一方寻求另一方帮助的过程，而"合作"更强调的是不同组织之间的互动，能够体现"互惠互利"的原则。大学和中小学合作伙伴关系的建立，改变了教育专业人才培养中大学与中小学的两相分离状态，实现了大学、中小学所代表的两种文化、两种组织之间的取长补短，以求使得二者更好地发挥合力，提升师资水平和教育质量。U–S模式基于大学和中小学校双方共同的发展目标，从宏观体制和结构上建立起了教育理论与实践之间相互转化、双向建构的机制。[①]

（2）案例介绍

大学与中小学之间互惠互利的合作关系，一方面，体现在大学可以弥补中小学教育理论和教育研究能力之不足，另一方面，中小学校也可以加深大学教师对教育实践的理解，弥补他们对教育实践认识之不足，提高教育研究的针对性。H大学专家团队和Y校之间的合作，就充分体现了U–S模式所带来的教育变革。

Y校是一所有着悠久办学历史的名校，为"全国百所德育科研名校"。学校沿着充实内育、提高质量、创新特色和持续发展的办学思路，坚持探索，锐意改革，走教育创新之路，不断回应时代的发展和学生的需求。多年来，Y校秉承文化立校理念，实施文化兴校战略，以"和"作为校园文化建设的价值追求，把"雅"当做校园文化建设的目的指向，着力于创建和雅教育模式，构筑学校的文化气质。如何使"和雅文化""和雅精神"贯穿办学全过程、深入师生心田内，打造和雅教育品牌，是学校的现实考量。有鉴于此，该校开始寻求与大学之间的合作，希望借助专家力量，帮助学校建立起一套较为系统的、具有实操性的学校改革方案。

H大学专家团队与Y校之间的合作可分为四个阶段。第一阶段，大学和小学处于一个初步接触、把握需要的初始阶段。秉承互惠互利的原则，双方互相沟通，交流意见。在初步交流中，Y校运用思维导图，对学校的办学

[①] 徐娟. 教师专业发展理念下两种"U—S合作模式"比较研究——英国教师伙伴学校和美国专业发展学校［D］. 南京师范大学，2007.

现状进行梳理，大学专家团队则在初步了解Y校的办学文化、育人目标、存在问题等的基础上，从中提炼出基于"和雅文化""和雅精神"的学校改进方向。第二阶段，深化认识、密切合作，专家团队对Y校的教学现状、办学特色等越来越清楚。双方在不断交流中明确合作方向和基本内容，进一步将"和雅文化""和雅精神"诠释为"和而不同，和谐发展""雅而有致，各雅其雅"，并遵循"养心育人，以合致和"的整体设计思路，强调学校改进必须从"心"出发，把心智培育与人格塑造相融合，激扬生命，和谐人际。以此作为指导，拟订了学校改进总方案。在第三阶段，Y校在大学专家团队指导下，基于学校改进总方案，通过文化建设、课程建设、师资建设、社区建设等实践路径，即：以文化建设为抓手，创建和雅校园；以课程建设为载体，形塑和雅学生；以师资建设为杠杆，培养和雅教师；以家校社区为平台，孕育和雅社区，从而绘制"养心育人，以合致和"的和雅教育蓝图。这一阶段中，合作双方重在围绕每一项改进内容进行，通过问题研讨、实施方案设计、专题培训等，着眼于在促进教师专业成长的过程中落实改进举措、取得合作成效。最后一个阶段则重在总结和反思，让U-S合作伙伴关系得以提升。

H大学与Y校的合作是一个不断交流、实践、完善的过程。U-S的合作模式，在Y校的理念更新、文化提升、课程建设、教学改革、教师专业成长诸方面，均发挥了重要的影响作用，而对于H大学专家团队而言，则有利于在深化基础教育改革研究上积累宝贵经验，并为专业人才的培养和成长提供了重要平台。大学与中小学之间的此种合作，可谓"双赢"。

（3）该模式存在问题及改进策略

U-S合作模式的实际运作也存在着一些问题。首先，无论大学还是中小学，都在一定程度上存在着急于求成的功利化现象。由于合作周期较短，措施见效慢。为了凸显标志性成果，在实际运作中，往往存在着不顾中小学实际、过于理想化的情形，以至于学校改进的合作内容变成了学校改进所要追求的教育成效。若彼此之间不针对项目推进进行深层沟通，便可能出现学校教育目标成为学校改进合作行为附属品的危险。教育社会学专家就曾指出，"大多数学校改进计划的失败都是出于无知——对学校一般运作的无知。"①因此，在U-S合作过程中，U-S合作切不可忽视教育活动的特点，不可忽视对学校自身特性的把握，以校为本始终是学校改进的基本立场。

其次，在组织管理上，U-S合作模式也可能面临权利和责任失衡的问题。大学专家因专业能力和社会地位的特殊性，在话语权上往往占据优势，但中小学教师需要发挥主观能动性。同时，在合作时间上，多以专家为主，中小学显得相对被动。正因为这样，某些U-S合作流于形式，未能建立长效的合作机制。一旦合作结束，学校便可能存在回归原状的风险。

未来的U-S合作模式，需要进一步明确以大学教师团队为主导、以中小学教师为主体的立场合作，中小学是合作研究的主阵地，并为合作提供必要条件。同时，需要减少中小学教师不必要的非专业性活动，让他们有时间参与合作。同时，专家需要履行指导者、研究者的角色义务，要指导中小学教师主动开展探究活动，并在合作探究中予以专业提升。此外，大学和中小学校要建立长期的合作关系，必须各自建立合理、可行的评价制度，采取相应的激励措施，激发大学教师和中小学教师参与合作的专业热情。

2. U-G-S模式

（1）模式概况

U-G-S模式指的是基于大学（University）-教育行政部门（Government）-中小学校（School）的三方合作，共同推动区域性学校改进的新模式。在学校改进的根本意义和具体落实上，U-G-S模式可视为U-S合作伙伴的特殊形式。该模式是在以往U-S合作模式发展中，人们逐渐看到大学与中小学合作因缺乏保障而带来的问题，意识到仅仅依靠U-S合作来实现学校改进，不足以解决物质、制度、经费等方面的问题。而教育行政部门或准行政（或专业服务）部门的介入，包括教育行政部门、教育（或教师）发展中心等，它们的加入则可以在原有U-S模式中起到组织协调、缓解困难、调和矛盾的重要作用。在这样的背景下，在U-S模式基础上，学校改

---

① ［美］约翰·I. 古德拉德. 一个称作学校的地方［M］. 苏智欣，胡玲，陈建华译. 上海：华东师范大学出版社，2006：16.

进实践中逐渐形成了U-G-S三方合作模式。U-G-S模式是在各自的利益诉求驱动下，以共同的合作目标为纽带，通过课题、项目等形式结合在一起，旨在通过三方开展的一系列合作活动，实现三方共赢。由于不少学校改进项目有准行政（或专业服务）部门的实质性参与，因此也可称为多方协同模式。

（2）案例介绍[①]

由东北师范大学、鞍山市铁东区教育局和当地部分中小学三方合作的学校改进项目，是在东北师范大学专家团队与部分中小学原有合作的基础上，以"优质学校创生与名校长培养工程"为驱动项目加以展开的。该合作项目的实施可分为三个阶段：第一阶段主要是三方确立项目目标和运作方式。合作以"区域性推进学校整体发展"为主题，三方各自发挥自身优势，承担不同的职责和任务。东北师范大学专家团队以教育理论和方法为支撑，对合作研究主题进行整体设计和方法指导；铁东区教育局把握区域教育改革方向，对专家团队提出专业支撑的需求，对中小学提出学校改进的要求，并做好大学和中小学之间合作、交流的桥梁，同时提供必要的政策支持和经费资助；铁东区中小学作为合作主体，提出学校改进的具体需要，贯彻落实大学和教育行政部门制定的相关方案和政策。三方各自发挥优势，各自履行职责，致力于提高校长办学能力、把参与合作的中小学打造成特色品牌学校的目标和任务。第二阶段重在大学与中小学共同制订基于校本的合作方案。中小学通过项目申报，经由大学教师团队评审，确定参与U-G-S合作的中小学校。大学专家团队按照中小学项目的整体设计，在实地考察，同中小学校长及教师座谈交流，在明确学校基本情况和发展需求的基础上，双方共同制定出具有学校个性和针对性的合作方案。第三阶段，就是将合作方案贯彻落实并不断改进完善。大学专家团队保证定期前往中小学参与活动并进行针对性指导，教育行政部门负责组织、协调大型的合作活动，对合作过程出现的问题给予宏观把控、督查和解决，中小学主要提供合作活动场地，做好一线教育实践工作，与大学、教育行政部

---

① 马云鹏，欧璐莎，金宝. 从双方合作到三方合作：学校改进模式新探索——以鞍山市铁东区为例［J］. 中国教育学刊，2011（04）：25—28.

门及时反馈问题，及时完善合作方案，确保U-G-S模式的良好运行机制。三方通过不同各个阶段的合作历程，互相磨合，互相促进，共同发展。

（3）该模式存在问题及改进策略

由大学、教育行政部门、中小学三方共同参与的U-G-S模式，让合作三方都能发挥各自的优势，弥合教育理论与教育实践之间的鸿沟，在一定程度上提高了区域内的教育质量。不过，U-G-S模式也存在一定的局限性。

首先，大学、教育行政部门与中小学是三类具有不同性质的组织机构，它们在主要职能、关注焦点、话语方式等方面均存在差异。（表9-1）这些差异，使三方在合作中可能会出现组织文化之间的冲突，同时，三方的合作动力各有侧重，行为方式、行事风格上并不同步。这些都可能令合作目标的有效达成产生偏差。另外，U-G-S合作中三方的部分角色定位，也可能影响合作共赢的实现。大学一直被视为专业研究的权威机构，相关专家具有一定的权威性。正因如此，他们的专业话语在合作中被默认为一种权威。但在实际中，专家的理论化、概念化的话语，与中小学教师的经验化、具象化的实践话语之间，必然存在差异，乃至可能出现无法沟通的局面；教育行政部门作为U-G-S合作模式中的支持者、管理者，在合作过程中出于对区域教育质量的压力，不免会对专家团队和中小学的改进行为进行督查，乃至于形成压力，变为直接干预。实际上，教育行政部门是中小学行政上的领导者，中小学难免会被动地接受来自上级部门的要求，导致中小学校只能被动服从合作要求。中小学虽说是合作主体，具有独立的自主权，但在合作中，一方面有来自大学的专业权威，另一方面又有来自教育行政部门的权威，因而在合作中便非常容易失去自主性。

面对未来的U-G-S合作，三方在合作中可能存在的不协调乃至冲突，只有依靠三方的不断磨合来加以解决。大学、教育行政部门和中小学，是理论型、管理型、应用型三类组织文化的典型代表，在合作中需要从三方各自的根本原动力——提高办学水平、提升教育质量出发进行组织文化融合。大学可以灵活地运用通俗化的解释性话语，向教育行政部门和中小学有效地输出信息，并得到相应反馈，履行研究者、指导者的角色责任。教育行政部门是决策者、支持者、督查者，重在采取动态管理方式，适时的视察、分析和评价，保障大学和中小学在合作中的专业作为；中小学则应基于学校改进的自主内生立场，尽量减少依赖性，在专业意识和专业能力的提升中增强自主性、主动性，更好地促进学校的可持续发展。

表9-1　大学、教育行政部门与中小学之间的差异[①]

	大学	教育行政部门	中小学
机构性质	教学与研究机构	行政机关	教学机构
主要职能	学术知识及理论的研究、生成与传播	优化教育资源配置，办好地方教育	提高教育教学质量，促进学生成长
关注焦点	将理论运用于实践，在实践中生成理论	区域内整体办学情况	教师教学水平与学生学业成绩
话语方式	概念化、术语化的理论性话语	命令式的行政性话语	叙事化、经验化的实践性话语

3. U-N-S模式

（1）模式概况

教育作为一种公共物品，政府对教育发展具有不可推卸的责任。但政府服务需要覆盖社会的方方面面，而教育需求却日益丰富多样，所以在教育作为专门化、专业化事业发展的意义上，单靠政府力量支撑，往往不足以满足这种需要。在这种情况下，非政府组织便逐渐参与到大学与中小学的合作中来。作为在企业-市场体制和政府-国家体制之外的"非营利组织"，一般是指那些非政府的、非营利的、致力于公益事业的社会中介组织。非政府组织参与学校改进中，显示了政府体系、企事业单位之外的社会组织的力量，[②]对我国教育发展能够起到补充作用，以大学、非政府组织和中小学校为主体的三方合作模式（即U-N-S模式）因而悄然出现。非政府组织在教育领域的作用，除了进行直接的资金援助之外，还可以在资源配置、技术创新等方面助力学校发展。

---

① 芦垚. 学校改进中的U—A—S合作研究［D］. 东北师范大学，2011.

② 张振宇. 教育中介组织分析——NGO的视角［J］. 煤炭高等教育，2005（01）：13—15.

通常地，U-N-S模式中，首先应由有改进意愿的学校向非政府组织机构提出项目合作申请，大学专业团队则受非政府组织的委托，与意愿学校建立项目合作关系。

（2）案例介绍

"新时代两广田中德育特色品牌建设计划"是U-N-S模式的典型案例。该项目在田家炳基金会的资助下，由华南师范大学教育科学学院（道德教育研究中心）牵头，联合广东、广西两地的多所田家炳中学共同开展的项目，致力于价值驱动型学校改进的理论与实践探索。值得一提的是，与以往的U-N-S模式不同，该项目中的"S"，由不同水平的高级中学所组成，采取由一所示范性高中带动和促进其他"面上高中"发展、而非同类学校之间合作的模式。

在"新时代两广田中德育特色品牌计划"中，田家炳基金会作为非政府组织属于非盈利性社会组织，为项目合作中的第三方，除了在经费资助之外，还充分利用自身广泛的教育网络，搭建起大学之间、中小学之间、大学与中小学之间的互联、互通平台，发挥沟通者、协调者、督促者、指导者等多重作用。譬如：通过定期组织召开项目交流会、学术研讨会等，加强不同改进主体之间的联系，促使合作项目的深入推进；对大学和中小学是否积极投入、项目进展是否顺利等进行督查；等等。

项目专家团队致力于项目的具体组织与实施，主要充分发挥自身作为专业力量的专业引领和业务指导作用，同时做好项目学校之间交流、分享、合作的桥梁。需要指出的是，该模式中专家团队的引领和指导，不仅仅限于来自项目负责人所在单位单方面的专业力量，而是根据项目在不同实施阶段的具体需要，汇聚高校内部和外部的专业力量，尤其是项目学校之外的优质中学、教科研机构等中具有专长的专业力量，指导和支持项目的深入推进，指导专家的选择和聘请，往往是专家团队核心成员基于诊断、聚焦之后，依据不同学校的实际而加以落实。专家团队核心成员与外聘专家相结合的方式，使得项目的指向性更明确，针对性更强，有利于提高学校改进的整体效能。项目学校则是合作的第三方，也是项目实施的主体。

"新时代两广田中德育特色品牌计划"项目的展开，主要分为四个阶段。第一阶段，专家团队聚焦德育问题，开发德育诊断工具，指导各高中学校展开自我诊断。然后通过几轮的诊断研讨，帮助项目学校逐渐聚焦本校的德育问题，同时明确德育特色品牌建设的可行性目标。第二阶段，项目学校和专家团队彼此交流、共同研讨，逐渐聚焦改进点，拟订德育特色品牌建设规划和行动方案，尤其注重学校文化建设、德育活动序列化、生涯规划课程开发等方面。第三阶段，把握校本侧重点，以不同的改进点为抓手，有计划、分阶段、有步骤地加以落实。第四阶段则是对项目的成果和成效进行系统地评估，通过问卷、焦点小组等方式，综合调研数据，总结和反思项目的成效，并提出下一阶段深化学校改进、加强特色品牌建设的建议。

（3）该模式存在问题及改进策略

U-N-S模式的特点在于，非政府组织的参与，提高了多方合作的公益性、灵活性，通过非政府组织的经费支持和平台搭建，能够更有效地调动社会力量，整合教育资源，最大限度地发挥各种教育资源的社会效益。同时，该模式能够更有针对性地回应大学和中小学校的现实关切，弥补各自之不足。不过，我们也需注意，经费投入的稳定性和经费管理的科学性，是确保NGO能够持续参与U-N-S合作的前提和保障，这并非所有非政府组织都可以做到。同时，在基础教育深入走向优质特色发展之路的过程中，如何更好地激发非政府组织参与学校改进的动力和活力，如何使之亦如田家炳基金会一般，更好地成长为具有专业特性和特色的组织，也是需要予以充分考量的。而中小学作为改进主体，需要减少对非政府组织在经费、平台上的过分依赖，同时增强改进行为的自主性、能动性。对于高校而言，如何汇聚更具针对性、稳定性的专业力量，持续关注、全程参与校本改进过程，满足项目学校既基于项目推进、又基于学校动态发展的不同需要，更是挑战。

有鉴于此，U-N-S模式的合作三方，都需加强自身的再生能力。具体来说，非政府组织要想提高生存能力，需要通过加强组织自身的再生产、组织产品的再生产和社会资本的再生产，如开发新的项目、提供新的服务加强外延式再生产，对于具体的项目或者产品则不断提高专业化的水准促进内涵式再生产。而社会资本是最为牢固的，非政府组织应该寻找机会提高组织知名度，利用行业内的形象和关系扩大社会资本范围，借用他人社会资源巩固已有的社会联系网络等方式，深入挖掘潜在的社会资本，实现社会资本的再生产。①高校和中小学校同样需要加快自我升值，增强学校内在发展的动力，学习和借鉴国外有关学校改进、教师发展、学生成长的成功案例，跨时空、跨领域地加强合作。此外，为了更好地推进项目，使之取得更好成效，必要时，需要加入政府一方，以便取得政策、管理上的支持，同时增强项目的辐射力。

（二）多方合作模式的发展趋势

自20世纪90年代以来，学校改进一直都是深化我国基础教育改革的重要领域，更是中小学走内涵式发展的必由之路。在中小学进一步朝向特色化、优质化发展的进程中，基于多元合作的学校改进模式将会朝着更深层次方向迈进。

1．合作多元化

随着学校改进的不断深入，参与合作的主体也日渐丰富，合作路径也呈现出多元化趋势。在参与主体方面，原先以大学和中小学校所构成的"双主体"合作模式，逐步拓展到了联合教育行政部门、地方政府、非政府组织等加入的多方合作模式。近年来，不断衍生出多主体参与的学校改进合作模式，如大学–政府–非政府组织–中小学（U–G–N–S）模式、大学–政府–教师进修学院–中小学（U–G–I–S）模式、大学–教育行政部门–教研机构–中小学（U–A–T–S）模式等。多元主体有利于在有效实现优势互补的同时，形成强大的教育合力。在合作内容方面，多方合作的改进内容也日趋丰富，从关注中小学课程建设、课堂教学变革，到关注教师专业培训、教育课题项目，以及关注学校特色发展、品牌学校建设，等等。在合作路径上，多方合作模式也越来越多样化，如：以学校联盟形式实现优势互

---

① 张金玲. 我国教育NGO与学校的互动及其发展研究——以贵州乌江中学为例［D］. 中国海洋大学，2014.

补、致力于推进教育资源优质均衡发展的集团化办学，等等。①多方主体之间的多元化合作，必将会有越来越多的探索可能性，未来也将开辟出更深入、更宽敞、更多元的合作路径。

2. 走向专业共同体

总体来说，在利益相关者的意义上，学校改进的多方合作模式，是基于同时也是为了满足协作各方的利益诉求。在早期形成的伙伴合作关系中，合作各方多以自身利益为重点，注重伙伴合作关系给自己带来的效益，而相对忽略其他合作方的利益诉求。随着多元协作的深入开展，合作方逐渐意识到自身利益与其他合作方利益是息息相关的，如果不能找到相一致的支撑点，那么，各自的独特需求便很难得到满足。因此，让合作各方形成共生关系，在凝聚共识、打造利益共同体的过程中，增强协同意识，强化协作机制，构筑专业共同体，是多方合作模式的一种应然趋向。

---

① 金哲，胡雅静. 在回望与反思中走向未来——"学校改进与伙伴协作"第十届学术研讨会综述［J］. 教育发展研究，2018，38（06）：80—84.

主要参考书目

一、中文图书

1. 班建武. 学校德育问题诊断研究：框架、流程与实务［M］. 广州：广东教育出版社，2015：92，123.

2. 陈桂生. 学校实话［M］. 上海：华东师范大学出版社，2010：214.

3. 陈永明. 教育领导学［M］. 北京：北京大学出版社，2010：140.

4. 陈佑清. 教学论新编［M］. 北京：人民教育出版社，2011：80—81.

5. 程红艳. 为了公平与质量：基础教育学校变革探究［M］. 济南：山东人民出版社，2015：6.

6. 范国睿主编. 多元与融合：多维视野中的学校发展［M］. 北京：教育科学出版社，2002.

7. 高文等. 学习科学的关键词［M］. 上海：华东师范大学出版社，2009：206.

8. 国家职业分类大典修订工作委员会组织. 中华人民共和国职业分类大典（2015年版）［M］. 北京：中国劳动社会保障出版社，2015：5.

9. 季苹主编. 学校发展自我诊断［M］. 北京：教育科学出版社，2004.

10. 季苹主编. 学校文化自我诊断［M］. 北京：教育科学出版社，2004：26—27.

11. 教育部基础教育质量监测中心编著. 如何开展中小学校督导评估［M］. 北京：教育科学出版社，2013：10.

12. 梁歆，黄显华. 学校改进：理论和实证研究［M］. 上海：华东师范大学出版社，2010：11，16，22，25.

13. 林幸台，田秀兰，张小凤等. 生涯辅导［M］. 台北：国立空中大学，2003：41，43，59，281.

14. 林云. 学校诊断与发展基础教程［M］. 桂林：广西师范大学出版社，2009：10.

15. 刘月霞，郭华. 深度学习：走向核心素养　理论普及读本［M］. 北京：教育科学出版社，2018.

16. 聂锐. 高校与利益相关者互动发展的组织创新与行为调适研究［M］. 北京：中国经济出版社，2011：5—10.

17. 璩鑫圭，唐良炎. 中国近代教育史资料汇编：学制演变［M］. 上海：上海教育出版社，1991：596.

18. 邵朝友. 指向核心素养的逆向课程设计［M］. 上海：华东师范大学出版社，2019：23.

19. 沈培新，孙成城. 普通教育行政学［M］. 合肥：安徽教育出版社，1989：316.

20. 施良方. 课程理论：课程的基础、原理与问题［M］. 北京：教育科学出版社，1996：172—237.

21. 孙鹤娟. 学校文化管理［M］. 北京：教育科学出版社，2004：39，49—55.

22. 孙培青. 中国教育史［M］. 上海：华东师范大学出版社，2019：41—44.

23. 索柏民，王天崇. 组织行为学［M］. 北京：北京理工大学出版社，2017.

24. 檀传宝主编. 学校教育诊断案例研究［M］. 北京：教育科学出版社，2012：7—9.

25. 王福强. 为师生赋能：魅力校园的构建智慧［M］. 上海：华东师范大学出版社，2020：114.

26. 王建军. 课程变革与教师专业发展［M］. 成都：四川教育出版社，2004：67，71—72.

27．吴柏林．公司文化管理［M］．广州：广州经济出版社，2004：52—56．

28．吴志宏．教育行政学［M］．北京：人民教育出版社，2000：124．

29．夏雪梅．项目化学习设计：学习素养视角下的国际与本土实践［M］．北京：教育科学出版社，2018：13．

30．肖龙海．表现学习研究［M］．杭州：浙江大学出版社，2012．

31．杨向东，崔允漷．课堂评价：促进学生的学习和发展［M］．上海：华东师范大学出版社，2012．

32．叶澜，白益民，王枬等．教师角色与教师发展新探［M］．北京：教育科学出版社，2001：4—14．

33．尹晓敏．利益相关者参与逻辑下的大学治理研究［M］．杭州：浙江大学出版社，2010：282—291．

34．张东娇．学校文化管理［M］．北京：教育科学出版社，2013：28．

35．张焕庭主编．西方资产阶级教育论著选［M］．北京：教育出版社，1979：259—260．

36．张俊华．教育领导学［M］．上海：华东师范大学出版社，2008：8．

37．张学书，曲士培．台湾校园文化［M］．太原：山西教育出版社，1999：29．

38．赵志成，何碧愉，张佳伟等．学校改进：理论与实践［M］．香港：香港教育研究所，2013：4．

39．赵志成．优质学校计划：学校改进的知识基础 学校教育改革系列之10［M］．香港：香港中文大学教育学院，香港教育研究所，2003：24．

40．赵中建．学校文化［M］．上海：华东师范大学出版社，2004：11，329．

41．郑金洲．教育文化学［M］．北京：人民教育出版社，2000：76．

42．中国社会科学院语言研究所词典编辑室．现代汉语词典：2002年增补本［M］. 北京：商务印书馆. 2003：77，1390.

43. 周淑卿. 课程发展与教师专业化［M］. 台北：高等教育出版社，2004：181.

44. 朱小蔓，金生鈜. 道德教育评论2010［M］. 北京：教育科学出版社，2011.

二、译著

1. ［美］爱德华·弗里曼，［英］杰弗里·哈里森，［美］安德鲁·威克斯等. 利益相关者理论现状与展望［M］. 盛亚，李靖华等译. 北京：知识产权出版社，2013：8.

2. ［美］彼得·圣吉. 第五项修炼：学习型组织的艺术与实践［M］. 张成林译. 北京：中信出版社，2009：211—213.

3. ［美］戴维·谢弗. 社会性与人格发展［M］. 陈会昌等译. 北京：人民邮电出版社，2012：92—96.

4. ［美］爱德华·弗里曼. 战略管理：利益相关者方法［M］. 王彦华，梁豪译. 上海：上海译文出版社，2006：37.

5. ［美］弗农. 生涯发展的理论与实务［M］. 吴芝仪，朱克尔译. 台北：扬智文化，1997：39，51，233.

6. ［英］霍普金斯，［英］爱恩思科，［英］威斯特. 变化时代的学校改进［M］. 孙伯军译. 北京：北京师范大学出版社，2016：4.

7. ［加］克里夫·贝克. 学会过美好生活：人的价值世界［M］. 詹万生等译. 北京：中央编译出版社. 1997：3.

8. ［美］理查德·巴雷特. 驱动力：建设价值驱动型组织全系统方案［M］. 郭沛源，王君伶译. 北京：中国水利水电出版社，2008：1，9，12.

9. ［美］拉里·努奇，"好"远远不够：促进儿童的道德发展［M］. 冯婉桢等译，北京：机械工业出版社，2015：64—67.

10. ［美］迈克尔·I. 哈里森. 组织诊断：方法，模型与过程［M］. 龙筱红，张小山译. 重庆：重庆大学出版社，2007：8，58—59.